학예사를 위한

우리 전통문화의 이해

윤병화 · 조원섭

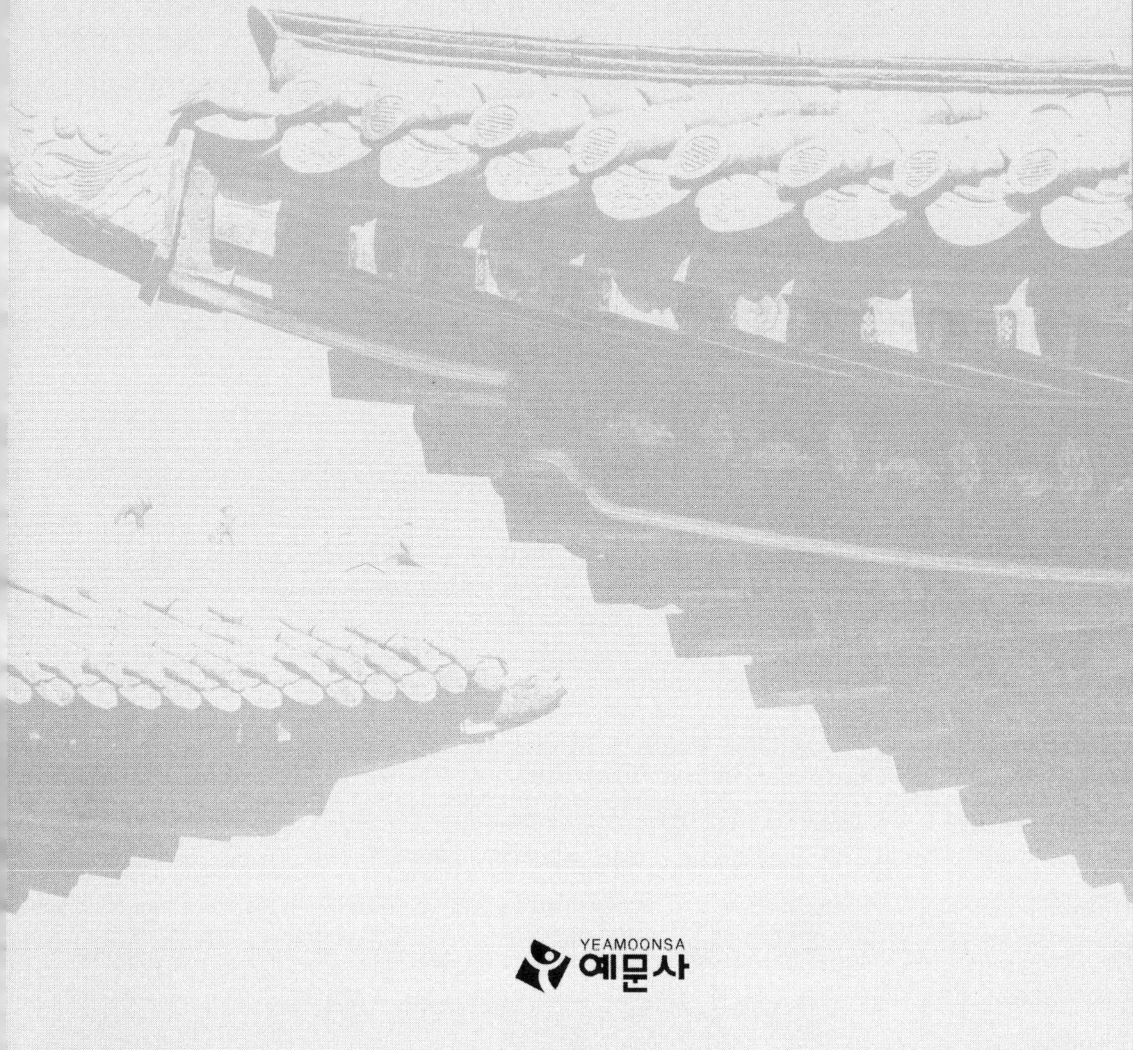

YEAMOONSA
예문사

『우리 전통문화의 이해』를 펴내면서

21세기를 '문화의 시대'라고 할 때 가장 중요한 과제 중 하나는 전통문화에 대한 올바른 이해이다. 왜냐하면 전통문화유산에 대한 깊은 이해는 새로운 문화를 창조해내는 미래지향적 사고의 근본이 되기 때문이다.

이처럼 전통문화유산은 과거와 현재 그리고 미래를 잇는 중요한 키워드로서 전통성, 예술성, 과학성, 대중성 등 다양한 존재 가치를 가지며, 그렇기 때문에 대중이 폭넓게 향유하고 계승·발전시킬 수 있도록 꾸준한 연구와 재해석이 필요하다.

이런 맥락에서 이 책에서 다루는 내용은 우리 전통문화 중에서도 가장 핵심이 되는 것들로서 한국인의 생각과 삶에 큰 영향을 끼친 것이라 할 수 있다. 선조들이 남겨 놓은 삶의 흔적들을 대상으로 삼아 그 속에 녹아 있는 철학과 미의식에 대해 살펴보는 일은 우리의 정체성에 대한 물음에 좋은 길잡이가 될 것이며, 문화민족으로서의 자긍심을 가지고 미래를 개척하는 데 중요한 실마리를 얻을 수 있을 것이다.

이 책에서 다루는 향교, 등기, 토기, 축제, 아리랑 등은 한 번쯤 들어봤을 흔한 것들지만 정작 잘 모르고 주목받지 못한 것들이다. 따라서 희소성이나 경제 논리로서가 아니라 우리의 정체성을 담고 있는 문화유산으로서 그 내용을 알아보고 가치를 되새기는 데 목적을 두고 내용을 구성하였다.

끝으로 이 보람 있는 작업이 가능하도록 물심양면으로 애써 주신 도서출판 예문사와 조원섭 교수님께 다시 한 번 감사의 마음을 전하며, 언제나 큰 힘이 되어주는 사랑하는 아내와 예쁜 딸, 그리고 아버지와 어머니, 장인어른과 장모님께 여러 권의 책을 출간하는 동안 한 번도 하지 못했던 인사를 드린다.

2013년 7월
윤 병 화

제1부

우리나라 향교

제1장

유교와 향교의 위계성

유교의 이념

1. 유교의 전래와 이념

고려 말기 중앙의 권문세족에 대항하여 등장한 지방의 사대부는 유교적 소양을 갖춘 이들로, 고려사회의 개혁을 주장하다 결국 조선을 건국하기에 이른다. 당시 불교국가인 고려와는 다른 패러다임이 필요했던 사대부는 중국으로부터 유교를 적극적으로 수용하여 국가의 기틀을 마련한다.[1] 이로써 유교[2]는 조선왕조 500년 동안 전 계층에게 삶 자체이며, 국가의 기본 원리가 된다.

조선 초기에는 치인(治人)을 응용한 정치적 성리학[3]이 주류를 이루었고, 16세기부터는 수기(修己)에 역점을 둔 학문적 성리학이 발달하면서 성리학은 조선사회의 핵심적 사상으로 자리를 잡는다.[4]

그러나 조선은 양난 이후 급격한 사회적 변화를 겪게 된다. 즉, 조선왕조의 행정과 수취체제[삼정(三政): 전정(田政), 군정(軍政), 환정(還穀)]가 문란해지면서 재정의 파탄,

---

1 유교에서는 인(仁)과 덕(德)을 바탕으로 한 왕도정치(王道政治)를 최우선으로 삼는다. 특히, 세종대(代)에는 유교적 민본주의를 실현하기 위하여 집현전을 설치하고, 의정부 서사제로 정치의 틀을 삼는 한편, 재상을 등용하여 왕권과 신권의 조화를 이루는 이상적인 정치를 실현하려 노력하였다.
2 조선의 유교는 신유학으로 우주자연을 그대로 인정하며 인간세상의 치도(治道)를 구하는 사상으로 수기치인(修己治人)을 통한 왕권확립을 지향한다.
3 중국 남송의 주희가 집대성한 성리학은 자구의 해석을 요구하던 한·당의 훈고학, 사장 중심의 유교와는 달리 인간의 심성과 우주 원리 문제를 철학적으로 탐구하던 학문이다.
4 한기범, 「사계 김장생과 신독재 김집의 예학사상 연구」, 충남대학교 박사학위논문, 1991, 1쪽.

체제의 무능, 당쟁의 병폐로 사회의 근간 자체가 위협을 받게 되었다.

이로써 조선 후기의 정치 · 경제 · 사회 · 문화를 주도한 양반층이 빠르게 붕괴되어 갔으며, 계층질서의 변화현상이 두드러졌다. 하지만 이러한 급격한 변화에 대한 양반층의 보수적인 대응은 계층 간의 대립으로 심화되었고, 전국적으로 농민봉기가 끊임없이 일어나게 되었다.

이와 같은 사회적 분위기 속에 형성된 탈성리학적 경향은 학자들로 하여금 원시유교의 정신을 회복하여 현재의 문제를 극복하고자 하는 의지를 갖도록 하였고, 점차 사서(四書)5를 거부하고 육경(六經)6을 강조하기에 이른다. 이러한 학문적 경향으로 양명학, 고증학, 동학, 실학, 서학 등이 출현한다.

이와 같은 유교의 중요사상은 다음과 같다.

① 타고난 어진 마음씨와 자애(慈愛)의 정을 바탕으로 하여 자기를 완성하는 덕으로 자기의 사욕을 이기고 예에 들어간다는 인(仁)의 사상

② 사람이 마땅히 지켜야 할 도리와 규범을 알려주는 윤리사상

③ 스스로의 몸과 마음을 닦고, 자기수양을 통하여 남을 가르쳐 편안하게 하는 수기안인사상 (修己安人思想)

④ 사람이 지켜야 할 인간의 도리를 알려주는 삼강오륜

• 삼강(三綱) : 유교도덕의 기본이 되는 세 가지 도리를 말한다. 임금은 신하를 사랑하고 신하는 임금을 신뢰하는 군위신강(君爲臣綱), 아버지는 아들을 사랑하고 아들은 아버지를 신뢰하는 부위자강(父爲子綱), 남편은 아내를 사랑하고 아내는 남편을 신뢰하는 부위부강(夫爲婦綱) 등이다. 즉, 임금과 신하, 아버지와 자식, 남편과 아내 사이에 지켜야 할 떳떳한 도리를 말한다.

---

5 유교의 경전인 「논어」, 「맹자」, 「중용」, 「대학」을 통틀어 이르는 말이다.
6 중국 춘추시대의 여섯 가지 경서(經書)로서 「역경」, 「서경」, 「시경」, 「춘추」, 「예기」, 「악기」를 이르는데 「악기」 대신 「주례」를 넣기도 한다.

• 오륜(五倫) : 유교에서 이르는 다섯 가지의 인륜을 말한다. 임금과 신하 사이에 의리가 있음을 말하는 군신유의(君臣有義), 아버지와 아들은 서로 친밀히 사랑함을 말하는 부자유친(父子有親), 부부는 서로 침범하지 못할 인륜의 구별이 있음을 말하는 부부유별(夫婦有別), 어른과 어린이 사이에는 차례가 있음을 말하는 장유유서(長幼有序), 친구의 도리는 믿음에 있음을 말하는 붕우유신(朋友有信) 등이다. 즉, 부자 사이의 친애(親愛), 군신 사이의 의리(義理), 부부 사이의 분별(分別), 장유 사이의 차서(次序), 붕유 사이의 신의(信義)를 말한다.

⑤ 노인을 공경하고 부모에게 효도하는 효(孝) 사상

⑥ 지나친 욕심을 누르고 타고난 천성을 되찾는다는 극기복례(克己復禮)

이렇듯 공자에 의해서 집대성된 유교사상은 유가(儒家), 유도(儒道), 유학(儒學) 또는 공자교(孔子敎)라고도 불리며, 조선시대의 사상에 큰 영향을 미쳤을 뿐만 아니라 정치와 사회문화를 지배하는 조선시대의 지배적 종교였다.

2. 유교에 나타난 위계

각종 외래사상 중 한국적 가치관 형성에 가장 큰 영향을 미치고 있는 이념은 유교이다. 유교는 효를 바탕으로 하는 가족적 도덕에서 출발하여 사회질서가 정립되고, 수신제가치 국평천하(修身齊家治國平天下)[7] 할 수 있다는 인간 중심적 실천규범으로서 합리적 정신과 윤리주의를 형성하게 한 사상이다. 이러한 유교적 윤리문화는 오랫동안 한국인의 보편적 가치로서 인정되었고, 그 중심을 이루는 것은 충과 효이다.[8]

따라서 충효의 윤리는 다분히 타율적이고 의례적이며, 규범화된 사상으로 유교자에게 만 한정되는 것이 아니라 보편적인 사회규범으로서 전 계층에게 두루 적용되었다. 이러한 통일된 이념 속에서 가족과 국가와 인간의 내면 세계가 하나의 원리로 관철되는 것이며, 결국 인간 내면이 모두 조화와 질서를 이루는 계기가 되었고, 유교적 구원개념(救援概念)이 내포되어 있음을 알 수 있다.

유교이념은 인(倫)의 질서를 중요시하고 개인을 그 속에 포함시켜 생각함으로써 사람이 사람다워야 한다는 기본적인 윤리관을 강조하였다. 특히, 조선의 권력 주체자들은 충·효를 중심으로 인륜을 내세워 군신과 가족 사이에서 위계적인 질서규범을 강조하고 그에 따른 교육을 강화하였다.[9]

또한 유교의 큰 특징은 제례의식으로, 대상에 따라 분류하면 천지와 조상, 성현에 대해 예를 갖추어 공경하는 마음을 올리는 제사(祭祀)가 있다. 유교에서 제사는 사회적 신분계층에 따라 천제(天祭)는 천자(天子)만이 지내고, 사직(社稷)은 제후 이상이 제사 대상이며, 종묘(宗廟)도 제후 이상이 제사할 수 있고, 사대부 이하의 조상에 대한 제사도

---

7 몸과 마음을 닦아 수양하고 집단을 가지런하게 하며 나라를 다스리고 천하를 평한다는 뜻의 한자이다. 이는 유교에서 강조하는 올바른 선비의 길을 말하는 것으로 세상에서 해야 할 일의 순서를 알려주는 표현이다.
8 문화공보부, 「한국종교편람」, 계문사, 1984, 45쪽.
9 도용호, 「유학사상을 바탕으로 한 전통교육건축의 공간구성에 관한 연구」, 청주대학교 박사학위논문, 1995, 92쪽.

장자만이 드릴 수 있고, 차자(次子) 이하는 직접 제사를 드릴 수 없는 신분의 차등을 두었다. 이러한 계층 및 서열에 따른 구별은 하나의 공동체 내부에서 예(禮)의 기본개념인 질서규범을 확립하는 데 근본적인 의미가 있었다.

즉, 천자만이 천에 제를 올림으로써 천하가 하나의 중심으로 질서를 갖게 되는 것이며, 조상에 대한 제사는 장자를 통하여 제를 올릴 때에 가족사회가 서열을 중심으로 질서를 갖게 되는 것이다. 이처럼 유교의 제례는 평면적 집단을 넘어서 통일된 구심적 조화와 질서의 공동체를 구성하고 유지하는 데 그 기능적 의미를 가지며, 유교사회가 긴 역사를 통하여 전통을 유지할 수 있었던 것이라 할 수 있다.

향교의 성립

1. 향교의 역사

향교는 공자와 그 제자들을 봉사하고, 양반자제들의 교육을 담당하였던 곳으로, 고려 인종 5년(1127)에 처음으로 설립되었다. 그러나 선현의 향사기능과 유교이념의 보급을 위한 향교의 본격적인 설립은 숭유배불정책과 지방교육정책을 기본으로 하는 조선시대에 들어와서 많아지기 시작하였다.

조선 태조 7년(1398) 중앙에는 성균관을, 지방에는 향교를 두었고, 태종 11년(1411)에는 중앙의 향교라 할 수 있는 오부학당을 두었으나, 세종 27년(1445)에 북부학당을 폐지하여 동·서·남 중학의 사부학당10만이 남아 중앙의 양반자제들을 교육하였다.11

---

10 사부학당은 규모가 작고 문묘를 두지 않았지만 교육방침과 교수법이 대체로 성균관과 유사하였기 때문에 성균관의 부속학교라 볼 수 있다.

11 이달훈 외 1인, 「향교건축의 양식에 관한 연구Ⅱ」, 호서문화연구소 제3집, 1983, 170쪽.

향교는 고려에서 시작하여 조선으로 계승된 지방교육기관으로서, 지방 행정구역에 1읍 1교를 설치하는 것이 원칙이었으며, 현재 전국에 234곳이 유지·보존되고 있다. 기록에 의하면 향교의 설립 수는 다음과 같다.

① 중종 25년(1530)「신증동국여지승람」: 성균관(2), 향교(329)

② 영조 41년(1765)「여지도서」: 성균관(2), 향교(327)

③ 일제강점기(1918) 조사통계: 향교(335)

이러한 기록에 의한 향교 가운데 현재 전국에 남아 있는 향교의 수와 지역별 분포는 아래 표와 같다. 여기에는 서울 성균관과 경남의 강양향교(1965), 강원의 동해향교(1995) 등을 포함하여, 남한에만 총 234개소의 향교가 분포되어 있다.

향교의 기능은 첫째, 공자 이하 성현을 모시고 제사를 올리는 선현봉사의 문묘기능, 둘째, 공자의 유교이념을 받들어 유생을 모아 교육을 통하여 인재를 양성하는 강학기능, 셋째, 유교이념에 의한 지역사회의 민풍과 민중교화의 기능을 가지고 있다.

이를 위하여 문묘의 중심공간에는 공자의 위패를 봉안하고 있는 대성전이 있고, 그 전면 좌우에는 중국과 우리나라 성현들의 위패를 모신 동무와 서무를 각각 위치시켜 제향기능을 수행하고 있다.

강학공간은 명륜당이 그 중심을 이루고 있고, 그 전면 좌우로는 유생들을 기숙시키고 독서하는 동재와 서재를 대칭으로 배치하여 교육기능을 돕고 있다.

〈 전국 향교 수 현황 〉

구분	서울 경기	강원	대전 충남	충북	부산 경남	대구 경북	광주 전남	전북	제주	합계
향교 수	31	16	38	18	30	43	29	26	3	234

그 밖의 영역 내에는 제기고나 전사청, 그리고 존경각 등을 두어 이를 지원하는 일부 기능과 지역사회 학교로서의 기능[12]도 함께 가지고 있다.

전체적으로 향교는 각종 제향의례의 보급 및 전파와 교육을 통하여 지역사회의 민풍, 민중교화 등에 큰 역할을 담당하였다.

향교의 직제는 주, 부에는 종 6품의 교수 1인을 두었고, 군과 현에는 종 9품의 훈도 1인을 각각 두었다.[13] 또한 교생의 정원은 「경국대전」에 의하면 처음에는 부·대도호부, 목에는 50명, 도호부에는 40명, 군에는 30명, 현에는 15명씩 배당되었으나, 후에는 90명, 70명, 50명, 30명으로 재조정되었다.

향교에 입교하여 교육을 받을 수 있는 연령은 16세 이상으로, 인원이 부족할 때는 청강을 할 수 있으나 정원 내의 교생으로는 인정하지 않았다. 교생들의 교육연한은 일정 기간이 정해진 것 같지 않으나 군역의 대상이 부족할 경우에는 연령의 상한선을 20세까지 제한하기도 하였다. 일반적으로 40세까지는 향교에 머무르면서 학생의 신분을 허락받았던 것으로 보인다.[14]

향교의 교수법은 성균관과 사부학당에서와 같이 개인별로 강학을 통하여 학습을 지도하였으며, 교생의 일과는 매달 수령으로부터 관찰사에게 보고되고 관찰사는 순행하면서 교생을 고강하고 교관의 권태를 살폈다. 또한 각 도의 관찰사는 도내 교생을 골라 매 6월에 도회소를 열어 문관 3명을 보내어 강론과 제술로서 시험하였으며, 성적이 우수한 자는 임금에게 글로써 아뢰어 생원, 진사, 복시에 응시할 자격을 주었다.[15]

12 이기용, 「조선 초기 고강제도에 관한 연구」, 중앙대학교 박사학위논문, 1990, 23쪽.
13 이달훈 외 1인, 「향교건축의 양식에 관한 연구 Ⅱ」, 호서문화연구소 제3집, 1983, 170쪽.
14 이현재, 「한국민족문화 대백과사전」, 한국정신문화연구원, 1991, 636쪽.
15 충청북도교육위원회, 「충북교육사」, 충청북도교육청, 1979, 114쪽.

〈 전국 향교 교관 정원[16] 〉

구분	경기	충청	경상	전라	황해	강원	연안	평안	합계
교수	11	4	12	8	6	7	13	11	72
훈도	26	50	55	49	18	19	9	31	257

2. 향교건축의 구성

1) 공간구성

향교건축의 구성은 일반적으로 공자를 비롯하여 중국과 우리나라의 선현들을 모시고 제사를 올리는 문묘공간과 공자의 사상을 받들어 유생들을 교육시키는 강학공간으로 나누어지고, 그 외에 각 공간을 보조해주는 지원공간이 있다.

첫째, 문묘공간의 가장 중심이 되고 높은 곳에 대성전[17]이 있고, 좌우로 선현들을 모신 동무와 서무[18]가 위치하고 있다.

둘째, 강학공간에는 유생들을 교육시키는 명륜당[19]이 있고, 좌우로 유생들이 숙식과 독서를 하는 동재와 서재가 위치하고 있다.

셋째, 지원공간에는 문묘공간과 강학공간을 보조하는 제기고, 전사청, 존경각 등의 건물이 있다.

---

16 김지민, 「향교건축의 조영규범에 관한 연구」, 단국대학교 박사학위논문, 1992, 20쪽.

17 대성(大成)은 공자의 시호인 대성지성문선왕(大成至聖文宣王 : 모든 일은 완전히 이루고 이 세상에 둘도 없는 최고의 성인이며, 문명을 일반 백성에게 널리 펼친 왕)에서 유래한 것으로 공자의 위패를 모시는 사당을 대성전(大成殿)이라 한다.

18 동무(東廡)와 서무(西廡)는 대성전 앞에 동쪽과 서쪽에 위치하며, 대성전에 모신 선현들 외에 공자의 제자와 한국의 18유현 등을 동서 양쪽으로 나누어 모셨다.

19 명륜당(明倫堂)은 성인의 가르침은 인륜(人倫)을 밝히는 것이 가장 큰 것이라는 명륜(明倫)의 의미를 담고 있으며, 유생들이 모여 유교를 배우던 곳이다.

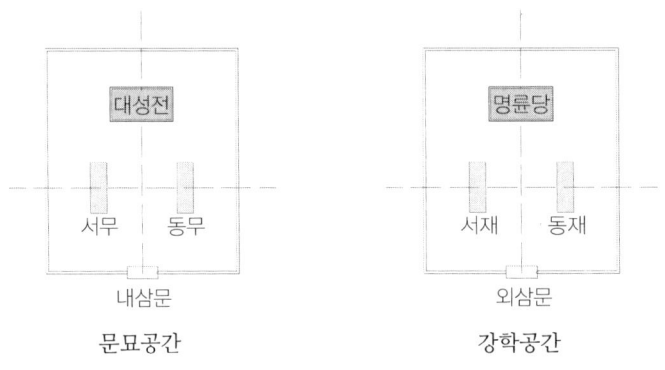

대성전   명륜당

서무   동무   서재   동재

내삼문   외삼문

문묘공간   강학공간

[향교의 공간 구성]

각 공간들은 기능과 용도에 맞추어 담장과 삼문, 그리고 지형의 높낮이 등을 이용하여 공간을 각각 구획하고 있다.

향교건축의 전체 구성은 대부분 대성전과 동·서무로 이루어지는 문묘공간과 명륜당과 동·서재로 이루어지는 강학공간, 그리고 제기고[20], 전사청[21], 존경각[22], 누각 등의 건축물로 이루어지는 지원공간[23] 및 기타 부속 건축물로 되어 있다.

2) 건물구성

향교의 건축에서는 각 공간이나 건물의 구성이 일반 관아건축이나 서원건축보다 그 경계가 확실하고 위계적이며, 또 건물의 독립성이 비교적 강하게 나타난다.[24]

---

20 제기고(祭器庫)는 매년 2번씩 열리는 춘추 석전(釋奠)에 사용되는 그릇 및 운반 기구를 보관하는 창고이다.
21 전사청(典祀廳)은 석전(釋奠)에 사용되는 재료들을 준비하던 곳이다.
22 존경각(尊經閣)은 도서관으로 경서를 존중한다는 의미를 담고 있는 곳이다.
23 문묘공간과 강학공간, 그리고 적당한 장소에 지원건물(제기고, 전사청, 장서각, 장판각, 존경각, 고직사) 등을 놓아 지원공간을 형성하고 있다.
24 김지민, 「향교건축의 조영규범에 관한 연구」, 단국대학교 박사학위논문, 1992, 50쪽.

그중 경내의 가장 높은 곳에 위치하고 있는 문묘공간은 숭유배불(崇儒排佛)과 숭문천무(崇文賤武)를 기본정책으로 하는 조선시대에 국민들의 정신적 지주로서, 공자 이하 선현들의 위패를 배향하고, 제사를 지내던 공간이다.[25] 이곳에는 제향의식에 관련된 건물이 주로 놓이게 되는데, 규모가 크고 격식을 갖춘 대성전을 중심으로 그 전면 양편에 동·서무가 대칭으로 놓이며, 그 외에 앞쪽으로 내삼문을 두고 보조 지원 건물로 제기고, 전사청 등을 배치하는 것이 일반적이다.

강학공간은 공자의 유교이념을 익히며, 실천하기 위하여 마련된 곳으로 일종의 조선시대 학교로 볼 수 있다. 향교라는 명칭의 의미와 가장 가깝게 부합되는 교육장소로서 문묘공간보다 한 단 아래에 배치되어 있다.

이곳에는 교육에 관련된 건물이 주로 놓이게 되는데, 주된 건물인 명륜당을 중심으로 그 전면 좌우에 대칭으로 동·서재를 두고 있으며, 그 외에 앞쪽으로 외부로 면하여 외삼문을 배치시키고 보조 지원 건물로 고직사[26], 누각 등을 두는 것이 일반적인 향교의 건물구성법이다.

그러나 옥천, 강릉, 곡성향교 등에서는 이 외삼문 대신에 2층의 누각을 설치하여 1층은 통행을 위한 문으로 사용하고, 2층은 통간의 마루로 꾸며 누각으로 이용하는 경우와 별동의 명륜당을 설치하지 않고, 2층을 명륜당으로 사용하고 있는 경우도 나타나고 있다.

---

25 이달훈, 「향교건축의 양식에 관한 고찰 - 예산향교를 중심으로 - 」, 충주공전논문집 제14권 제1호, 1981, 357쪽.
26 고직사(庫直舍)는 향교의 건물을 수호하는 고지기가 있던 곳이다.

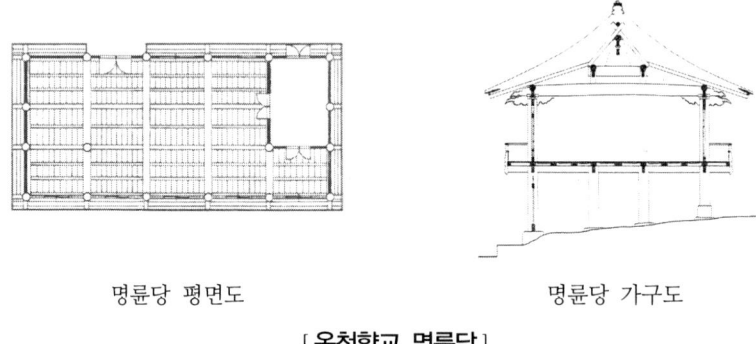

명륜당 평면도   명륜당 가구도

[**옥천향교 명륜당**]

이와 같은 공간적 특성에 근간을 두고 조영된 향교 건물의 세부 내용은 다음과 같다.

(1) 대성전

일반적으로 문묘구역의 가장 높고 중심이 되는 곳에 위치하는 건물로서, 공자(孔子)를 주향하고, 그 양편에 4대 성현[27]과 공문 10철[28], 그리고 송조 6현[29] 등의 위패를 배향하며, 제사의식이 거행된다. 특히, 대성전은 향교 내 다른 건물과 비교하여 가장 우수하고 규모, 양식, 의장성 등 모든 측면에서 위계성과 상징성을 가지고 있다. 대성전 건물의 규모는 일반적으로 정면은 3~5칸, 측면은 3칸의 평면에 익공식 양식을 보이고 있으며, 단층 맞배기와 지붕을 이루고 있다.

---

27 중국 고대 4대 성현은 증자(曾子), 맹자(孟子), 안자(顏子), 자사(子思) 등을 말한다.
28 공자의 제자 3,200명 중 10명인 민손(閔損), 염경(冉耕), 염옹(冉雍), 재여(宰予), 단목사(端木賜), 염구(冉求), 중유(仲由), 언언(言偃), 복상(卜商), 전손사(顓孫師) 등을 말한다.
29 송조 6현은 주돈이(周敦頤), 정호(程顥), 정이(程頤), 소옹(邵雍), 장재(張載), 주희(朱熹) 등을 말한다.

(2) 동·서무

문묘구역 내에서 대성전과 같이 제향의식을 위한 기능의 건물로서 대성전 전면 양쪽 편에 대칭으로 위치하고 있는 것이 일반적이며, 대성전보다 뒤쪽으로 배치되는 경우는 없다. 이곳에는 대체로 공문 72현, 중국 역대 22명현(名賢)과 동국 18현 등의 위패를 각각 나누어 종향하고 있다.[30] 동·서무의 건물규모는 정면 3칸, 측면 1칸 정도의 평면 크기이고, 건축양식은 도리계통이 주를 이루고 맞배지붕으로 되어 있으며 대체적으로 양무가 서로 같은 구조와 양식을 보이고 있다.

(3) 명륜당

향교교육의 중심적 시설물이자 강학공간의 중심이 되는 건물로서, 향교의 입구 쪽 대성전보다 한 단 아래에 위치하고 있다. 전반적으로 대성전에 비하여 구조, 양식, 의장성 등에서 간결함이 나타나며, 강학의 기능에 맞는 공간적 특성을 띠고 있다. 유생들에게 공자의 사상과 이념을 교육시키고 이를 실천하도록 유도하는 장소이자 교관들의 처소로 사용된 이곳의 규모는 정면 5칸, 측면 3칸의 평면형이 일반적이다. 정면 5칸 중 양단 2칸은 온돌방이고, 중앙 3칸에는 넓은 우물마루의 대청을 만들어 이곳에서 교육을 진행하였다. 또한 건축양식은 대부분 대성전과 같이 익공식이 주류를 이루고 있고, 팔작기와지붕이다.

(4) 동·서재

유생들의 생활공간으로서 명륜당 전면 또는 후면 양쪽 편에 대칭으로 위치하고 있다. 이곳에서 유생들은 숙식과 독서를 하였고, 동재에는 양반자제들을, 서재에는 평민자제들을 교생으로 수용하였다.[31] 건물의 규모는 대체로 정면 3칸, 측면 2칸

---

30 충청북도, 「문화재지」, 1982, 118쪽.
31 김일진 외 2인, 「향교 강학공간 구성형식의 변천에 관한 연구」, 대한건축학회논문집 제7권 제2호(통권 제4집), 1987, 69쪽.

정도의 평면 크기이며, 건축양식은 도리계통이 주를 이루고 있다. 전반적으로 양재가 서로 다른 구조와 양식을 보여주고 있고, 지붕은 대체로 홑처마 맞배기와지붕이다.

(5) 누 각

유생들이 풍수를 즐기고, 시작(詩作)이나 사색 등을 하며 여가를 보내는 공간으로 교육, 휴식, 접객 등의 장소로 사용되었다. 누각은 일반적으로 문묘공간에서 멀리 떨어져 지형적으로 제일 낮은 곳에 위치하는데, 배치에 따라서 대략 세 가지[32] 정도로 나누어볼 수 있다.

첫째, 문루형식(門樓形式)으로 강학공간의 전면부 입구 쪽에 위치하는 경우로 하층부는 향교로 들어가는 통로인 정문 역할을 하며, 상층부는 바닥에 마루를 깔아 대청으로 꾸며놓았다. 그리고 벽의 사면에는 주위의 경관을 바라볼 수 있게 난간을 놓아 개방된 구조를 이루고 있다.

둘째, 내부형식으로 향교의 영역 내에 누각을 설치하는 경우이고, 순천, 의흥, 비안, 영해, 영주, 평해, 기장, 사천향교 등에서 나타나고 있다.

셋째, 외부형식으로 향교의 영역 밖에 누각을 설치하는 경우이고, 화순과 영광향교 등 일부에서 부분적으로 나타나고 있다.

건물의 규모는 대체로 정면 3칸, 측면 2칸 정도의 평면 크기가 일반적이고, 건축양식은 대부분 명륜당과 유사한 익공식과 민도리식이 주류를 이루며, 지붕은 팔작지붕이다.

---

32 박왕희, 「한국의 향교건축」, 문화재관리국, 1998, 157쪽.

영월향교 풍화루

문묘공간(대성전)

강학공간(명륜당)

양산향교(누에서 본 강학·문묘공간)

[**누각 구성**]

내·외삼문은 향교의 영역을 내·외부의 공간으로 구획하는 역할을 하며 여기에 사괴석 담장을 둘러 문묘공간과 강학공간을 구분하고 있다. 이렇게 구획된 공간의 출입을 돕기 위하여 문을 설치하게 되는데, 일반적으로 대성전이 놓인 문묘공간으로의 출입을 위한 주된 문은 내삼문 또는 신문, 신삼문이라 하고 명륜당이 놓인 강학공간으로의 출입을 돕는 문을 외삼문이라고 한다.

내·외삼문의 형태는 평삼문 또는 솟을삼문33으로 이루어져 있으며, 지붕은 대부분 맞배지붕을 취하고 있다.

먼저 내삼문은 단순한 출입의 기능 외에 제향의식에 맞추어 잡인의 출입을 막고 항상 엄숙하고 정결한 분위기를 유지하기 위하여 세 개의 문으로 구성된다. 이 삼문 중 양측 문은 평소 참배나 왕래를 위한 출입에 이용되는 반면, 중앙문은 신문이라 하여 항상 닫아두는 것이 일반적이고 제향의식 때만 개방하고 있다. 이렇게 3칸의 문으로 설치되는 것이 일반적이나 옥천향교 내삼문의 경우처럼 세 개의 협문으로 구성된 경우도 간혹 나타난다.

---

33 평삼문과 솟을삼문은 정면으로 보아 3칸의 문을 의미한다. 지붕의 형태에 따라 중간 칸의 지붕을 양옆 칸의 것보다 높게 꾸민 3칸 문을 솟을삼문이라 하고, 지붕이 다같이 평평하게 된 3칸 문을 평삼문이라 한다. 이들 지붕은 맞배지붕으로 처리하며, 종묘, 재실, 사당 등에서 많이 사용한다.

외삼문은 향교의 입구에 놓여 정문 역할을 하는 것으로 내삼문과는 달리 외부와의 출입을 위한 문의 역할이 일반적 기능이라 할 수 있다. 보통 삼문을 설치하는 것이 일반적이지만, 누문으로 설치하여 하부로 통행을 하고 상부는 2층을 누로 꾸며 풍화루를 두고 이 기능을 대신하는 경우도 있다.

위계의 의미

1. 일반적 의미

우리말 사전[34]에서 '위계'라는 단어는 벼슬의 품계, 지위의 등급을 말하는 것으로 위와 아래, 앞과 뒤, 먼저와 다음과 같은 차례를 의미한다. 이는 사물이나 사회가 올바른 상태를 유지하기 위해서 지켜야 할 일정한 차례나 규칙을 말하는 것으로 볼 수 있다.

2. 유교적 의미

유교에서의 위계는 인륜의 질서를 중요시하고 개인을 그 속에 포함시켜 사람이 도를 지키는 윤리적 성격을 의미한다. 조선에서는 충효를 중심으로 인륜을 내세워 군신이나 가족 사이의 위계적 질서규범을 중요시하였고 그에 따른 교육도 강화하였다.

---

[34] 금성출판사, 「국어사전」, 1996, 1968쪽.

따라서 부자 사이의 친애, 군신 사이의 의리, 부부 사이의 분별, 장유 사이의 차서, 붕우 사이의 신의 등 오륜이 나오게 되었고, 이러한 의식적 윤리규범과 다양한 행동강령을 기본원리로 인간관계의 위계질서를 만들게 되었다.

유교의 원리는 예를 기반으로 민중교화에 이바지하였으나, 종적인 상하관계를 중심으로 한 이념 때문에 서열과 권위에 대한 맹종을 가져오기도 하였다. 결국 계층 및 서열에 따라 예를 기본개념으로 형성한 유교의 질서규범은 향교의 위계적 건축조영에 그대로 표현되었다.[35]

3. 건축적 의미

향교건축은 유교이념을 바탕으로 한 위계에 의하여 축조된 대표적 건축물로서, 유교가 지향하는 상하의 개념을 철저하게 적용하고 있다. 이러한 적용은 향교 내의 공간과 건물에 그대로 나타나고 있다. 즉, 향교의 기능과 용도 및 성격에 따라 진입공간 → 본공간(강학공간) → 승화공간(문묘공간)의 위계순으로 공간이 형성되어 있고, 건축물 역시 내·외삼문 → 동·서재 → 동·서무 → 명륜당과 누각(풍화루) → 대성전의 위계로 축조되어 있다.

1) 향교건축에 나타난 위계성

유교의 계층 및 서열에 따른 질서규범은 종적인 상하관계를 형성하였고 그것이 향교건축 조영(造營)에 큰 영향을 주어, 건축물의 구성양식에 위계적으로 적용되었다.

---

35 김지민, 「한국의 유교건축」, 발언, 1993, 71쪽.

보통 향교지는 읍으로부터 2리 이내에 위치하게 되는데, 이는 향교가 중앙조직의 통제를 받는 지방 읍의 상징적 관학기관으로서 지역사회 교화의 중심 역할을 담당하였기 때문이다. 향교건축의 위계성을 상징하는 기본적인 질서개념에 따라 시각적 구조와 정신적 의미로서 위계성을 표현하기 위해 읍에 인접한 배산임수의 작은 구릉지나 경사지에 위치하게 되었다.[36] 즉, 향교지는 대체로 선현의 제사와 지역주민의 교육을 위하여 읍성에서 눈에 잘 보이고 위계성을 상징할 수 있도록 경사지나 구릉지에 위치시켜 문묘와 강학이 가능하도록 조영하였다.

향교건축의 위계적 질서는 건물의 명칭에서도 차등을 두고 있음을 알 수 있다. 문묘공간 내에서는 공자를 주향하고, 그 양편에 4성현과 공문 10철 그리고 송조 6현 등의 위패를 배향하는 대성전을 전(殿)으로 칭하여 위계를 높여 주고 있으며, 공문 72현, 중국역대 22명현과 동국 18현 등의 위패를 각각 나누어 종향(從享)하는 동·서무를 무(廡)라 칭하여 위계를 낮추고 있다. 또한 강학공간 내에서도 유생들에게 공자의 사상과 이념을 교육하고 이를 실천하며 교관들의 처소가 되기도 하는 명륜당을 당(堂)으로 칭하여 위계를 높여 주고 있으나, 제자들의 숙식과 독서를 하던 동·서재를 재(齋)라고 칭하여 위계를 낮추어 조영하고 있다.

그 외에도 지방관제의 격이나 배향자수, 교생수, 노비수 등에 의한 차등을 두었고, 그에 따라 향교건축의 배치, 공간구성, 규모 등의 조영 질서가 부여되었다.

이렇게 향교는 그 어느 것보다도 유교적 윤리규범이 자율적으로 행해졌던 곳임을 감안할 때 외형적인 건축의 현상도 그에 못지않게 위계적임을 알 수 있다.

---

36 이대진, 「향교건축의 강학공간에 관한 연구」, 영남대학교 석사학위논문, 1987, 19쪽.

2) 향교건축의 위계성 정립

향교건축은 우리의 전통사상인 유교를 바탕으로 철저히 위계질서에 의하여 조영된 대표적인 건축물로서, 유교가 지향하는 예를 기본으로 상하 개념을 철저하게 반영하고 있다.

우선 건물 배치에서 남북방향의 직선축의 중심을 기준으로 건축물의 중요도와 격에 맞추어 위계를 두고 배치하였다. 또한 지형에 따른 위계의 구성을 보면 평지에 위치한 향교는 공간의 배치를 일부 바꾸어 문묘공간 → 강학공간을 배치하여 전상후하(前上後下)의 법칙으로 위계를 두었으며, 경사지에 위치한 향교는 높낮이의 단차를 두어 고상저하(高上低下)의 적용으로 위계를 나타내고 있다.

공간의 구성에서는 진입과정으로부터 진입공간 → 본공간(강학공간) → 승화공간(문묘공간)의 순서로 위계성을 정립하였다.[37] 그리고 부수적인 공간으로서 지원공간을 주공간 주변에 적절히 배치하였다. 이러한 공간의 위계는 대부분의 향교에서 적용되어 나타나고 있다.

건축물의 축조에서도 건물 간의 위계성을 확보하기 위하여 각 건물들의 위계에 따라서 구성양식 초석, 기단, 기둥, 공포, 가구, 처마, 지붕, 건물의 크기 등에 차등을 두어 구성하였고, 여기에는 조영(造營)의 위계, 대상소하(大上小下)의 위계, 시각상의 위계 등이 적용되어 나타나고 있다고 볼 수 있다.

이상의 내용을 바탕으로 향교건축에 내재된 일반적인 위계성을 다음과 같이 정리할 수 있다.

---

[37] 한국전통건축연구회, 「한국전통건축」, 황토, 1977, 276쪽.

① 상하(上下) : 수직적인 위계로 유교 예제의 높고 낮음을 나타내는 상하서열의 형식
   (예 평지의 전묘후당(前廟後堂) 배치, 경사지의 전당후묘(前堂後廟) 배치)

② 전상후하(前上後下) : 동등한 위치에서 앞이 뒤보다 위계가 상위임을 나타내는 형식
   (예 평지의 전묘후당 배치, 주 건물의 측면 중심선이 부건물의 측면 중심선보다 뒤에 위치)

③ 고상저하(高上低下) : 높낮이의 단 차이를 이용하여 높은 곳이 낮은 곳보다 위계가 상위임을
   나타내는 형식(예 높낮이의 단차를 두고 위계적으로 조영, 전당후묘, 좌묘우당(左廟右堂),
   좌당우묘(左堂右廟)에서 건물기단의 높낮이나 단차를 이용한 배치)

④ 우상좌하(右上左下) : 우측이 좌측보다 위계가 상위임을 나타내는 상하의 질서와 음택풍수
   (陰宅風水)[38]의 우남좌여(右男左女)에 따른 위계형식(예 좌당우묘의 배치)

⑤ 좌상우하(左上右下) : 좌측이 높고 우측이 낮다는 양택풍수(陽宅風水)[39]에 의한 위계형식
   (예 좌묘우당의 배치)

⑥ 선상후하(先上後下) : 시간차에 따른 위계로서 상위의 것을 먼저 진행하고 하위의 것을
   나중에 진행하는 형식(예 대성전을 먼저 축조하고 이후 명륜당 축조)

⑦ 대상소하(大上小下) : 큰 것이 상위이고 작은 것은 하위임을 나타내는 형식(예 주 건물과
   부속건물의 규모, 양식, 구성양식 등을 차등하는 것)

⑧ 공간구획 : 공간의 용도와 기능에 따른 위계성을 확보하기 위하여 사괴석 담장으로 공간을
   구획하는 것(예 문묘공간, 강학공간)

⑨ 공간구성 : 향교건축의 공간구성을 위계성을 고려하여 배치하는 것(예 진입공간 < 강학
   의 본공간 < 문묘의 승화공간)

⑩ 건축조영 : 건축물 간의 질서체계를 확보하기 위하여 건물을 위계적으로 조영하는 것

---

38 사람이 죽으면 묏자리를 찾아 시체를 매장하여 묘를 만드는 것을 음택이라 한다. 죽은 자의 택지라는
   이름을 가진 이 용어는 우리 문화 속에 면면히 등장한다.
39 집터에 대하여 길흉을 점쳐 판단하는 풍수를 말한다. 묘지에 대한 길흉을 점쳐 판단하는 풍수인
   음택풍수에 대립되는 개념이다.

(예 구성양식인 초석, 기단, 기둥, 공포, 가구, 처마, 지붕, 건물의 크기 등에서 위계성을 바탕으로 차등하는 것)

⑪ 시각적 : 시각적으로 상위의 것이 하위의 것보다 위에 있고, 시야가 확보되는 것

　(예 상위의 건물인 대성전과 명륜당의 정면배치와 시야 확보, 하위 건물인 양무(兩廡)와 양재(兩齋) 그리고 부속건물의 측면배치)

⑫ 축(軸) : 강한 중심성과 권위를 표현하기 위하여 축을 사용

　(예 단일축 배치 홍살문 < 외삼문 < 강학공간 < 내삼문 < 문묘공간)

⑬ 건물명칭 : 건축물의 명칭은 공간의 성격과 기능을 의미하는 한자로 표현하여 위계를 형성하는 것(예 문(門) < 누(樓) < 재(齋) < 당(堂) < 무(廡) < 전(殿) 등과 각(閣) < 대(臺) < 누(樓) < 실(室) < 재(齋) < 당(堂))

건물의 명칭과 용도

- 누(樓) : 지면보다 한 길 정도 높이 지은 마루이거나 2층의 구조물로 휴식과 유희를 위한 수양공간이며, 교육과 종교의 시설물로도 쓰였다.
- 재(齋) : 왕실의 휴식과 주거를 위한 공간이거나 관원들의 업무공간으로 쓰였다.
- 당(堂) : 전(殿)보다 격이 낮은 공간으로 관아나 사찰의 교육 집회소로 쓰였다.
- 무(廡) : 기둥에 지붕만 얹은 건물이다.
- 전(殿) : 높고 크며 웅장한 건물로 왕실의 궁중건물이나 성현을 모시는 건물로 쓰였다.
- 각(閣) : 전과 당보다 격이 한층 떨어지는 건물로 보통은 부속건물로 쓰이며, 석축(石築)이나 단상(壇上)에 높게 세웠다.
- 대(臺) : 사방을 관망하기 위해 흙을 높이 쌓은 곳을 뜻하며, 주위를 멀리 바라볼 목적으로 높은 곳에 설치한 건물이다.
- 실(室) : 사람이 기거하며 일을 하는 건물이다.

제2장

향교건축의 위계성

공간구성

1. 공간구성의 질서

향교를 구성하고 있는 외부공간의 성격은 문묘와 강학으로 양분화되고 여기에 지원과 진입공간이 부가되며, 각각의 공간은 독자적인 기능과 용도로 인하여 그 성격과 질서체계가 매우 다르게 나타나고 있다.

이러한 특징은 유교를 바탕으로 한 결과로, 향교를 구성하는 전각들이 중정(中庭)을 이루며 형성되고, 그로 인하여 자연스럽게 공간이 분리되는 것이다. 여기에서 성역으로 신성시되고 제례의식이 행해지는 공간을 '문묘공간', 교육의 실천기능을 목적으로 일상적인 생활이 이루어지는 공간을 '강학공간'이라 한다.

이렇게 구성된 외부공간의 위계는 향교를 구성하는 건물들의 기능과 용도에 따라서 결정된다. 또한 유교이념을 바탕으로 서열이 정해지는데, 이것이 공간의 질서로 나타나게 된다.

이와 같이 구성된 향교의 공간에는 일반적으로 본 공간을 암시하고 시각적으로 본 공간에 이르기 직전까지의 진입공간이 있으며, 그 뒤로 주 공간의 하나인 강학공간이 놓이게 된다. 그리고 그 다음에 향교의 핵심공간인 문묘공간이 질서를 이루며 공간을 형성하고 있다.

그 밖에 일정한 형식 없이 향교의 전체 질서를 고려하며, 주 공간 주변에 강학공간과 문묘공간을 보조하는 지원공간이 형성되게 된다.

공간에 따른 위계의 특성은 다음과 같이 정리할 수 있다.

① 외부공간은 문묘와 강학 그리고 지원으로 이루어져 있고, 각각의 독자적인 기능과 용도로 인하여 그 성격이 매우 다르게 나타나고 있다.

② 성역으로 신성시되고 제례의식이 행하여지는 문묘공간과 교육의 실천기능을 가지고 생활이 이루어지는 강학공간으로 구성된다.

③ 그 밖에 일정한 형식이 없이 주 공간 주변에 강학공간과 문묘공간을 보조하는 지원공간이 형성된다.

④ 외부공간의 질서는 향교를 구성하고 있는 기능과 용도에 따라서 유교이념을 바탕으로 서열이 정해지게 되며, 이것이 공간의 위계로 나타나게 된다.

⑤ 공간구성의 위계순서는 문묘공간 > 강학공간 > 진입공간 등으로 이루어져 있다.

2. 각 공간별 질서

1) 진입공간

향교건축의 공간은 일반적으로 진입공간 < 본공간(강학공간) < 승화공간(문묘공간)으로 구성되고 있다. 진입공간은 향교의 기능과 용도 및 위계성에 의해 구획된 주 공간으로 진입하기 전까지의 준비과정을 말한다.

[흥덕향교 진입공간]

진입공간의 초입에는 성역임을 알리는 하마비(下馬碑)[40]가 있고, 다음으로 문묘의 신성구역임을 알리는 홍살문(紅—門)[41]이 있다. 홍살문을 지나 진입통로로 나아가면 바로 향교의 외삼문으로 이어진다.

2) 문묘공간

문묘공간은 향교에서 가장 핵심적인 공간으로 공자 이하 유현을 모시고 제사를 올리는 구역이다. 이 공간은 공자 → (기타 성현) → 유교사상 → 정신적 지주 → 위패안치/의식공간 → (유교/건축적 질서) → 대성전/양무 → 문묘공간으로 이루어져 있다.

이렇게 형성된 문묘공간에는 공자의 위패를 봉안하고 있는 대성전이 주된 건물로 중심공간에 축조되어 있고, 그 전면 좌우에 대칭으로 중국과 우리나라 유현들의 위패를 모신 동무와 서무가 위치하고 있다. 이것은 상하의 개념과 고상저하의 원칙에 따라 공간이 위계질서에 의해 구성되고 배치되었음을 확인할 수 있다.

공간구획은 지형적으로 정방형이나 장방형의 사괴석 담장으로 공간을 구획하여 기능

---

40 하마비는 누구든지 이 앞을 지날 때에는 말에서 내리라는 뜻을 담고 있는 비석이다. 보통 왕실, 종묘, 문묘, 성균관, 향교 등에 있으며, 대소인원개하마(大小人員皆下馬) 또는 하마비라고 새겨져 있다.
41 홍살문은 홍전문(紅箭門), 홍문(紅門) 등이라 부르는 붉은색을 칠한 나무 문이다. 보통 9m 이상의 둥근 기둥 두 개를 양쪽으로 세우고, 위에 지붕 없이 화살 모양의 나무를 나란히 박아 놓고, 중앙에는 태극 문양을 만들어 놓는다. 왕실, 관아, 능, 묘, 원 등의 앞에 세운다.

과 용도에 맞게 엄숙한 의식공간이 되도록 계획하고 있다. 지형적으로도 평지에서는 기단부를 높게 설치하고 경사지에서는 가장 높은 위치의 중앙에 대성전을 배치시키고, 전면의 중심 축선상에 내삼문을 두고 있다. 여기에 내삼문을 제외한 모든 건물은 대성전과 같은 방향을 취하지 않고 배치시키고 있는데 이는 문묘공간 내의 차등배치라 볼 수 있다.

그리고 공간 내 건물의 명칭도 공자를 모신 대성전은 전(殿)이라 하였고, 중국과 국내의 선현들의 위패를 각각 나누어 종향하는 동·서무는 무(廡)라 하여 행랑 정도로 표현하였다.

또한 공간 내의 출입은 대성전 전면의 중심 축선상에 신문(神門)을 두고 신문의 좌측, 우측, 좌우측 또는 측면의 좌측, 우측, 좌우측에 협문(夾門)이나 사주문(四柱門)을 두어 기능을 보조하도록 구성하였다.

이 같은 구성은 향교에 내재되어 있는 위계질서에 의한 결과이며, 문묘의 신성함을 이끌어내어 엄격한 공간으로 축조되어 있음을 알 수 있다.

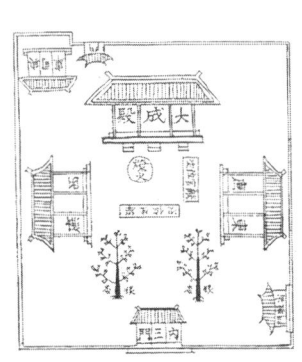

문묘공간 배치도(영광향교)

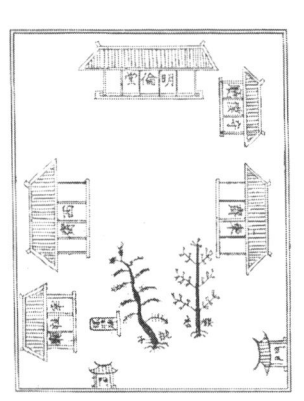

강학공간 배치도(영광향교)

[향교의 공간 배치도]

동래향교(문묘공간)   예안향교(강학공간)

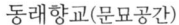

[**문묘 · 강학공간 구성**]

3) 강학공간

문묘공간과 함께 강학공간은 향교에서 주 기능을 담당하고 있는 교육의 공간이다. 이 공간의 형성은 공자 → 유교 → (치국이념 조선) → 교학 → 실천장소 → 명륜당/양재 → (교육/건축적 질서) → 강학공간으로 이루어진다.

이렇게 형성된 강학공간은 일반적으로 경사지에서는 고상저하의 법칙이 적용되어 주된 건물인 명륜당이 후면의 높은 곳에 위치하고, 격이 낮은 동재와 서재가 명륜당 전면 낮은 곳의 좌우에 대칭으로 배열되는 것을 볼 수 있다. 이러한 전재후당(前齋後堂)형 배치는 중앙과 측면이라는 스승과 제자 간의 위계에 의한 구성이라고 볼 수 있다.

그리고 동재와 서재가 명륜당 후면에 배치되는 전당후재(前堂後齋)형은 아마도 지형적인 요인과 문묘공간으로의 진입 시 넓은 공간과 시야의 확보나 상하관계에 의한 전상후하(前上後下)의 법칙에 따라서 배치되었다고 풀이할 수 있다. 또 부분적으로 나타나는 무재후당(無齋後堂)형은 동재와 서재가 설치되지 않고, 명륜당만 놓인 형식으로 전국적으로 양지, 지평, 충주, 청안, 인동향교 등이다.

공간구획은 정방형이나 장방형의 사괴석 담장으로 공간을 구획하여 기능과 용도에 맞게 독립성을 주어 위계적 공간이 되도록 계획하고 있다. 지형적으로도 평지에서는 기단부를 높게 설치하고, 경사지에서는 가장 높은 위치의 중앙에 명륜당을 배치시키고, 전면의 중심 축선상에 외삼문(外三門) 또는 누문(樓門)을 두고 있다. 외삼문을 제외한 모든 건물은 명륜당과 같은 방향을 취하지 않고 배치시키는데, 이는 강학공간 내의 위계성에 의한 차등배치로 볼 수 있다.

공간 내의 건물들은 공자의 사상과 이념을 교육하고 이를 실천하도록 하는 장소로서 교관들의 처소이기도 한 명륜당은 당(堂)이라 하였고, 유생들이 숙식과 독서를 하던 동·서재는 재(齋)라 하여 행랑 정도로 낮추어 구성하고 있다.

또한 공간 내의 출입은 명륜당 전면에 외삼문 또는 누문을 두고 출입을 하도록 하는 것이 일반적이고, 그 외에 협문이나 사주문을 두어 출입하는 경우도 있다.

이 같은 구성은 향교에 내재되어 있는 질서체계에 의한 결과이며, 유교교육의 실천 장소인 강학공간에서 스승과 제자 간의 교육적 질서를 두고 공간이 축조되어 있음을 확인할 수 있다.

4) 지원공간

지원공간은 향교에서 주된 기능을 가지고 있는 문묘공간과 강학공간의 기능이 충실히 수행되도록 보조하기 위하여 주 공간 주변에 형성된 공간으로, 향교의 경제력이나 지형에 따라 일정한 형식을 취하지 않고 있으며, 구획은 별도로 하지 않고 있다. 또한 지형적으로 동등한 평지에서는 기단부를 낮게 설치하고, 경사지에서는 지형이 낮은 위치에 배치시켜 주 건물과 차등을 두고 있다.

지원공간 중 문묘공간에는 출입을 돕는 내삼문, 제향의식 때 제사에 필요한 기물을 보관하는 제기고와 제사를 준비하는 전사청, 서적을 보관하는 존경각 등의 필요한 건물들이 적당한 위치에 놓이게 된다. 그리고 강학공간에는 역시 출입을 돕는 외삼문, 누문, 누각 등이 놓이고 지원과 보조기능을 하는 고직사 등의 필요한 건물들이 적당한 위치에 놓이는 것을 확인할 수 있다.

이러한 지원공간의 일반적 형식은 다음과 같다.

〈 지원공간의 건물 배치현황 〉

구분		향교명		비고
문묘 공간 구역 · 인접 지역	제기고	교동, 정선, 화천, 금산, 한산, 홍주, 당진, 통영, 곤양, 게제, 자인, 성주, 울진, 돌산, 순천, 해남, 익산, 성균관		
	전사청	양천, 고양, 경주, 예안, 영천, 봉화, 곡성, 영광, 성균관		
	기타 건물	삼척(장경실)　　연기(고직사)　　영동(노후사) 거제(증반실)　　함양(장경각, 전직사)　경주(존경각) 낙안(고직사)　　남평(고직사)　　해남(증반실) 전주(만화루)　　정읍(양재사)　　남원(사마재) 장수(사마재)　　고창(사마재)　　진안(사마재)		
강학 공간 구역 · 인접 지역	고직사	인천, 부평, 화천, 남포, 금산, 석성, 청양, 한산, 청풍, 문의, 동래, 거제, 고성, 초계, 여수, 곡성, 나주, 장흥, 강진, 해남, 화순, 임피, 성균관		
	누	안성, 통진, 춘천, 홍천, 영월, 평창, 인제, 정산, 진천, 단양, 동래, 진주, 통영, 기장, 울산, 창원, 사천, 곤양, 의령, 함안, 김해, 밀양, 양산, 고성, 하동, 산청, 창녕, 거창, 합천, 삼가, 초계, 함양, 안의, 흥해, 영주, 순흥, 지례, 안동, 선산, 영천, 자인, 군위, 의흥, 의성, 청송, 비안, 영해, 청도, 봉화, 평해, 용궁, 돌산, 순천, 광양, 화순, 태인, 남원, 김제, 금구, 부안		
	기타 건물	인천(재실)　　　김포(재실)　　　강릉(재방) 평창(장실)　　　회덕(재실)　　　아산(수직사) 공주(존경각)　　연산(재임실)　　석성(재실) 홍주(전사청)　　태안(제기고)　　청풍(제기고) 문의(제기고)　　울산(전사청)　　고성(전사당) 거창(제기고)　　삼가(전사청)　　안의(제기고) 광양(재실, 제기고)　전주(장판각)　　용안(전사재) 운봉(양사재)　　부안(진덕재, 종의재)　제주(전사청) 정의(수호사)　　　　　　　　　성균관(존경각)		

 지형에 의한 배치

1. 지형에 따른 배치 구성

배치에서의 질서는 단순하게 나타난 현상이 아니라 엄격한 유교이념과 풍수사상의 조합으로 구성된 것임을 알 수 있다.

일반적으로 지형의 형상에 따라서 건물의 배치유형이 각각 다르게 나타나고 있는데, 이는 유교이념에 의한 상하관계, 고상저하, 우상좌하라는 법칙의 적용으로 볼 수 있다. 음택풍수의 우남좌여, 양택풍수의 좌상우하라는 상하의 법칙과도 그 맥락을 같이한다.

그 외에 향교의 설립주체와 설립특성, 사용자의 건축적 사고, 향교의 변천과정 등이 배치의 위계 요인으로 작용할 수 있다.[42]

---

42 이달훈 · 조원섭, 「지형에 따른 향교건축의 배치위계 연구」, 한국교육시설학회 제10권 제5호, 2003, 37~38쪽.

지형에 따른 배치의 특징은 다음과 같이 정리할 수 있다.[43]

① 배치의 질서는 유교에 의한 상하 관계에서 출발하였음을 알 수 있으며, 이는 공자를 모시고 있는 문묘(대성전)가 유생들이 교육을 받는 강학(명륜당)보다 상위에 있는 것으로 확인할 수 있다.

② 평지의 지형에 배치되고 있는 성균관과 나주향교 등에서 보이고 있는 전묘후당의 배치에서 '전상후하'라는 상하의 법칙이 적용되고 있음을 찾아볼 수 있다.

③ 경사지의 지형에서 나타나고 있는 전당후묘의 배치에서 유교이념의 시각적인 상하 개념인 높고 낮음에 의한 지형의 고저에 따른 고상저하의 법칙이 적용되고 있음을 알 수 있다.

④ 그 밖에 변칙적인 배치 유형으로 좌당우묘와 좌묘우당이 나타나고 있다. 이 중에서 좌당우묘의 경우 우측이 높고 좌측이 낮은 우상좌하라는 상하의 법칙이 따라서 배치되고 있음을 볼 수 있으며, 음택풍수의 우남좌여의 법칙과도 같은 맥락으로 풀이할 수 있다. 그리고 좌묘우당의 경우는 좌측이 높고 우측이 낮은 좌상우하라는 양택풍수로 해석할 수 있으며, 이 같은 유형의 또 다른 이유로는 대지조건의 한계 등을 들 수 있다.

화천향교 위계구성 전경

[**지형에 따른 배치의 위계구성**]

---

43 장영훈, 「생활풍수강론」, 기문당, 2000, 155쪽.

2. 배치형식에 따른 구성

향교건축에서 나타나는 배치의 구성양식인 외부공간은 문묘와 강학기능에 의하여 크게 두 공간으로 구획된다. 이렇게 나뉜 공간은 입지환경에 따른 고상저하 형식과 유교적 체계의 전상후하, 우상좌하의 형식이 어떻게 체계적으로 구성되고 표현되는가에 따라서 전묘후당, 전당후묘, 좌묘우당, 좌당우묘의 배치 형태로 표현되고 있다.

이와 같은 배치형식은 향교가 들어서는 지형에 따라서 대체적으로 그 형식이 결정되고 거기에 건축물이 놓이게 된다. 예를 들어, 전국에 있는 전묘후당의 경우 평지가 88%, 경사지가 12%로 나타났고, 전당후묘에서는 평지와 완경사가 15%, 경사지와 급경사가 85%로 나타나고 있다.

이러한 결과는 평지에서는 유교적 체계의 전상후하의 법칙에 따라 전묘후당이 적용되었고, 경사지에서는 고상저하의 법칙에 따른 전당후묘의 형식으로 적용되었기 때문이다.

따라서 지형적 요소는 배치 체계를 결정짓는 중요한 요소로 작용하고 있으며, 그 내면에는 유교적 위계성이 사상적 근간으로 자리하고 있다. 즉, 경사지형에 입지한 향교는 상하의 질서로 나타난 전당후묘의 배치형식이 조영의 규범이 되고 있고, 반대로 평지에 들어선 향교는 시기와 지역에 따라 다소 차이는 있으나, 전묘후당이라는 배치형식이 또 하나의 배치전형이 되고 있는 것이다.

그 밖에 여러 가지 경제적·지형적 조건 등에 의하여 좌묘우당과 좌당우묘가 각각 나타나고 있다. 이러한 배치형식의 세부 내용은 다음과 같다.

1) 전묘후당(前廟後堂)

향교의 배치수법으로 보아 앞쪽에 대성전이 위치한 문묘구역이 들어서고, 그 뒤쪽으로 명륜당이 위치한 강학구역이 놓이는 형태를 말한다. 건물은 외삼문과 대성전 그리고 내삼문과 명륜당이 차례로 일축선상에 놓이고, 동·서무와 동·서재는 대성전과 명륜당 정면에 각각 대칭으로 위치하게 된다. 이러한 동등한 위치인 평지에서의 위계성 표현은 앞이 뒤보다 상위임을 나타내는 것으로 전상후하(前上後下)의 질서를 이끌어낸 것이다.

그리고 시간차에 따른 적용으로서 상위의(대성전) 것을 먼저 진행하고 하위의(명륜당) 것을 나중에 진행하는 선상후하(先上後下)의 질서를 이끌어내고 있으며, 그 밖에 건물의 크기와 규모 등은 대상소하(大上小下)의 원칙이 적용되어 위계성을 두고 있다.

이와 같이 전묘후당은 유교에서 앞과 먼저 것이 상위라는 개념의 질서체계가 표현된 것으로 문묘공간을 전면에 놓고, 강학공간을 후면에 배치하는 것으로 유교적인 예의 개념이 배치형태로 나타난 것이라고 볼 수 있다.

결과적으로 전묘후당 형식의 공간구성은 유교이념을 실천하기 위한 교육의 장으로 예의 질서규범을 바탕으로 전상후하의 개념이 적용되어 전면에 문묘공간을 그리고 후면에 강학공간을 각각 배치한 것이다.[44]

대표적으로 나주향교는 평지에서 전후개념의 위계적 표현인 전상후하의 형식에 따라서 전면의 경(敬)의 공간에 대성전을 설치하고, 그 후면에 스승이 기거하며, 강론을 하는 명륜당을 놓아 유교적 예의 질서규범에 의한 전상후하의 구성을 이루고 있다.

이러한 전묘후당의 배치는 전국적으로 서울 성균관을 포함하여 9개소(4%)에서 나타나고 있다. 즉, 성균관, 경주, 경산(분리형), 나주, 함평, 영광, 전주, 정읍, 의성(분리형)향교에서 찾아볼 수 있다.

---

44 김남응, 「조선시대 서원건축의 배치와 외부공간 특성에 관한 연구」, 단국대학교 석사학위논문, 1979, 32쪽.

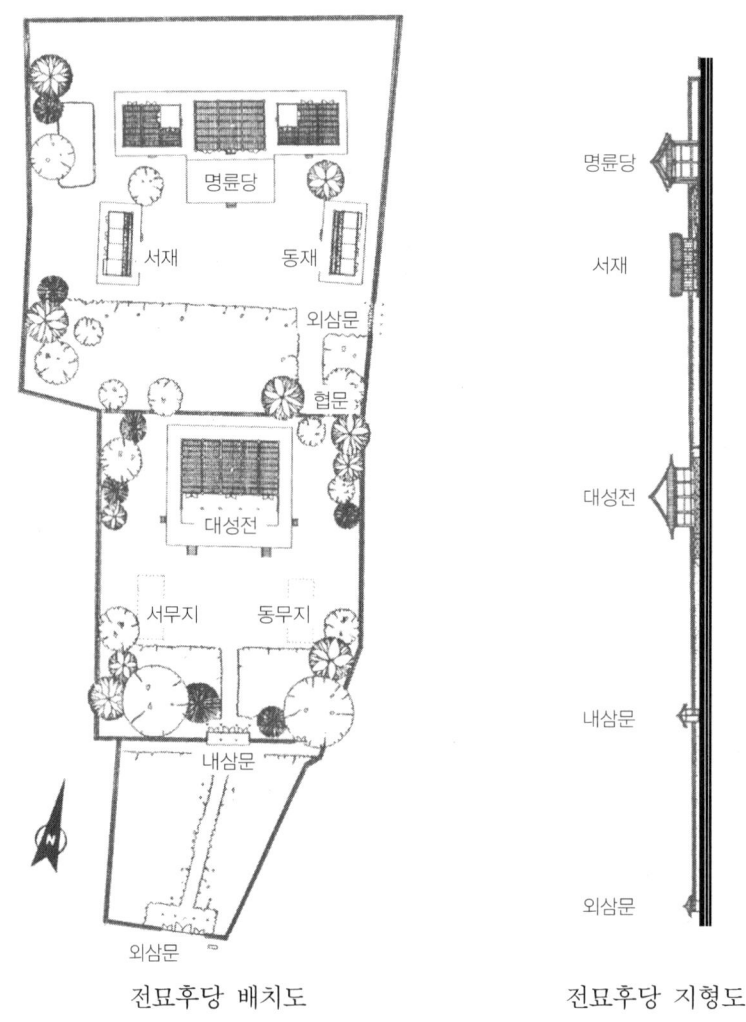

전묘후당 배치도   전묘후당 지형도

[나주향교 배치도와 지형 종단면도]

지형은 평지 구성이 8개소(89%), 경사지 구성이 1개소(11%)로 분포되어 있어 절대적으로 평지에서 많이 조영되고 있는데, 이는 유교질서에 의한 전상후하의 개념에 따른 위계성이 표현되고 있음을 확인할 수 있다. 그러나 평지에서 일부 나타나고 있는 청산, 언양, 장수향교 등의 전당후묘 배치는 유교적 질서에 의한 전상후하의 개념보다는 건물의 규모, 구성양식의 높낮이 등 대상소하의 개념이 질서규범에 내재된 위계의 표현이라고 볼 수 있다.

2) 전당후묘(前堂後廟)

향교의 배치상 명륜당이 위치한 강학구역이 앞쪽에 위치하고 그 뒤쪽으로 대성전이 위치한 문묘구역이 배치되는 형태로서 우리나라 향교의 대부분이 이 배치법을 따르고 있다.

건물은 외삼문과 명륜당, 그리고 내삼문과 대성전이 차례로 일축선상에 놓이고, 동·서재와 동·서무는 명륜당과 대성전 정면에 각각 대칭으로 위치하게 된다.

공간 내에서는 동·서재의 위치에 따라서 전당후재형과 전재후당형으로 분류되는데, 그 기준은 명륜당을 중심으로 양재가 앞면에 놓이게 되면 전재후당이 되고 뒷면에 놓이게 되면 전당후재가 된다. 전재후당형은 일반적인 배치수법이고, 전당후재형은 특수 여건 및 지형적인 요인에 의한 것이다.

이와 같은 형식은 경사지나 구릉지에서는 지형적인 영향에 의해 전상후하보다 고상저하의 형식에 의한 위계에 따라서 유교적 예의 질서규범이 표현된 것으로, 유교의 기본이념을 바탕으로 경(敬)의 공간을 높은 곳에 위치시키려는 성리학의 경천성(敬天性)이 복합적 기본개념으로 표현된 것이다. 즉, 강학공간은 지형상 낮은 곳의 전면에 배치되고, 문묘공간은 지형상 높은 곳의 후면에 배치됨으로써 질서체계에 의한 위계적 표현을 이루었다.

결과적으로 경사지에 조영된 대부분의 향교건축은 전당후묘형식을 취하고 있어 지형적인 영향에 의해 고상저하의 배치규범이 적용되었다. 대표적으로 울산향교는 지형적으로 고상저하의 질서에 따라 전면의 낮은 곳 중앙에 외삼문을 설치하고, 다음에 교생들이 기거하는 동·서재를 배치하고 그 뒤의 중간에 스승이 기거하며, 강론을 펼치는 명륜당을 놓아 생활공간을 이루었다.

그리고 순차적으로 경사면을 따라서 경의 공간에 내삼문과 동·서무를 배치시키고, 후면 중앙의 제일 높은 곳에 대성전을 배치시킴으로써 고상저하에 의한 구성을 확인할 수 있다.

전국적으로 명륜당이 대성전의 앞에 낮은 지형에 놓이는 전당후묘의 배치는 전국 232개소의 향교 중 양천, 인제, 괴산, 울진, 남원향교를 포함한 189개소(81%)의 향교에서 나타나고 있다.

지형적으로 청산, 장수향교 등 27개소(15%)에서 극히 일부만이 평지와 완경사가 나타나고 있으며, 그 외에 양천, 청주향교 등의 162개소(85%)에서는 경사지와 급경사지로 분포되어 있다. 이는 유교적 질서인 예의 체계에 맞추어 고상저하의 형식이 질서규범에 적용되어 나타난 배치이다.

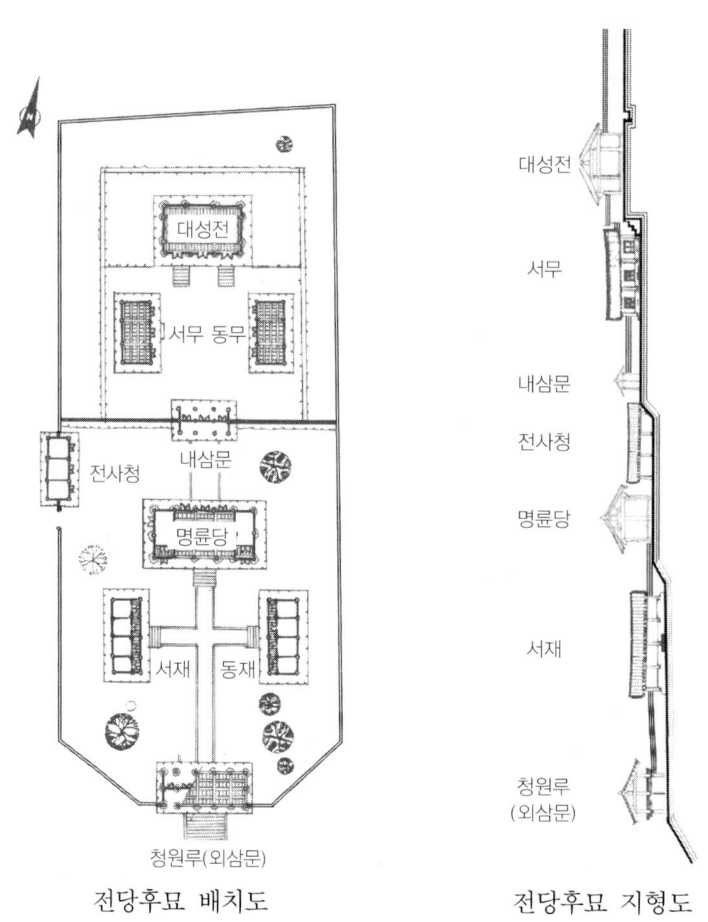

전당후묘 배치도   전당후묘 지형도

[울산향교 배치도와 지형 종단면도]

3) 좌묘우당(左廟右堂) · 좌당우묘(左堂右廟)

좌묘우당 혹은 좌당우묘는 전당후묘의 배치법에서 파생된 형식으로 등진 방위에서 정면을 바라보고 지형적으로 가장 높은 위치에 놓인 대성전을 중심으로 명륜당이 좌우 어느 쪽에 배치되는가에 따라서 형식이 결정되게 된다. 즉, 우측에 명륜당이 위치하면 좌묘우당이 되는 것이고, 그와 반대로 배치되면 좌당우묘가 된다.

이 구성은 전묘후당과 전당후묘 등의 형식에 비해 유교적 위계성은 떨어진다. 좌우측의 위계체계는 음택풍수에 따른 우상좌하와 양택풍수에 따른 좌상우하의 영향을 받아 좌묘우당과 좌당우묘가 나타난 것이다.

또한 지형적으로 부지의 종축 길이가 짧아서 동일 축선상에 대성전과 명륜당을 배치하기 곤란한 경우이거나 부지면적은 충분하지만 거의 평지에 가까운 경우에도 위계적 구성을 위하여 이러한 구성을 취하기도 한다.

이때에는 위계성을 확보하기 위하여 배치에서 2개의 축선을 두어 기능적으로 독립된 공간을 구성하고 유교질서의 근본인 예의 기본원리에 맞추어 구성한다.

따라서 전체적으로 이러한 배치형식은 좌우의 위계와 지형적인 고상저하와 전상후하가 복합적으로 적용된다. 그 예로 진천, 단양, 영암, 광양, 밀양, 돌산향교에서 보듯이 지형적인 여건에 의해 후면의 높은 곳에 문묘공간인 대성전을 놓고, 전면의 낮은 위치에 강학공간인 명륜당을 배치시켜 유교적 예의 질서규범을 최대한 적용시켜 지형적 높낮이를 이용한 건축물 조영을 이루고 있다.

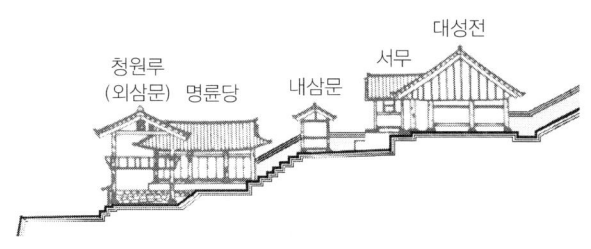

단양향교 지형 종단면도

[**좌묘우당 지형도**]

(자료 : 도영호)

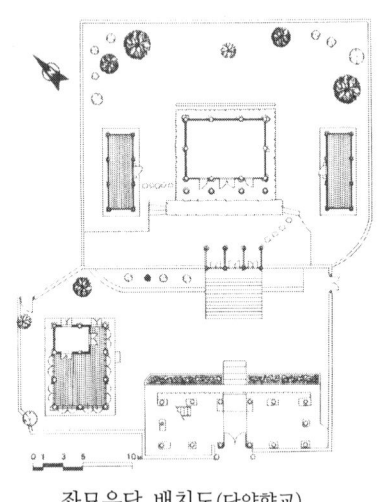
좌묘우당 배치도(단양향교)

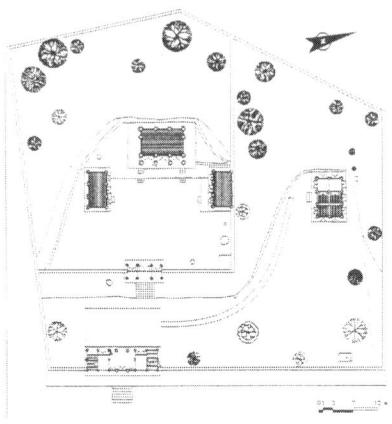
좌당우묘 배치도(진천향교)

[**좌묘우당 및 좌당우묘 배치도**]

이러한 배치는 전국 232개소의 향교 중 34개소(15%)에서 나타나고 있는데, 그중 영춘, 칠곡, 강화 등 14개소(41%)에서 좌묘우당이 나타나고, 합천, 거창, 남양향교 등 20개소(59%)에서 좌당우묘가 나타난다.

이상의 분석 결과는 아래 나타난 분석표를 통해 살펴볼 수 있다.

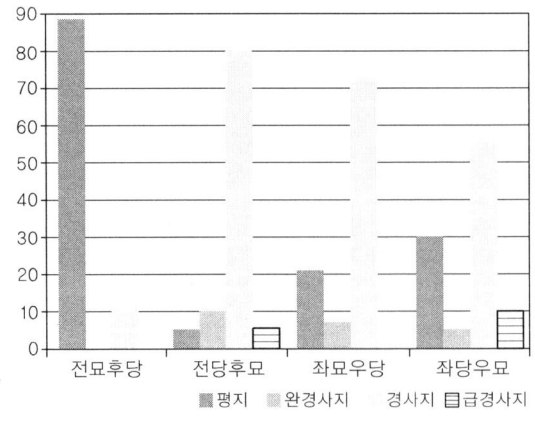

[**지형별 배치 분석표**]

4) 배치 축

향교건축은 일정한 축으로 배치하여 권위와 엄숙함을 상징하도록 하였는데 여기서 좌우대칭을 이루거나 비대칭 축을 사용하고 있다.

이러한 축을 기준으로 대칭적 요소를 부가하면 균형과 안정감을 증가시키며, 단일축을 통해 강한 중심성과 절대적 우위를 나타낼 수 있다. 그리고 향교건축의 배치에서 축을 중심으로 낮은 지형에서부터 진입공간이 놓이고, 그 다음에 강학공간과 제일 높은 곳에 문묘공간을 순차적으로 배치하고 있다. 여기에 주 공간 주변으로 보조기능의 지원공간을 배치한다.

이 같은 축의 성질을 이용하여 제향기능을 가진 문묘구역과 교육기능을 가진 강학구역을 중심으로 내·외삼문, 그리고 양무와 양재로 각각 구성된다. 이렇게 구성된 건물들은 상호 연관성을 가지고 위치하므로 전체 배치형식에 통일성과 질서를 부여한 조영을 이루게 되는 것이다.

또한 우리나라의 지형이 대부분 경사지나 구릉지가 많은 지리적 특성상 지형의 변화가 많기 때문에 직선형이나 완전 대칭형은 많지 않으며, 대체적으로 개념상 직선이나 대칭을 추구하면서 지형에 따라 다양한 축의 변화를 보이고 있다.

위와 같은 조건하에서 나타나는 배치축의 형식은 일축선형, 절축선형, 직교축선형, 병렬축선형 등으로 세분할 수 있고, 배치현황은 다음과 같다.

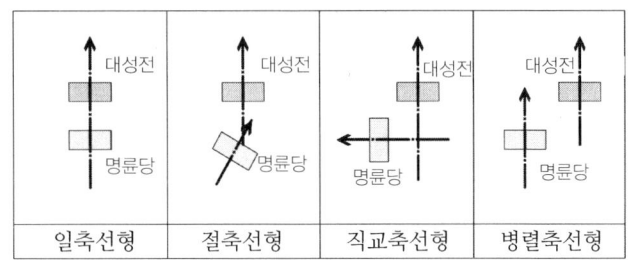

[배치 축 형식]

① 일축선형(172개소, 74%)

대성전과 명륜당 건물의 중심으로 축선이 지나는 형태로 대부분의 향교가 이 배치형식을 취하고 있다. 이 형식은 강한 중심성과 절대적 우위를 갖고 있다.

② 절축선형(24개소, 10%)

대성전을 중심으로 명륜당이 좌측 또는 우측으로 벗어나거나 틀어지게 배치되어 꺾이거나 절곡되어서 축선이 지나는 형태로 교동, 양지, 남포, 보은, 칠원, 봉화, 무주, 지도 등의 24개 향교에서 찾아볼 수 있다. 이 배치는 문묘공간의 기능과 위계성을 한층 강화하는 의미도 있겠으나, 향교의 기본배치가 어려운 지형일 때의 수법으로 볼 수 있다.

③ 직교축선형(3개소, 1.5%)

대성전의 중심축과 명륜당의 중심축이 직각을 이루며 직교하는 형태로 평창, 진천, 단양향교에서 찾아볼 수 있다. 이 배치 또한 향교의 기본배치가 어려운 지형일 때의 수법으로 볼 수 있으며, 전형적인 축의 개념은 고려되지 않은 것으로 판단된다.

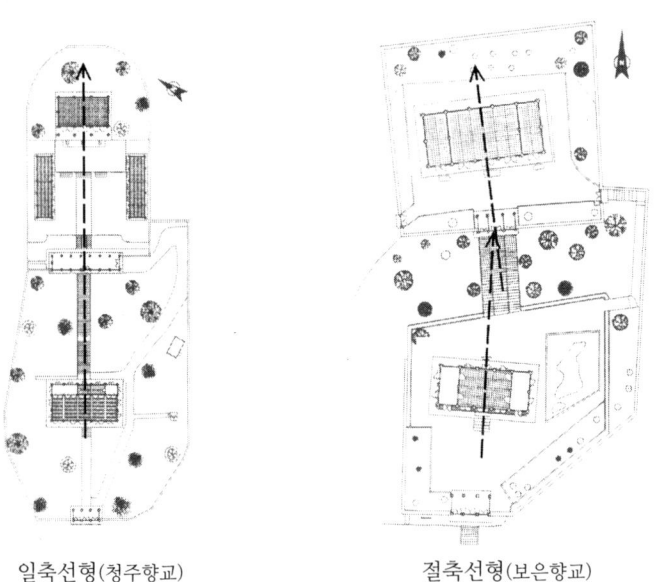

일축선형(청주향교)   절축선형(보은향교)

[일축선형과 절축선형의 배치]

④ 병렬축선형(33개소, 14.5%)

대성전의 중심과 명륜당의 중심을 통과하는 2개의 축선이 평행을 이루며 위치하는 형태이다.

이는 각각 독립된 공간의 기능을 갖는 배치로서 경산, 의성, 남양, 철원, 강화 영춘 등의

33개소 향교에서 그 예를 찾아볼 수 있다.

이 배치 또한 향교의 기본배치가 어려운 지형일 때의 수법으로 볼 수 있다.

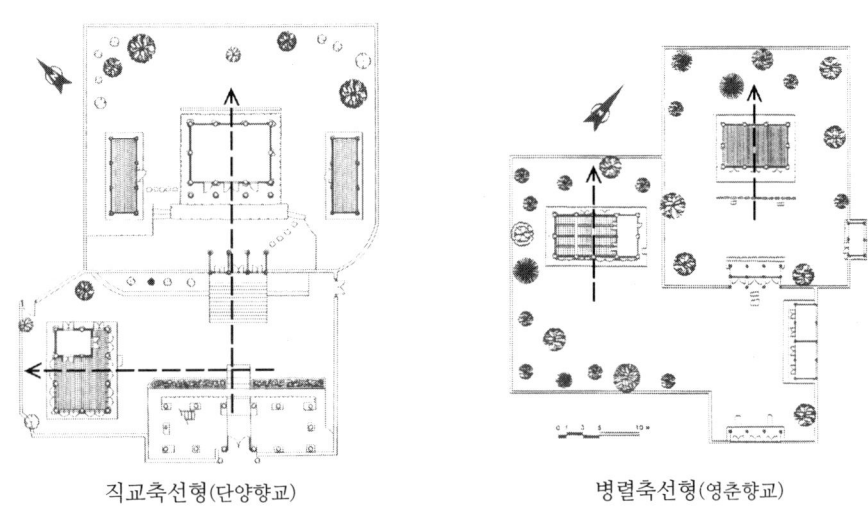

직교축선형(단양향교)   병렬축선형(영춘향교)

[**직교축선형과 병렬축선형의 배치**]

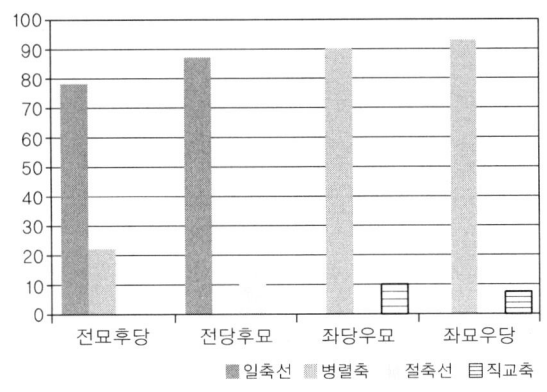

[**축 구성에 의한 배치 분석표**]

 건축조영

1. 건축조영(造營)의 질서

　향교건축은 불교건축에 비해 종교가 주는 신비감과 상징적인 건축요소보다는 절제된 단순성이 표현되고 있다. 이는 인(仁)과 예(禮)를 기본으로 백성을 교화하는 유교의 기본목표가 건축조영에 그대로 적용되었기 때문이다. 향교는 유교라고 하는 동양적 이념에서 발생된 국가 관념에 따라 건립된 일종의 제도화된 건축이라 볼 수 있고, 그에 따라 건물의 구조 및 의장에서도 나름의 독특한 형식을 갖추고 있다.

　결국 향교건축물은 유교의 현실성이 건축의 내면에 자리하여 독자적 양식 개발보다는 기존의 목조구성체계에 따라 간결하고 단순한 건축으로 자리했던 것이다.

　이와 같이 향교는 유교이념을 바탕으로 한 상하의 종속적 관계로 형성된 만큼 건축양식에서도 유교적 서열관계가 적용되어 건축물이 위계적으로 축조되어 있다고 볼 수 있다.

　그 구체적 조영을 살펴보면, 문묘공간의 대성전과 양무는 우선 명칭에서 전(殿)과 무(廡)로 현격한 차이를 보이고 있으며, 건물규모 및 양식에서도 큰 차이를 두고 축조되어 있다. 또 강학공간의 경우도 마찬가지로 명칭에서 명륜당과 양재가 당(堂)과 재(齋)로 차이를 보이고 있으며, 건축규모 및 양식에서도 위계를 두고 구성된다. 문묘공간의 대성전과 강학공간의 명륜당 건물도 철저한 위계에 의해 조영되어 나타나고, 그 외에 위계가 떨어지는 지원공간의 건축물들도 건물규모 및 양식 등에서 격식이 낮은 구조로 축조되어 나타나고 있다.

결론적으로, 건축조영에 따른 위계질서의 특징은 다음과 같다.

① 인과 예를 기본으로 하는 유교의 기본 목표가 건축조영에 그대로 적용되고 있다.

② 유교라고 하는 이념에서 발생된 국가 관념에 따라 건립된 일종의 제도화된 건축이라 볼 수 있다.

③ 유교의 기본정신에 따라 화려하거나 필요 이상의 큰 규모가 나타나지 않는다.

④ 건물 외형은 상징적이거나 장식적인 요소를 배제하고 있다.

⑤ 유교의 현실성에 맞추어 간결하고 단순하다.

⑥ 문묘공간의 대성전과 양무는 우선 명칭에서 전과 무로 현격한 차이를 보이고 있으며, 규모 및 양식에서도 큰 차이를 두고 축조되어 있다.

⑦ 강학공간의 경우 명칭에서 명륜당과 양재가 '당'과 '재'로 차이를 보이며, 규모 및 양식에서 도 위계를 두고 있다.

⑧ 문묘공간의 대성전과 강학공간의 명륜당 건물도 철저한 상하 위계에 의해 조영되고 있다.

⑨ 지원공간의 건축물들도 규모, 구성양식 등 건축조영수법에서 격식이 낮은 구조로 축조되 고 있음을 볼 수 있다.

⑩ 향교는 유교이념을 바탕으로 상하 종속적 관계로 형성되어 있으므로 건축양식에서도 유교적 상하 서열관계가 적용되며, 위계적으로 축조되고 있다.

2. 구성양식의 질서

유교의 질서체계에 의하여 축조된 향교건축의 구성양식인 평면, 기단, 초석, 기둥, 공포, 가구, 지붕, 처마 등의 요소는 다음과 같은 위계성을 나타내고 있다.

1) 평 면

우리나라 전통건축에서는 평면형식이 기능상의 요구나 재료상의 충족 여건 또는 계획상의 관습성 등이 적용되어 나타나지만 향교건축의 경우에는 주로 기능상의 요구에 의하여 평면형식이 결정되고 있다.

먼저 향교의 대성전은 신성하고 엄숙한 참배를 위한 공간이기에 전퇴(前退)[45]를 가지고 있는 개방형 평면과 이를 가지고 있지 않는 폐쇄형 평면으로 구별된다. 다음으로 명륜당은 유교이념을 실천하고 배우며, 기숙하는 실용적인 공간으로 그 기능에 맞도록 온돌방과 우물마루의 대청으로 구성된다.

이렇게 구성되는 평면은 용도와 기능에 따라 규모, 형식, 간수(間數), 툇간(退間)[46] 등의 요소가 결정되어 적용된다.

평면의 위계순서는 다음의 기준으로 정리할 수 있다.

① 평면의 용도 : 문묘기능의 용도(대성전 평면) > 강학기능의 용도(명륜당 평면) > 지원기능의 용도(삼문, 지원건물 등의 평면)

② 평면의 규모(간수) : 용도 및 기능에 맞추어 적절한 규모(간수)의 위계를 구성, 즉 큰 규모(간수) > 작은 규모(간수)

③ 툇간 유무(형식) : 툇간(유 : 개방형) > 툇간(무 : 폐쇄형)

---

45 집채의 앞쪽에 다른 기둥을 세워 만든 조그마한 칸살이다.
46 안둘렛간 밖에 다른 기둥을 세워 만든 칸살이다.

향교를 구성하고 있는 각 건물의 평면형식은 다음과 같다.

(1) 대성전의 평면과 규모

대성전의 평면은 대체적으로 정형화되어 있고, 그 형식은 제향의식에 맞추어 대부분 툇간을 두고 구성되는데, 이 툇간의 유무에 따라 개방형과 폐쇄형으로 나누어진다. 규모 면에서도 다른 건물보다 크게 조영되고, 정면의 간 수는 반드시 홀수로 나타나고 있다.

조사대상 226개소 대성전의 평면 중 개방형이 149개소(66%), 폐쇄형이 77개소(34%)로 분석되고 있어, 전퇴를 갖는 개방형 평면이 일반적이라 볼 수 있는데, 이는 제향의식에 맞는 적절한 공간의 구성이라고 할 수 있다.

이와 같이 개방형이 많이 나타나는 것은 일반적으로 대성전은 향교에서 가장 중심이 되는 건물로, 높은 격식과 상징성을 가지고 있기 때문이다. 규모 면에서도 조사대상 226개소 대성전의 평면 중 정면 3칸이 179개소(79%), 정면 5칸이 47개소(21%)로 분석되고 있다. 대부분 대성전은 정면 3칸형 평면으로 이루어져 있다.

이는 건축적인 측면에서 성균관(5×4)이 향교건축의 근간을 이루고 있어, 위계성을 고려하여 대성전의 규모를 최대(5×4)로 하였으며, 전반적으로 그보다 작은 규모로 축조되어 있음을 확인할 수 있다.

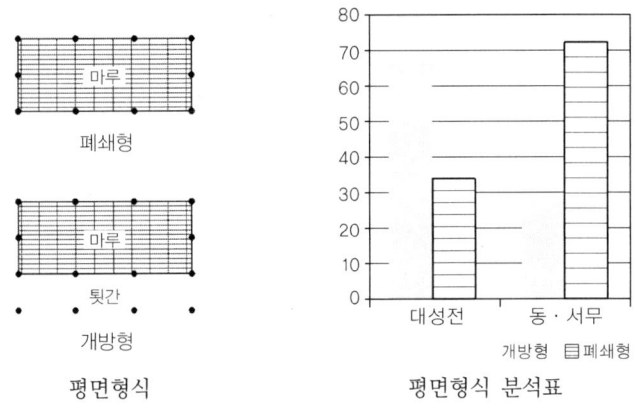

폐쇄형

마루

개방형

마루

퇴간

평면형식

평면형식 분석표

[대성전 및 동·서무의 평면형식과 분석표]

폐쇄형(문의향교 대성전)

개방형(진천향교 대성전)

[폐쇄형과 개방형의 입면]

(2) 동·서무의 평면과 규모

동·서무의 평면은 대체적으로 제향의식에 맞게 대성전과 유사한 형태를 보이고 있으나 규모, 양식, 의장 등의 전체적인 위계는 다소 떨어진다. 형식은 퇴간의 유무에 따라서 개방형과 폐쇄형으로 나누어지며, 규모는 대성전과 같이 한정되지 않고 다양하게 나타나고 있다.

조사대상 78개소 동·서무의 평면 중 개방형이 22개소(28%), 폐쇄형이 56개소(72%)로 분석되고 있어, 대성전과 비교하면 폐쇄형이 더 많음을 알 수 있다.

규모 면에서도 조사대상 78개소 동·서무의 평면 중 정면 2칸이 9개소(12%), 정면 3칸이 55개소(70%), 정면 4칸 이상이 14개소(18%)로 분석되고 있어, 대부분 동·서무는 정면 3칸형 평면이 일반적으로 나타나고 있다.

이와 같이 평면의 간수가 다양하게 나타나는 것은 대성전과 달리 정형화되어 있지 않기 때문이며, 배향인물을 봉사하는 규모인 설위(設位)에 따라 규모가 다양함을 알 수 있다.

(3) 명륜당의 평면과 규모

명륜당의 평면은 마루의 대청과 온돌방의 조합에 따라 마루형, 방형, 방+마루형, 기타형 등으로 구분할 수 있는데, 이는 대성전과 달리 매우 다양한 구성을 보여주고 있다.

조사대상 200개소 명륜당의 평면 중 마루형이 28개소(14%), 방+마루형이 168개소 (84%), 기타형이 4개소(2%)로 나타나고 있어, 마루의 대청과 온돌방으로 구성된 방+마루형이 일반적인 형태라 할 수 있다.

규모 면에서도 조사대상 222개소 명륜당의 평면 중 정면 3칸이 28개소(12%), 정면 4칸이 40개소(18%), 정면 5칸이 135개소(61%), 정면 6칸 이상이 20개소(9%)로 분석되고 있으며, 대부분의 명륜당은 정면 5칸의 평면이 일반적으로 나타나고 있다.

이와 같이 명륜당은 마루의 대청을 중심으로 좌우측 또는 한쪽에 온돌방을 놓는 것이 일반적인 형식으로 나타나는데, 이는 강학과 처소의 기능을 복합적으로 충족하기 위한 것이다. 그리고 건물의 전체 구성도 위계성을 고려하여 대성전에 비하여 간결하게 조영하였으나, 강학공간에서의 위치를 고려하여 이들 건물 중 가장 큰 규모로 축조하였다.

(4) 동·서재의 평면과 규모

동·서재의 평면은 방과 마루 그리고 부엌과 툇마루의 조합에 따라 순수 방형, 마루형, 방+마루형, 기타형 등으로 나눌 수 있다.

조사대상 130개소 동·서재의 평면 중 방형이 67개소(52%), 마루형이 3개소(2%), 방+마루형이 36개소(28%), 기타형이 24개소(18%)로 나타나고 있어 전반적으로 방의 형태를 취하고 있다. 이렇게 평면에서 방이 많은 것은 동·서재가 유생들의 기숙을 위해 만든 생활공간이기 때문이다.

규모 면에서도 조사대상 188개소 동·서재의 평면 중 2칸이 2개소(1%), 3칸이 81개소 (43%), 4칸이 60개소(32%), 5칸이 30개소(16%), 6칸 이상이 15개소(8%)로 나타나고 있으며, 대부분의 동·서재가 정면 3~4칸형을 이루고 있다.

이와 같이 동·서재 평면의 구성이 살림집의 형태를 취하는 것은 유생들의 기숙을 위한 것이다. 이러한 요소로 인하여 다른 건물에 비해 규범이나 격식에 있어 자유로울 수 있었다.

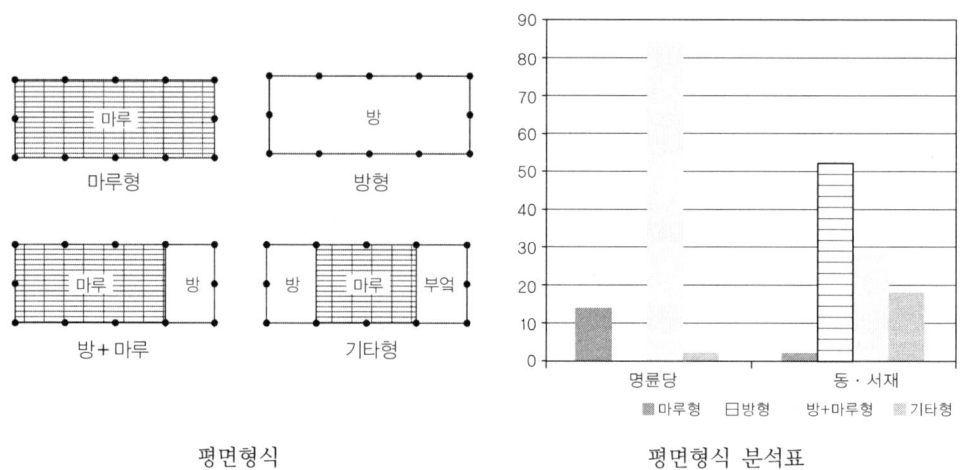

평면형식   평면형식 분석표

[명륜당 및 동·서재의 평면형식과 분석표]

(5) 누각의 평면과 규모

　누각의 평면은 놓이는 위치에 따라 문루형, 내부형, 외부형으로 분류할 수 있다. 조사대상 55개소 누각의 평면 중 문루형이 41개소(74%), 내부형이 12개소(22%), 외부형이 2개소(4%)로 분석되고 있어 문루형이 일반적인 형식임을 알 수 있다.

　규모 면에서도 조사대상 55개소 누각의 문루 평면 중 정면 3칸이 35개소(64%), 정면 4칸이 3개소(5%), 정면 5칸이 12개소(22%), 정면 6칸 이상이 5개소(9%)로 나타나고 있어, 대부분 누각은 정면 3칸형 평면이 일반적인 규모라고 할 수 있다.

　누각은 대체로 문묘공간과 멀리 떨어져 강학공간의 전면부에 위치하게 된다. 이는 누각의 하부에 출입문을 만들어 통로로 사용하기 위함이며, 유생들이 이곳의 2층 마루에서 여가를 즐길 수 있도록 배려한 것이다.

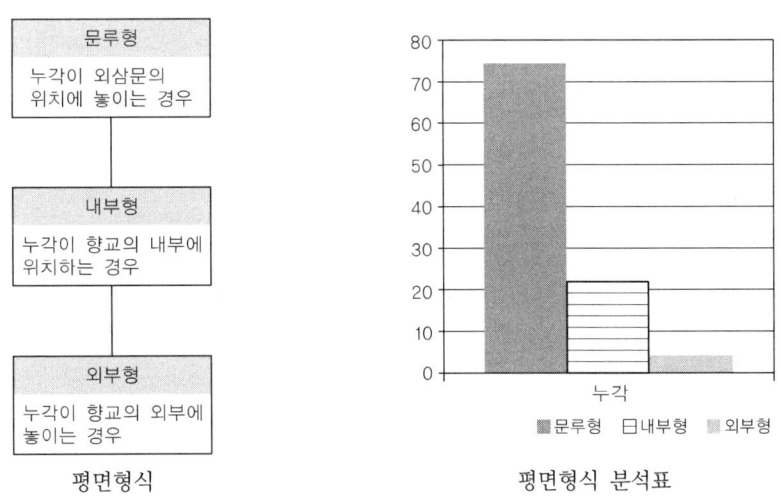

평면형식　　　　　　　　평면형식 분석표

[**누각의 평면형식과 분석표**]

(6) 내·외삼문의 평면과 규모

　내·외삼문의 평면은 각 영역으로의 출입기능과 상징적 의미에 맞추어 구성되고 있다. 일반적으로 공간을 구획하는 사괴석 담장을 기준으로 문의 설치위치에 따라 전면형, 중앙형, 후면형, 일주문형, 기타형 등으로 구별할 수 있다.

　조사대상 322개소 내·외삼문의 평면 중 전면형이 91개소(28%), 중앙형이 193개소(60%), 후면형이 4개소(1%), 일주문형이 13개소(4%), 기타형이 21개소(7%)로 나타나고 있다.

　규모 면에서도 조사대상 322개소 내·외삼문의 평면 중 정면 1칸형이 12개소(4%), 정면 3칸형이 282개소(87%), 정면 5칸 이상이 15개소(5%), 일주문이 13개소(4%)로 나타나고 있다. 이러한 분포로 보아 내·외삼문의 규모는 정면 3칸형이 용도와 기능에 적합한 일반적인 규모라 할 수 있다.

　이와 같이 문은 단순한 출입의 목적만을 가지고 있지 않다. 즉, 문묘공간의 내삼문은 제향의식의 격에 맞게 세 개의 문으로 구성하였는데, 그 중앙의 문을 신문(神門)이라 하여 평소의 출입을 금하고, 양측의 문을 인문(人門)이라 하여 평소 출입을 할 수 있도록 하여 위계성을 구축하였다. 그리고 강학공간의 외삼문은 문묘공간의 내삼문에 비하여 용도와 기능상 격이 다소 떨어지므로 조금 낮은 격식으로 축조되어 있다.

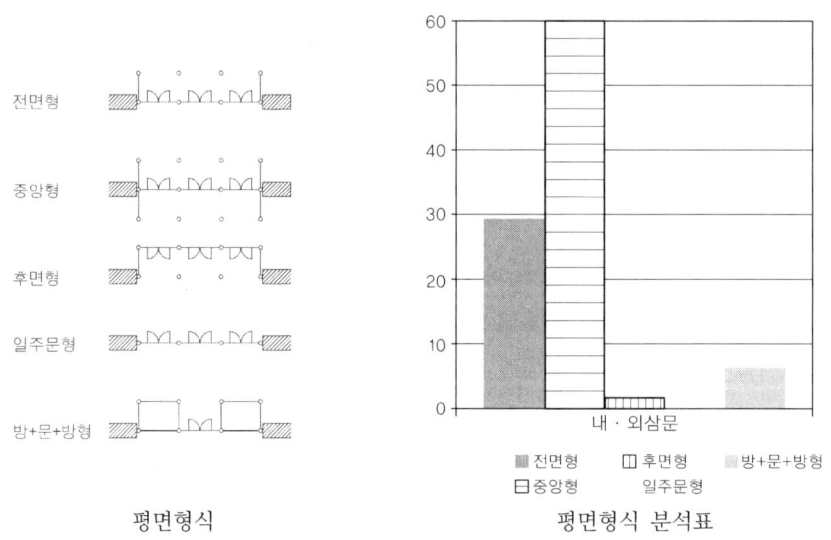

[내·외삼문의 평면형식과 분석표]

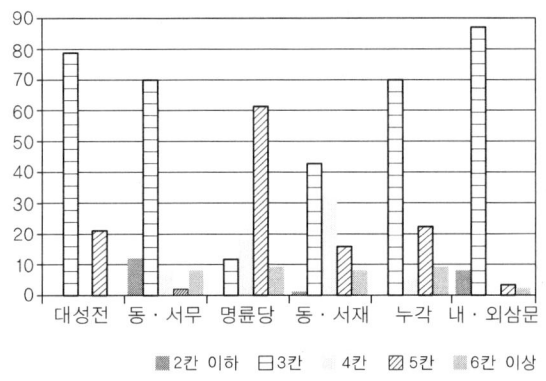

[평면규모 분석표]

이처럼 평면구성은 유교이념을 바탕으로 건축물의 용도와 기능 및 격에 맞추어 규모, 간수, 형식 등을 결정하여 축조되고 있다. 즉, 대성전은 정형화된 툇간의 개방형으로 규모가 크고 가장 우수하며, 유사한 형태를 보이는 양무는 열등한 규모로 축조되어 있다. 그리고 명륜당과 양재는 방과 마루로 구성된 형태로 다양하고 자유로운 평면을 이루고 있다. 그 밖에 누각은 다양한 크기로 문묘에서 멀리 떨어져 시각상 내려다볼 수 있는 곳에 위치시키고 있으며, 내·외삼문은 출입의 기능과 격에 맞추어 가장 열등하게 구성되어 있다.

2) 기 단

건물과 탑 등의 축조물 지면을 일반 지면보다 높게 흙으로 쌓아서 축조한 지면을 지단(地壇), 지대(地臺) 또는 기단(基壇)이라고 한다.[47]

이러한 기단은 구조적으로 기둥과 초석을 통하여 전달되는 건축물의 하중을 지반으로 전달하며, 건물의 입면형태를 시각적으로 부각시키고 안정감을 주기 위하여 사용한다.[48]

---

47 장기인, 「한국건축대계 V」, 보성문화사, 1991, 27쪽.
48 김택규, 「향토사연구소편람」, 한국향토사연구, 1990, 289쪽.

또한 빗물에 의한 침수차단 및 통풍기능과 건축물의 내·외공간을 연결시키는 매개체 역할도 함께하고 있다.

기단의 축조재료, 단의 수, 층의 형태, 쌓는 방법 등으로 위계성을 표현하고 있으며, 일반적인 형식은 토단과 막돌기단, 막돌＋다듬돌기단, 다듬돌기단 등으로 분류할 수 있는데 그 위계는 다음과 같다.

① 단의 높낮이 : 높은 단 ＞ 중간 단 ＞ 낮은 단

② 단의 재료 : 다듬돌기단 ＞ 막돌＋다듬돌기단 ＞ 막돌기단 ＞ 토단

③ 단의 수 : 다섯벌대 ＞ 네벌대 ＞ 세벌대 ＞ 두벌대 ＞ 한벌대

④ 쌓는 방법 : 다듬돌바른층쌓기 ＞ 다듬돌허튼층쌓기 ＞ 막돌바른층쌓기 ＞ 막돌허튼층쌓기

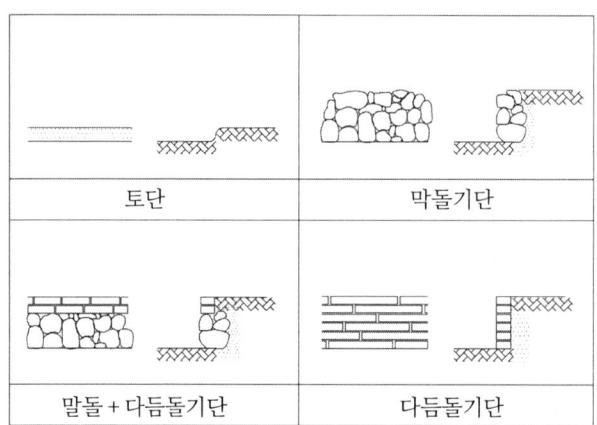

[기단의 형식]

향교를 구성하고 있는 각 건물의 기단형식은 다음과 같다.

(1) 대성전의 기단형식

　조사대상 201개소 대성전의 기단 중 막돌기단이 70개소(35%), 다듬돌기단이 99개소(49%), 막돌＋다듬돌 혼용 기단이 28개소(14%), 기타 기단이 4개소(2%)로 분석되고 있다.

　이렇게 다듬돌 계통의 기단이 130개소(65%)로 많은 것은 대성전 건물의 중요성을 고려하여 기단을 구성한 결과이다.

(2) 동·서무의 기단형식

　조사대상 73개소 동·서무의 기단 중 막돌기단이 50개소(69%), 다듬돌기단이 19개소(26%), 막돌＋다듬돌 혼용이 4개소(5%)로 나타나고 있어, 대다수의 동·서무가 자연석 막돌기단으로 축조되어 있음을 확인할 수 있다.

　이는 동·서무가 문묘공간에서의 위계질서가 대성전에 비하여 낮은 관계로 격을 낮추어 기단을 만들었기 때문이다. 그리고 동·서무의 지반은 대성전보다 한 단 낮게 두는 것이 일반적이며, 간혹 같은 지반 면에 두는 경우도 나타나고 있으나, 이때에는 대성전보다 동·서무의 기단을 낮게 축조하고 있다.

(3) 명륜당의 기단형식

　조사대상 162개소 명륜당의 기단 중 막돌기단이 127개소(79%), 다듬돌기단이 25개소(15%), 막돌＋다듬돌 혼용이 4개소(2%), 기타 기단이 6개소(4%)로 나타나고 있어, 대다수의 명륜당이 자연석 막돌기단으로 축조되어 있음을 확인할 수 있다.

　이는 명륜당이 향교의 전체적인 위계에서는 대성전보다 격이 낮으므로 차등 축조되었으나, 강학공간에서는 대체로 높은 위계를 바탕으로 조영되었다.

(4) 동·서재의 기단형식

조사대상 92개소 동·서재의 기단 중 막돌기단이 84개소(91%), 다듬돌기단이 8개소 (9%)로 분포되고 있으며 혼용기단과 기타 기단은 나타나지 않고 있다.

이처럼 동·서재를 자연석 막돌기단으로 조성한 것은 강학공간의 주 건물인 명륜당 에 비하여 높이와 격을 낮추기 위하여 1~2단의 자연석으로 기단을 낮게 구성하였기 때문이다.

(5) 누각의 기단형식

조사대상 23개소 누각의 기단 중 막돌기단이 21개소(91%), 다듬돌기단이 2개소(9%) 로 나타나고 있어, 대다수의 누각이 자연석 막돌기단으로 축조되어 있음을 확인할 수 있다.

이는 누각의 건물 위계가 주 건물에 비하여 상대적으로 낮기 때문에 나타나는 현상이며 기단이 설치되지 않은 곳도 상당히 많다.

(6) 내·외삼문의 기단형식

조사대상 109개소 내·외삼문의 기단 중 막돌기단이 69개소(63%), 다듬돌기단이 40개소(37%)로 나타나고 있어, 대다수의 내·외삼문이 자연석 막돌기단으로 낮게 축조되어 있음을 확인할 수 있다.

이는 내·외삼문이 향교 전체에서 가장 격이 낮기 때문에 반드시 1~2단의 기단으로 만 조성되어 있다. 또한 강학공간의 외삼문에 비하여 문묘공간의 내삼문은 격이 조금 높은 관계로 다듬돌기단으로 축조되어 있다.

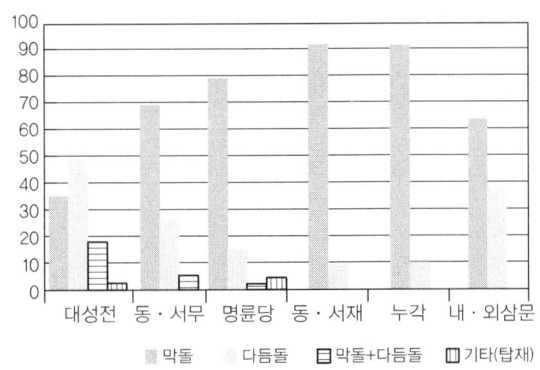

[**기단형식 분석표**]

막돌기단(연풍향교 명륜당)

다듬돌기단(진천향교 대성전)

[**기단형식**]

　이처럼 기단은 전체적으로 건물의 중요도를 고려하여 주변 건물들과 차등을 두고 축조되어 있다. 즉, 대성전은 다듬돌 계통으로, 그 외 건물들은 다듬돌과 막돌을 혼용하여 축조되어 있다.

3) 초 석

건축물의 기둥이나 토대(土臺) 밑에 위치하면서 상부로부터의 하중을 지면으로 전달하는 석재를 초석(礎石), 주초석(柱礎石), 또는 주초(柱礎)라 한다. 이 초석의 초두부(礎頭部)는 지표상에 노출되어 있고, 초각부(礎脚部)는 지하에 묻혀 있다. 이러한 초석은 건축물을 구축하기 위해 지상과 지하를 연결시켜주는 매개체이다.[49]

초석은 표면 상태에 따라 자연석을 그대로 이용한 덤벙초석(막돌초석)과 초석의 부재를 다듬어 만든 정평초석(다듬돌초석)으로 나누어지며, 그 위치와 형상에 따라 자연형, 방형, 팔각형, 원형 등으로 구분할 수 있다. 그 외에 주형(柱形)으로 방형주초, 팔각형주초, 원형주초 등이 있으며, 위계는 다음과 같다.

    ① 표면상태 : 정평초석(다듬돌초석) > 덤벙초석(막돌초석)

    ② 초석형상 : 원형 > 팔각형 > 방형 > 자연형

    ③ 주형초석 : 원형주초 > 팔각형주초 > 방형주초

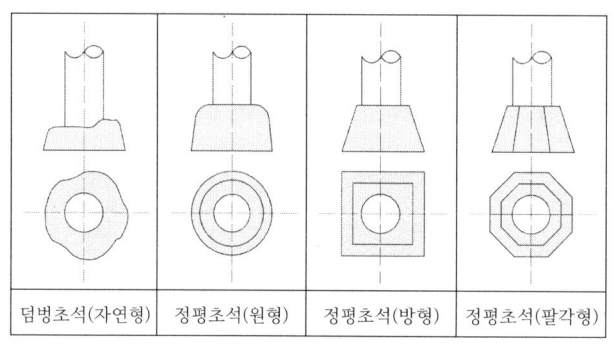

| 덤벙초석(자연형) | 정평초석(원형) | 정평초석(방형) | 정평초석(팔각형) |

[초석의 형식]

---

49 김동현, 「한국 목조건축의 기법」, 발언, 1995, 117쪽.

향교를 구성하고 있는 각 건물의 초석형식은 다음과 같다.

(1) 대성전의 초석형식

대성전의 초석은 향교 내의 어느 건물보다도 위계가 확실하게 표현되어 있다. 조사대상 186개소 대성전의 초석 중 자연석 덤벙주초석이 73개소(39%), 가공된 정평주초석이 95개소(51%), 덤벙＋정평주초석의 혼용형이 18개소(10%)로 나타나고 있다.

이와 같이 자연석 주초석보다는 가공된 주초석을 사용하며, 초석의 모양도 방형보다는 위계가 앞서는 원형이 많이 사용되고 있다. 이는 전체적으로 경내에서 대성전의 위계가 가장 높다는 것을 의미하고 있는 것이다.

(2) 동·서무의 초석형식

동·서무의 초석은 대성전이나 명륜당, 그리고 누각 건물에 비하여 대체적으로 격이 떨어지고 있다.

조사대상 68개소 동·서무의 초석은 자연석 덤벙주초석이 51개소(75%), 가공된 정평주초석이 14개소(21%), 덤벙＋정평주초석이 3개소(4%)로 나타나고 있다.

동·서무의 초석 크기는 작은 자연석 주초석이 대부분을 차지하고 있는데 이는 문묘공간에 위치한 대성전에 비하여 위계가 낮기 때문이다.

(3) 명륜당의 초석형식

명륜당의 초석은 향교에서 대성전 다음으로 위계가 높게 표현되어 있다.

조사대상 146개소 명륜당의 초석은 자연석 덤벙주초석이 111개소(76%), 가공된 정평주초석과 혼용형, 탑부재 등이 35개소(24%)로 나타나고 있다.

이와 같이 명륜당의 초석이 자연석 주초석으로 이루어진 것은 위계가 대성전에 비하여 대체적으로 낮기 때문이다. 그러나 강학공간에서는 건물의 위계가 가장 높으므로 동일한 자연석초석이라 하더라도 규모, 높이, 모양 등에서 차등을 두고 축조되어 있다.

(4) 동·서재의 초석형식

동·서재의 초석은 전반적으로 동·서무와 유사하게 나타나고 있다.

조사대상 93개소 동·서재의 초석은 자연석 덤벙주초석이 76개소(82%), 가공된 정평주초석이 15개소(16%), 덤벙＋정평주초석이 2개소(2%)로 나타나고 있다.

이와 같이 동·서재 초석의 대부분이 덤벙주초석인 것은 강학공간의 주 건물인 명륜당과 누각 건물에 비하여 전반적으로 위계가 낮다는 것을 의미한다.

(5) 누각의 초석형식

누각의 초석은 향교의 통로이기 때문에 다른 건물과 달리 규모가 크고, 높이도 높게 설치되어 있다.

조사대상 36개소 누각의 초석은 자연석 덤벙주초석이 17개소(47%), 가공된 정평주초석이 19개소(53%)로 나타나고 있다.

누각의 초석은 향교 내의 다른 건물과 다르게 자연석 덤벙주초석을 높게 설치하거나, 가공된 장초석을 사용하고 있다.

(6) 내·외삼문의 초석형식

내·외삼문의 초석은 향교에서 격이 가장 낮은 건축물이기 때문에 일반적으로 자연석이 주를 이룬다.

조사대상 200개소 내·외삼문의 초석은 자연석 덤벙주초석이 141개소(71%)이고, 가공된 정평주초석과 기타 가공주초석 등이 59개소(29%)로 나타나고 있다.

이처럼 내·외삼문 초석의 대부분이 덤벙주초석으로 나타나는 것은 경내에서 건물의 위계가 가장 낮기 때문이다. 또한 외삼문의 경우 누각을 취한 형식 외에는 장초석이 사용되지 않았으며, 내삼문은 용도와 위계상 대체적으로 외삼문보다는 높게 나타나고 있다.

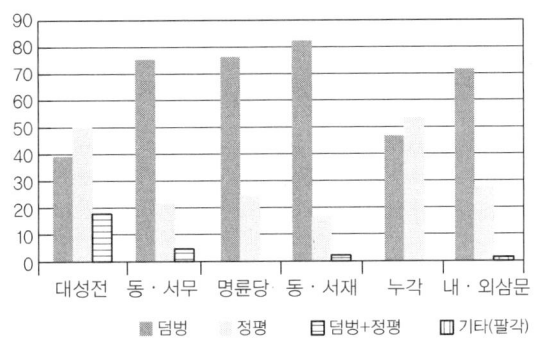

[**초석형식 분석표**]

덤벙주초(자연형)

진위향교 대성전

정평주초(원형)

강릉향교 대성전

정평주초(방형)

남양향교 대성전

정평주초(팔각형)

청풍향교 대성전

[**초석형식**]

이처럼 초석의 축조형식은 향교건물의 위계에 맞추어 초석의 형식, 크기, 높이 등을 고려하여 축조되어 있다. 즉, 대성전은 정평주초석을 주로 사용하고 그 외의 건물에서는 덤벙주초석이 대부분 사용된다. 그러나 명륜당은 같은 덤벙주초석이지만 규모, 높이, 모양 등에 차등을 두었고, 누각에서는 장초석의 정평주초가 다소 많이 나타나고 있다. 양무와 양재에서는 양무가 다소 높게 나타나고, 내·외삼문은 내삼문이 용도와 기능상 외삼문보다 조금 높게 축조되어 있다.

4) 기 둥

건물의 중심부이고 공간형성의 기본이 되는 부재를 기둥(柱)이라고 한다. 이 기둥의 기능은 상부에 걸려진 보(樑)와 도리로부터 오는 모든 상부의 하중을 부담하고 벽을 지지하면서 하중을 지반(地盤)으로 전달하는 매개체 역할을 하는 것이다.

이러한 기둥은 단면형태에 따라 원형, 방형, 팔각형 등으로 나누어지고, 입면에 따라 배흘림[50], 민흘림[51], 원통형 등으로 구분한다.

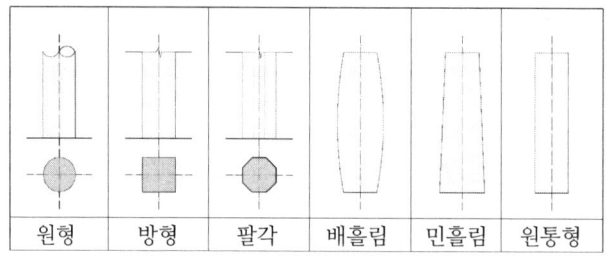

| 원형 | 방형 | 팔각 | 배흘림 | 민흘림 | 원통형 |

[**기둥의 형식**]

---

50 배흘림기둥은 기둥의 중간이 배가 부르고 아래위로 가면서 점점 가늘어지는 형태이다. 구조의 안정과 착시 현상을 바로잡기 위한 수법으로, 그리스를 비롯한 한국·중국·일본 등의 고대 건축에서 흔히 사용하였다.
51 민흘림기둥은 굵은 밑둥에서 위로 올라가면서 서서히 직선으로 가늘어지는 형태이다. 기둥의 측면은 곧게 기울어진다.

또한 기둥은 우리 전통건축의 조형의장 요소로서도 중요한 역할을 담당하고 있으며, 위계는 단면형과 입면형에 따라 다음의 순서로 정리할 수 있다.

① 단면형 : 원주 > 팔각주 > 방주
② 입면형 : 배흘림 > 민흘림 > 원통형

향교를 구성하고 있는 각 건물의 기둥형식은 다음과 같다.

(1) 대성전의 기둥형식

대성전의 기둥은 방주, 팔각주, 원주 등의 형태 중에서 대부분 원주를 사용하고 있다.

조사대상 213개소 대성전의 기둥형식은 방주를 사용한 곳은 나타나고 있지 않으며, 원주가 198개소(93%), 방주＋원주의 혼용형이 14개소(6%), 기타 팔각주가 1개소(1%)로 나타나고 있다.

이와 같이 대성전의 기둥은 위계가 가장 높은 원주가 절대적으로 많이 세워져 있고, 방주만으로 형성된 곳은 전혀 찾아볼 수 없다. 이는 향교의 중심 건물인 대성전의 중요도에 맞추어 조영된 결과이다.

(2) 동·서무의 기둥형식

조사대상 75개소 동·서무의 기둥형식은 원주가 37개소(49%), 방주가 27개소(36%), 방주＋원주의 혼용형이 11개소(15%)로 나타나고 있다.

이와 같이 동·서무의 기둥으로 원주를 사용하는 것은 비록 건물의 규모가 작긴 하지만 성현의 위패를 모시는 동·서무의 건물 용도와 기능을 고려한 적절한 조영이다.

(3) 명륜당의 기둥형식

조사대상 174개소 명륜당의 기둥형식은 방주가 16개소(9%)로 규모가 작은 곳에서 부분적으로 사용되고 있으며, 원주가 122개소(70%)로 대부분에서 사용되고 있다. 그 외에 방주＋원주의 혼용형이 36개소(21%)로 일부에서 나타나고 있다.

이와 같이 명륜당의 기둥에서 원주가 많은 것은 위계상 강학공간에서 가장 높은 격을 차지하고 있기 때문이다. 또한 명륜당은 평면의 구성과 용도상 방을 놓아야 하는 기능적 요소로 방주를 혼용하는 경우가 있다. 그 외에 작은 규모의 향교에서는 방주만 사용하기도 한다.

(4) 동·서재의 기둥형식

조사대상 108개소 동·서재의 기둥형식은 방주가 66개소(61%)로 대부분에서 사용하고 있으며, 원주가 24개소(22%)로 간헐적으로 사용되고 있다. 그 밖에 방주＋원주의 혼용형이 17개소(16%), 기타형이 1개소(1%)로 나타나고 있다.

이와 같이 동·서재는 전반적으로 격이 떨어지는 건물이기 때문에 방주가 많이 사용되고 있다. 하지만 일부 강릉, 영천, 경주향교에서는 원주를, 옥천, 나주, 청도향교에서는 혼용형을, 함창향교에서는 팔각주를 사용하기도 한다.

(5) 누각의 기둥형식

조사대상 44개소 누각의 기둥형식은 원주가 41개소(93%)로 나타나고 있는 것으로 보아 일반적인 형식으로 볼 수 있으며, 방주가 2개소(5%)로 사용되고 있다. 극히, 일부향교인 안성향교(上層), 선산향교(下層)에서는 방주＋원주의 혼용형이 나타나고, 청송향교에서는 상층에 원주, 하층에 팔각주를 사용한 예도 있다.

이처럼 대부분의 누각에서 원주를 세우는 까닭은 누각이 외부와의 통로이기 때문이다.

(6) 내·외삼문의 기둥형식

　　조사대상 206개소 내·외삼문의 기둥형식은 전반적으로 원주가 123개소(60%)로 나타나고 있으며, 그 다음으로 방주가 70개소(34%)로 축조되고 있다. 그리고 일부에서 원주＋방주의 혼용형과 기타형이 13개소(6%)로 나타나고 있다. 이 외에 특수하게 태안과 이천향교에서는 내삼문에만 팔각주를 세웠는데, 이는 내·외삼문 중 내삼문이 위계적으로 조금 높기 때문에 나타난 현상이다.

　　이와 같이 내·외삼문의 위계가 낮지만 원주를 사용하는 이유는 용도상 내삼문이 신문(神門)이고, 외삼문은 향교를 대표하는 첫인상의 역할을 하는 문이기 때문이다.

　　이처럼 기둥의 축조형식은 건물의 규모나 권위, 그리고 위계를 바탕으로 기둥의 단면과 입면에 차등을 두고 조영되어 있다. 즉, 대성전은 뚜렷하게 원주를 세워 절대적 우위를 나타내고 있다. 명륜당과 누각은 원주나 방주가 많게 나타나고 있으며, 동·서재는 방주를 주로 세우고 있다.

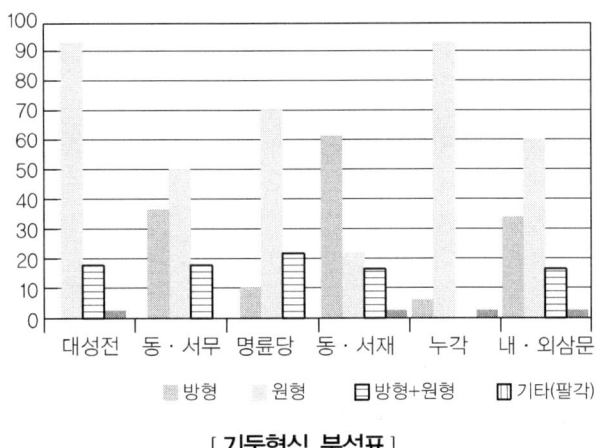

[기둥형식 분석표]

5) 공 포

공포는 처마 끝의 하중을 기둥에 전달하는 역학적 의미 이외에 장식적 측면에서 건물의 형식을 결정짓는 중요한 부재이다.[52] 이러한 공포는 기원전 후에 발생하여 중국 한나라에 와서 정형화된 것으로 알려지고 있다.[53]

공포는 크게 공포의 짜임이 기둥 위에만 놓이는 주심포식과 기둥과 기둥 사이에 놓이는 다포식으로 분류되고 있다.[54] 여기에 15세기 중반경에 발생된 익공식과 공포 없이 기둥과 도리로만 이루어진 민도리식이 있다.

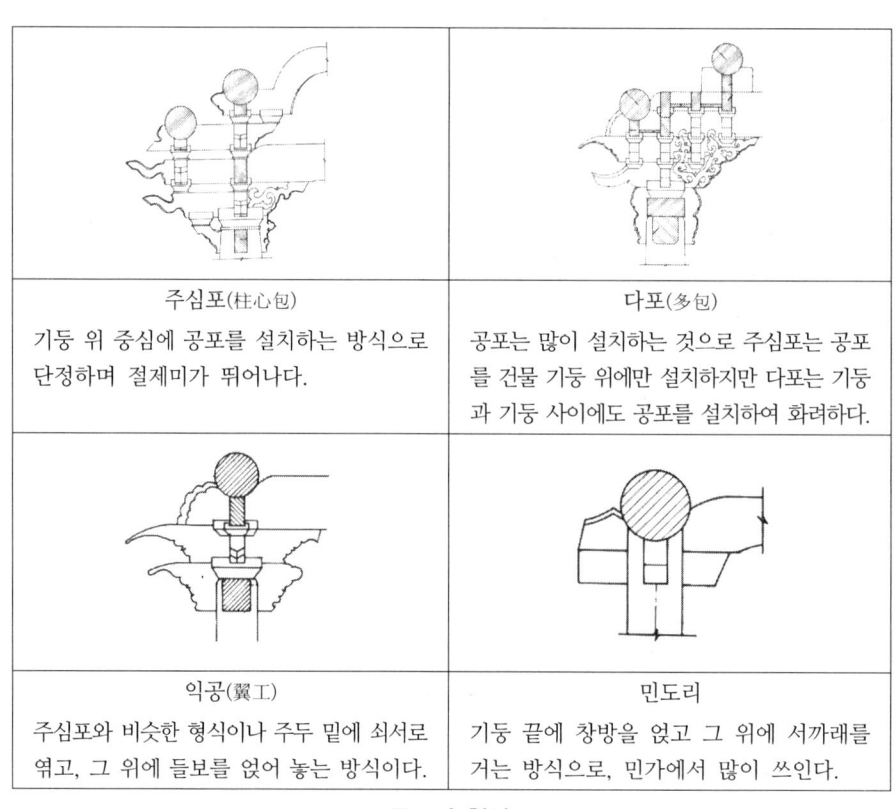

주심포(柱心包)	다포(多包)
기둥 위 중심에 공포를 설치하는 방식으로 단정하며 절제미가 뛰어나다.	공포는 많이 설치하는 것으로 주심포는 공포를 건물 기둥 위에만 설치하지만 다포는 기둥과 기둥 사이에도 공포를 설치하여 화려하다.
익공(翼工)	민도리
주심포와 비슷한 형식이나 주두 밑에 쇠서로 엮고, 그 위에 들보를 얹어 놓는 방식이다.	기둥 끝에 창방을 얹고 그 위에 서까래를 거는 방식으로, 민가에서 많이 쓰인다.

[**공포의 형식**]

52 김동현, 「한국 목조건축의 기법」, 발언, 1995, 183쪽.
53 윤장섭, 「한국건축연구」, 동명사, 1983, 274~299쪽.
54 주남철, 「한국건축의 장」, 일지사, 1993, 90쪽.

또한 공포는 규모가 크거나 중요한 건축물에서는 주심포식과 다포식 그리고 익공식 순으로 조영되었으며, 격이 떨어지거나 소규모 건축물에서는 민도리식이 주로 사용되었다. 이러한 위계의 순서는 다음과 같다.

① 공포의 구성 : 주심포식 > 다포식 > 익공식

② 민도리식에 의한 구성 : 원도리(굴도리) > 각도리(납도리)

향교를 구성하고 있는 각 건물의 공포형식은 다음과 같다.

(1) 대성전의 공포형식

대성전은 향교에서 가장 중심이 되는 건물이며, 위계가 가장 높은 관계로 격과 엄숙한 용도에 맞추어 공포가 가구(架構)되어 있다.

조사대상 202개소 대성전의 공포형식은 주심포식이 8개소(4%), 다포식이 4개소(2%), 익공식이 176개소(87%), 민도리식이 14개소(7%)로 나타나고 있다.

익공식은 다시 출목(出目)의 유무에 따라서 무출목(無出目) 익공식이 102개소(50%), 출목(出目) 익공식이 74개소(37%)로 분석되고 있다. 그리고 쇠서수(牛舌數)에 따라 일익공(一翼工)이 61개소(31%), 이익공(二翼工)이 105개소(51%), 삼익공(三翼工)이 10개소(5%)로 나타나고 있다.

이와 같이 향교에서 위계가 가장 높은 대성전은 격에 맞추어 유일하게 주심포식과 다포식이 존재하고 있으며, 익공식이 가장 많이 가구되어 있다. 그 외 일부 향교에서는 익공식과 민도리식의 혼용이 나타나고 있다.

(2) 동·서무의 공포형식

동·서무는 문묘공간에 위치한 작고 소박한 형태의 건물로 선현의 위패를 모시는 공간이다.

조사대상 67개소 동·서무의 공포형식은 익공식이 20개소(30%), 민도리식이 47개소(70%)로 분포되어 있다. 익공식이 다시 일익공 18개소(27%)와 이익공 1개소(2%)로 구성되어 있다.

이와 같이 동·서무는 대부분 민도리식으로 구성되어 있으나 성현의 위패를 모시는 엄숙하고 신성한 건물의 성격에 맞추어 익공식 형식도 확인되고 있다.

(3) 명륜당의 공포형식

명륜당은 대성전에 비하여 위계가 떨어지는 건물로, 주로 익공식과 민도리식으로 구성되어 있다.

조사대상 171개소 명륜당의 공포형식은 주심포식이 2개소(1%), 익공식이 112개소(66%), 민도리식이 57개소(33%)로 분석되고 있다. 익공식은 다시 일익공 78개소(46%), 이익공 33개소(19%)로 나타나고 있다.

이와 같이 명륜당은 기능과 용도 그리고 대성전과의 위계 등을 고려하여 익공식이 주를 이루며, 창평과 경주향교에서 부분적으로 주심포식이 나타나고 있다.

(4) 동·서재의 공포형식

동·서재는 강학공간에 위치한 작은 주거형태의 건물로, 유생들의 기숙공간이다.

조사대상 110개소 동·서재 공포형식은 민도리식이 105개소(95%), 그 다음으로 익공식이 5개소(5%)로 분포되어 있다. 익공식은 다시 일익공 3개소(3%)와 이익공 2개소(2%)의 순서로 구성되어 있다.

이와 같이 동·서재는 대부분 민도리식으로 구성되어 있는데, 이는 건물의 성격에 맞게 공포가 가구되어 있다고 할 수 있다.

(5) 누각의 공포형식

누각은 전국의 향교 중 74%가 출입구로 사용하고 있다.

조사대상 54개소 누각 공포형식은 익공식이 38개소(70%), 민도리식이 16개소(30%)로 분석되고 있다. 그리고 익공식은 다시 일익공 16개소(30%), 이익공 22개소(40%)로 분포되고 있다.

이와 같이 누각의 공포형식은 흡사 명륜당의 형식과 비슷한 양상을 보이고 있다. 이는 누각이 대성전과 명륜당에 비하여 격이 낮지만 향교의 전면에 위치하고 있어 시각적으로 향교를 대표한다는 인식 속에 명륜당과 격을 맞춘 것으로 보이며, 용도상 조금은 화려한 이익공식이 좀 더 많이 분포되어 있다.

(6) 내·외삼문의 공포형식

내·외삼문은 위계가 가장 열등한 건물이다.

조사대상 152개소 내·외삼문의 공포형식은 민도리식이 106개소(69%), 익공식이 46개소(31%)로 분석되고 있다. 익공식은 다시 일익공 30개소(20%), 이익공 12개소(8%), 혼용형 4개소(3%)로 나타나고 있어, 민도리식이 내·외삼문의 일반적인 공포형식이라고 할 수 있다.

이와 같이 내·외삼문은 보통 민도리식으로 구성되고 있다. 또한 외삼문보다는 내삼문의 공포구성이 약간 높게 표현되어 있어 익공식이 부분적으로 나타나고 있다.

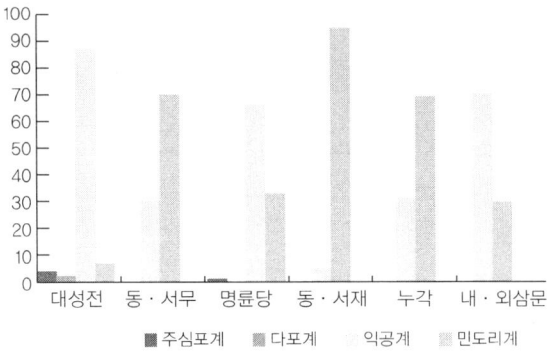

[공포형식 분석표]

주심포식(경주향교 대성전)

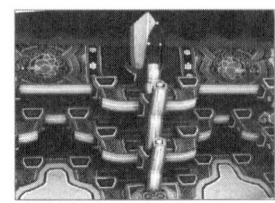
다포식(대구향교 대성전)

익공식(문의향교 대성전)

민도리식(보은향교 명륜당)

[**공포형식**]

이처럼 공포형식은 향교건물들의 특성과 용도, 그리고 위계 등을 종합적으로 고려하여 표현되어 있다. 즉, 대성전은 엄숙한 용도에 맞추어 주심포식과 다포식을 포함한 익공식으로 조영되어 있다. 명륜당과 누각은 격을 동등하게 유지하고 있으며, 대성전보다는 격을 낮추어 전체적인 위계를 조절하여 익공식으로 조영되어 있다. 또한 양재와 양무에서는 민도리식이 주를 이루고 있으나, 양무는 위패를 봉안하는 특성상 양재보다는 위계가 높은 익공식으로 일부 조영되어 있다. 그 외에 격이 가장 낮은 내·외삼문은 민도리식으로 이루어져 있으나, 외삼문에 비해 격이 조금 앞서는 내삼문에서는 일부 익공식으로 조영되어 있다.

6) 가 구

가구(架構)는 건물의 조직으로, 이를 짜 맞추는 법식을 가구형식이라 한다. 이때 보통 가구는 지붕가구를 뜻하며 공포, 보(樑), 도리(道里), 장여(長欐), 대공(臺栱), 서까래 등을 포함한 결구형식을 말한다. 이 가구는 건물규모나 공포양식에 따라 처마 밑이나 내부에서 노출되기 때문에 복잡하면서도 아름답게 고안하여 각 건물의 특징을 잘 표현하고 있다.

가구의 형식은 다음과 같다.

① 평주(平柱)형식 : 전후 평주(平柱)[55] 위에 대량(大樑)[56]을 결구하는 형식

② 일고주(一高柱)[57]형식 : 퇴주(退柱)[58]와 평주(平柱) 사이에 내고주(內高柱)를 세워 대량(大樑)과 퇴량(退樑)[59]을 결구하는 형식

③ 양고주(兩高柱)형식 : 전후 퇴주와 양내고주(兩內高柱) 사이에 대량과 퇴량을 결구하는 형식

④ 퇴주(退柱)형식 : 전후 평주 위에 대량을 결구한 후 전퇴부(前退部)에 평주를 결구하는 형식

따라서 평주형식보다는 고주형식이 위계가 앞서는 것으로 볼 수 있고, 건물의 중요도와 규모가 커지게 되면 부가적으로 도리의 수가 증가되는데, 이것 역시 도리 수가 증가할수록 위계가 앞서게 된다고 할 수 있다.

이와 같은 가구형식의 위계는 다음과 같다.

① 가구의 형식에 따른 위계 : 양고주형식 > 일고주형식 > 퇴주형식 > 평주형식

② 도리의 수에 따른 위계 : 9량 > 7량 > 5량 > 3량

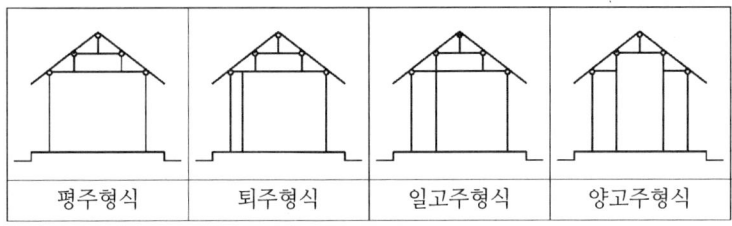

| 평주형식 | 퇴주형식 | 일고주형식 | 양고주형식 |

[**가구의 형식**]

---

55 평주는 한 층 높이의 기둥으로, 평기둥을 뜻한다.
56 대량은 작은 들보의 하중을 받기 위하여 기둥과 기둥 사이에 건너지른 큰 들보로, 흔히 대들보라 부른다.
57 고주는 평주 외에 내부에 기둥이 있는 것을 말하며, 평주보다 더 높다 하여 고주라 한다.
58 퇴주는 본래의 집채에 다른 기둥을 세워서 덧붙여 놓은 툇간에 딸린 기둥이다.
59 퇴량은 툇간에서 고주와 외진평주를 연결하는 기둥이다.

향교를 구성하고 있는 각 건물의 가구형식은 다음과 같다.

(1) 대성전의 가구형식

   조사대상 119개소 대성전의 가구형식은 유형에 따른 평주형식이 42개소(35%), 고주와 퇴주형식이 77개소(65%)로 분석되고 있다. 또한 도리의 수에 따라 5량 가구가 100개소(83%), 6량 가구가 3개소(3%), 7량 가구가 16개소(14%)로 나타나고 있다.

   이와 같이 내부공간의 평면구성상 제례의식에 맞게 넓은 공간이 필요했기 때문에 고주나 퇴주를 세운 5량 가구가 많았으며, 큰 규모의 향교에서는 도리를 7량으로 만들기도 하였다.

(2) 동·서무의 가구형식

   조사대상 80개소 동·서무의 가구형식은 유형에 따른 평주형식이 65개소(81%), 고주와 퇴주형식이 15개소(19%)로 분석되고 있으며, 도리의 수에 따라 3량 가구가 68개소(85%), 4량 가구가 3개소(4%), 5량 가구가 9개소(11%)로 나타나고 있다.

   이와 같이 동·서무에서는 평주형식의 3량 가구가 주를 이루고 있는데 이는 동·서무가 대부분 측면 1칸의 건물로 구성되어 있기 때문이다.

(3) 명륜당의 가구형식

   조사대상 82개소 명륜당의 가구형식은 유형에 따른 평주형식이 69개소(84%), 고주와 내평주, 퇴주 등의 형식이 13개소(16%)로 분석되고 있으며, 도리의 수에 따라 3량 가구가 1개소(1%), 5량 가구가 79개소(97%), 6량 가구가 1개소(1%), 7량 가구가 1개소(1%)로 나타나고 있다.

   이와 같이 명륜당은 대부분 평주형식의 5량 가구 형태를 취하고 있다. 이는 명륜당 내부공간의 평면구성상 좌우에 온돌방을 두어야 하기 때문이다.

(4) 동·서재의 가구형식

조사대상 86개소 동·서재의 가구형식은 유형에 따른 평주형식이 44개소(52%), 고주와 퇴주형식이 42개소(48%)로 분석되고 있으며, 도리의 수에 따라 3량 가구가 49개소(58%), 4량 가구가 9개소(10%), 5량 가구가 28개소(32%)로 나타나고 있다.

이와 같이 동·서재에서는 평주형식의 3량 가구와 고주와 퇴주형식의 5량 가구가 비슷한 비율로 나타나고 있는데 이는 동·서재에 주거개념이 작용하였기 때문이다. 즉, 동·서재는 용도의 특성상 툇마루를 설치하게 되는데 이를 위하여 위와 같은 가구형식이 등장한 것이다.

(5) 누각의 가구형식

조사대상 39개소 누각의 가구형식은 유형에 따른 평주형식이 38개소(97%), 고주형식이 1개소(3%)로 분석되고 있으며, 도리의 수에 따라 3량 가구가 7개소(18%), 5량 가구가 32개소(82%)로 나타나고 있다.

이와 같이 누각은 평주형식의 5량 가구를 취하고 있고, 극히 일부인 김제향교에서만 일고주형식의 5량 가구로 이루어져 있다. 이는 누각의 특성상 방이나 다른 공간의 구성이 필요하지 않기 때문에 고주형식이 거의 없는 것이다.

(6) 내·외삼문의 가구형식

조사대상 284개소 내·외삼문의 가구형식은 유형에 따른 평주형식이 217개소(77%), 기타가 67개소(23%)로 나타나고, 고주형식은 없는 것으로 분석되고 있다. 또한 도리의 수에 따라 3량 가구가 대부분이고, 5량 가구는 극히 일부인 성균관에서만 나타나고 있다.

이와 같이 내·외삼문은 향교에서 규모, 양식, 격식 등 모든 면에서 위계가 가장 낮은 건물로, 가구의 구성 또한 간단한 3량 가구로 이루어져 있다.

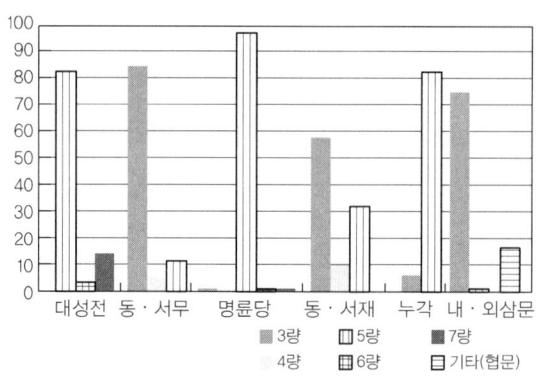

100
90
80
70
60
50
40
30
20
10
0

대성전   동·서무   명륜당   동·서재   누각   내·외삼문

3량 5량 7량
4량 6량 기타(협문)

[가구형식 분석표]

이처럼 가구의 구성형식은 평면의 유형이나 건물의 규모 및 격에 따라 결정된다.
즉, 대성전에서는 고주와 퇴주형식의 5량 가구 이상으로 축조되어 있고, 명륜당과
누각에서는 평주형식의 5량 가구가 다수를 차지하고 있다. 또한 양무와 양재에서는
평주형식의 3량 가구가 주를 이루고 있으며, 그 외에 격이 가장 낮은 내·외삼문에서도
평주형식의 3량 가구가 대부분이다.

7) 지 붕[60]

지붕은 눈, 비, 햇빛 등의 자연현상으로부터 인간을 보호하기 위하여 건물의 꼭대기
부분에 씌우는 덮개이다. 전통건축의 지붕은 시각적으로 주변 자연경관과 조화를 이루도
록 형태상의 의장효과를 고려하여 자연스럽고 아름답게 축조되어 있다.

---

60 지붕은 대개 도리, 서까래, 창방, 들보 등으로 구성된다. 도리는 지붕의 서까래를 받치는 나무로,
   들보에 직각 방향으로 얹어 놓는다. 서까래는 지붕판을 만들고 추녀를 구성하는 가늘고 긴 나무이다.
   창방은 좌우 기둥을 옆으로 연결해주는 나무이다. 들보는 지붕의 하중을 떠받치는 굵은 나무로, 기둥과
   기둥을 건너지른다.

지붕의 형식은 크게 3가지로 분류할 수 있다. 첫째, 서로 경사진 두 개의 지붕면이 인(人)자 모양으로 맞닿아 있는 형태의 맞배지붕[61], 둘째, 지붕면이 4면으로 되어 전후좌우로 경사를 갖는 형식으로 정면에서는 사다리꼴로 보이고 측면에서는 3각형의 지붕면을 갖는 우진각지붕[62], 셋째, 우진각지붕의 상부를 수평으로 자르고 그 위에 맞배지붕을 올려놓은 듯한 지붕의 외관을 갖는 팔작지붕[63] 등이 있다. 그 밖에 사모, 육모, 팔모지붕 등의 형태가 있다.[64]

〈 지붕의 형식 〉

구 분	맞배지붕	우진각지붕	팔작지붕
입면			
측면			
평면			

---

61 가장 기본적인 형태로 앞뒤 지붕이 서로 만나는 경계인 용마루만 있다. 상류주택의 행랑채와 서민주택의 몸채에 널리 쓰였다.

62 맞배지붕과 팔작지붕의 중간 형태로 용마루 양끝에서 수직으로 내려오는 내림마루가 없고 용마루에서 추녀마루로 이어진다. 왕실의 궁궐 대문과 사찰 및 상류주택의 일각대문에 사용하였다.

63 용마루 양끝에서 수직으로 내려오는 내림마루와 다시 내림마루 끝에서 지붕의 네 꼭짓점으로 비스듬히 내려오는 추녀마루까지 있는 화려하고 위용 있는 지붕형태이다. 상류주택의 안채나 사랑채, 궁궐의 정전(正殿), 사찰의 대웅전 등에서 널리 쓰였다.

64 사모, 육모, 팔모지붕은 추녀마루가 지붕 중심에 모여 네모형, 육각형, 팔각형 등의 형태가 된 것을 의미하며, 정자에 많이 쓰였다.

이러한 지붕형태에 의한 용도별 위계는 다음과 같다.

① 일반 용도의 건축물 : 팔작지붕 > 우진각지붕 > 맞배지붕
② 엄숙한(참배) 용도의 건축물 : 맞배지붕 > 우진각지붕 > 팔작지붕

향교를 구성하고 있는 각 건물의 지붕형식은 다음과 같다.

(1) 대성전의 지붕형식

조사대상 232개소 대성전의 지붕형식은 맞배지붕이 220개소(95%)로 가장 많고, 다음으로 팔작지붕이 12개소(4.5%)로 나타나고 있다. 극히 일부인 장흥향교에서 맞배＋부섭[65]의 혼용형이 1개소(0.5%)로 나타나고 있는데, 이는 후대에 조영된 것으로 보인다.

이와 같이 대성전에서는 맞배지붕(95.5%)이 주를 이루고 있다. 이는 대성전 건물의 성격상 제례의식에 맞게 엄숙하고 단아하며, 상징적인 느낌을 표현하기 위함이다.

(2) 동·서무의 지붕형식

조사대상 87개소 동·서무의 지붕형식은 맞배지붕이 87개소(100%)로 나타나고, 그 외에 팔작지붕이나 혼용형 등의 형태는 전혀 나타나고 있지 않다.

이와 같이 동·서무를 맞배지붕으로 구성한 것은 건물의 평면규모는 작지만 건물의 성격이 대성전과 동일하기 때문에 엄숙하고 신성한 분위기를 연출하기 위해서이다.

---

[65] 부섭은 벽이나 물림 간에 기대어 만든 지붕이다.

(3) 명륜당의 지붕형식

조사대상 218개소 명륜당의 지붕형식은 팔작지붕이 124개소(57%)로 가장 많고, 그 다음으로 맞배지붕이 80개소(37%)로 분포되어 있다. 일부에서는 팔작＋맞배, 맞배＋가적[66]의 혼용형도 보이고 있다.

이처럼 명륜당을 대부분 팔작지붕으로 구성한 이유는 건물의 성격상 강학기능에 맞게 자유롭고 생동감 있는 분위기를 연출하기 위해서이다.

(4) 동·서재의 지붕형식

조사대상 139개소 동·서재의 지붕형식은 맞배지붕이 107개소(77%)로 가장 많고, 그 다음으로 팔작지붕이 13개소(9%), 혼용형이 5개소(4%), 기타형이 3개소(2%)의 순서로 분포되어 있다.

이와 같이 동·서재를 맞배지붕으로 조성한 것은 강학공간에서 위계가 명륜당과 누각보다 낮기 때문이다.

(5) 누각의 지붕형식

조사대상 60개소 누각의 지붕형식은 팔작지붕이 44개소(73%)로 가장 많고, 그 다음으로 맞배지붕이 14개소(24%), 솟을지붕이 2개소(3%)로 분포되어 있다.

이와 같이 누각은 대부분 팔작지붕으로 구성되어 있다. 이는 누각이 건물 전체의 격에서는 떨어지나 풍수를 즐기고, 여가를 보내는 공간의 특성상 활기차고 아름다운 외형을 나타내기 위함이다.

---

[66] 가적은 한쪽으로 경사지게 덧댄 지붕이다.

⑹ 내·외삼문의 지붕형식

조사대상 223개소 내·외삼문의 지붕형식은 솟을삼문이 143개소(64%), 평삼문이 67개소(30%)로 나타났고, 형식은 맞배지붕이 210개소(94%), 팔작지붕이 9개소(4%), 기타 지붕이 4개소(2%)로 분포되어 있다.

이와 같이 내·외삼문은 솟을삼문의 맞배지붕으로 구성되고 있다.

이처럼 지붕형식은 문묘공간에서는 엄숙하고 단아한 상징적 형태로, 강학공간에서는 용도와 분위기에 맞추어 자유롭고 생동감 있는 느낌을 갖도록 구성하였다. 즉, 대성전과 양무는 맞배지붕으로 조성하여 외형상 엄숙한 위계를 구축하고 있으며, 명륜당과 누각은 팔작지붕으로 조성하여 자유롭고 생동감 있는 느낌을 갖도록 하였다. 그 밖에 내·외삼문은 맞배지붕으로 조영하고 있다.

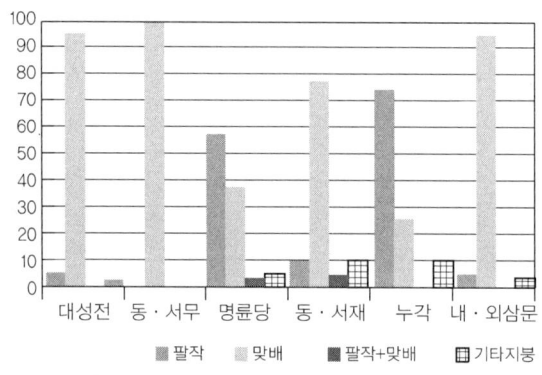

[지붕형식 분석표]

맞배지붕(충주향교 대성전)

팔작지붕(영동향교 명륜당)

[지붕형식]

8) 처 마

처마는 건물 외부로 내민 지붕의 밑부분을 말한다. 부연[67]을 달지 않고 둥근 처마 서까래[68]만 걸어서 꾸민 처마를 홑처마라 하고, 부연을 달아 꾸민 처마를 겹처마라 부른다. 일반적으로 홑처마는 간소한 건축물에 사용하며, 겹처마는 중요한 건축물에 사용한다.

처마의 위계는 구성형상에 따라 '겹처마 > 홑처마+겹처마 > 홑처마'와 같다.

향교를 구성하고 있는 각 건물의 처마형식은 다음과 같다.

(1) 대성전의 처마형식

조사대상 211개소 대성전의 처마형식은 겹처마가 127개소(60%), 홑처마+겹처마가 53개소(25%), 홑처마가 31개소(15%)로 분석되고 있다.

대성전에서 겹처마가 주류를 이루고 있는 것은 향교에서 가장 중요한 건물로서 그 용도와 위계에 맞추어 조영된 것이다.

| 홑처마 | 겹처마 |

[처마의 형식]

---

67 부연은 처마의 서까래 끝에 덧얹는 네모지고 짧은 서까래이다. 처마를 위로 들어올려 날아갈 듯한 곡선을 이루게 한다.

68 서까래는 목조건축물의 골격이 완성된 다음, 도리와 도리 사이에 도리와 직각이 되게 걸쳐 놓는 건축 부재(部材)이다.

(2) 동·서무의 처마형식

조사대상 81개소 동·서무의 처마형식은 홑처마가 73개소(90%)로 나타나고 있다. 이 밖에 이천, 삼척, 동래향교 등에서는 겹처마가 등장하고, 밀양, 장성향교에서는 홑처마와 겹처마의 혼용형태가 보이고 있으며, 간성향교에서는 동·서무를 각각 홑처마와 겹처마로 다르게 구성한 경우도 찾아볼 수 있다.

사실 동·서무는 대성전과 같은 용도의 건물이기 때문에 처마형식도 동일해야 하지만 건물의 규모나 격식이 떨어지는 관계로 대부분 홑처마로 구성되어 있다.

(3) 명륜당의 처마형식

조사대상 177개소 명륜당의 처마형식은 홑처마가 114개소(65%), 겹처마가 54개소 (30%), 홑처마＋겹처마가 9개소(5%)로 분석되고 있다.

명륜당은 대성전 다음으로 중요한 건물로서 대성전과의 격을 고려하여 홑처마를 많이 사용하였다. 그러나 겹처마와 혼용형도 35%나 차지하여 강학공간에서의 위계성을 높여주고 있다.

(4) 동·서재의 처마형식

조사대상 105개소 동·서재의 처마형식은 홑처마가 103개소(98%)로 나타나며, 장수와 익산향교의 동재에서 겹처마가 일부 나타난다.

동·서재는 명륜당을 보조하고 기숙을 위하여 사용된 소규모 건축물인 관계로 위계가 떨어지는 홑처마로 대부분 구성되어 있다.

(5) 누각의 처마형식

조사대상 54개소 누각의 처마형식은 홑처마가 26개소(48%), 겹처마가 28개소(52%)로 나타나고 있다. 누각은 유생들이 여가를 보내는 장소로, 대부분 팔작지붕으로 구성되어 있는데, 일반적으로 겹처마를 많이 사용하고 있다.

(6) 내·외삼문의 처마형식

조사대상 234개소 내·외삼문의 처마형식은 홑처마가 201개소(86%), 겹처마가 30개소(13%), 홑처마+겹처마가 3개소(1%)로 나타나고 있다. 내·외삼문은 간단하고 위계가 낮은 건물이므로 대부분 홑처마가 주를 이루고 있다.

이처럼 처마의 축조형식은 격식이 떨어지는 간소한 건축물에는 홑처마를 사용하였고, 격식이 필요한 건축물에는 겹처마를 사용하였다. 즉, 격이 앞서는 대성전은 주로 겹처마가 사용된 반면 그 외의 건축물에서는 홑처마가 주를 이룬다.

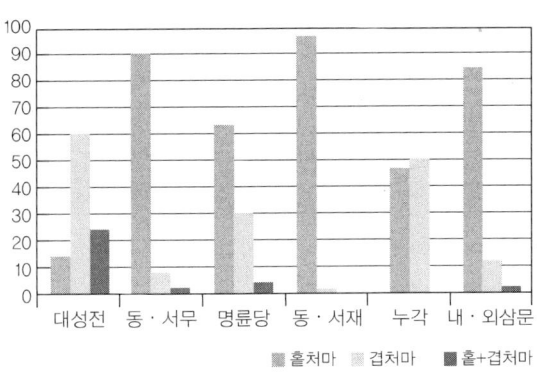

[**처마형식 분석표**]

홑처마(충주향교 대성전)

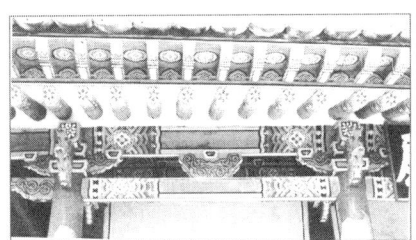

겹처마(진천향교 대성전)

[**처마형식**]

제3장

위계질서에 의한 건축조영의 분석

공간구성

향교를 구성하고 있는 공간은 문묘와 강학, 그리고 지원과 진입공간으로 나누어지고, 각각의 기능과 용도에 따라 공간의 질서체계가 다르게 나타나고 있다. 이는 성현의 봉사와 유교교육의 실천이라는 향교 본래의 특성을 건물과 담장을 통하여 자연스럽게 구획하여 상하서열을 만들어 놓은 것인데, 그 예를 괴산향교에서 찾을 수 있다.

공간구성의 위계적 순서는 문묘공간 > 강학공간 > 진입공간의 순으로 나타내며, 이들 기능을 지원하는 지원공간이 주 공간 주변에 위치하고 있다.

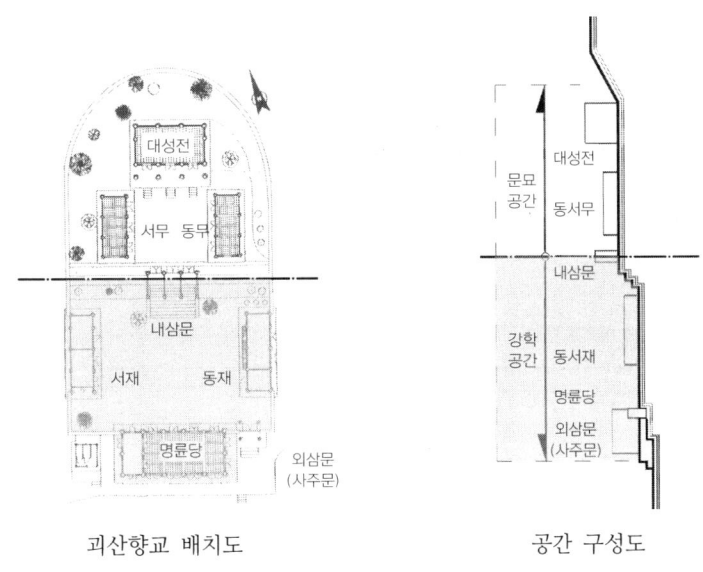

괴산향교 배치도   공간 구성도

[**공간구성의 배치**]

 # 지형에 따른 배치

1. 평 지

입지환경에 따른 지형요소는 배치체계와 유형에 큰 영향을 주고 있다. 즉, 평지에서는 일반적으로 대성전과 명륜당을 일축선상에 두고, 양무나 양재를 전면 좌우에 대칭으로 배치한다.

평지에서 나타나는 지형적 위계구성의 예는 전주향교 지형도에서 확인할 수 있다. 이는 유교의 전상후하(前上後下)의 원칙에 따라 구성한 것이다.

전주향교 지형 종단면도
[평지의 배치]

2. 경사지

경사지에서는 일반적으로 아래에서 위로 명륜당과 대성전을 차례로 일축선상에 두고, 양재와 양무를 구역의 전면에 대칭으로 배치한다.

경사지에서 나타나는 지형적 위계구성의 예는 인천향교 지형도에서 확인할 수 있다.

이는 유교의 상하서열(上下序列)의 고상저하(高上低下)의 원칙에 따라 구성한 것이다.

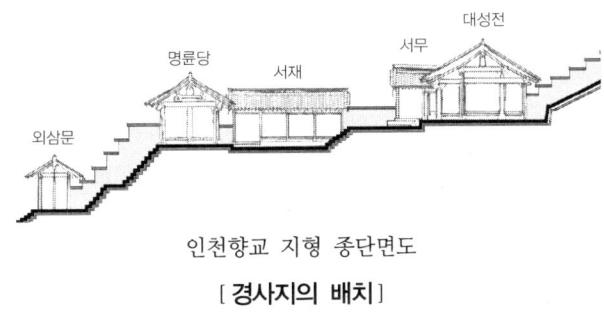

인천향교 지형 종단면도

[**경사지의 배치**]

3. 건축조영

1) 문묘공간의 건물

문묘공간의 건물구성은 일반적으로 경내에서 가장 높은 곳에 위치하며, 공자 이하 성현을 모시고 제사를 올리는 대성전을 중심으로 좌우에 동무와 서무를 대칭으로 두고, 그 전면에 내삼문을 위치시킨다.

그 예로 조선시대에 창건된 청풍향교의 문묘공간 위계성을 보면 알 수 있다.

<〈 청풍향교 문묘공간의 위계조영 분석 〉>

구분	대성전	동·서무	내삼문
평면	3×4, 개방형(82.6m²)	3×1, 폐쇄형(20.3m²)	3×1, 전면형(8.9m²)
기단	다듬돌장대석, 높이 90cm	자연석막돌, 15cm	자연석막돌, 10cm
초석	• 전면 : 팔각정평주초 • 후면 : 덤벙주초	덤벙주초	덤벙주초
기둥	• 툇간부 : 원형, 주경 38.5cm • 기타부 : 원형, 주경 33cm	방형, 19.5×19.5cm	방형, 19.5×19.5cm
공포	외1출목 이익공	민도리	민도리
가구	1고주 7량	평주 3량	평주 3량
지붕	맞배기와	맞배기와	맞배기와(솟을삼문)
처마	겹처마, 깊이 180cm	홑처마, 깊이 125cm	홑처마, 깊이 73cm

문묘공간 건물의 구성양식을 보면, 향교의 상징적 건물인 대성전이 공간구성, 명칭, 규모, 의장, 양식 등이 타 건축물에 비하여 가장 우수하다. 그 다음으로 동·서무는 안치되는 위패의 위계성에 맞추어 대성전보다 열등한 구조로 나타나고 있으며, 내삼문은 전반적으로 가장 낮은 조영수법을 보이고 있다.

따라서 문묘공간은 사상적 중심을 이루는 엄숙한 의식공간의 성격에 의한 건물 간의 위계가 대성전 > 동·서무 > 내삼문 등의 순서로 나타나고 있다.

대성전 전경

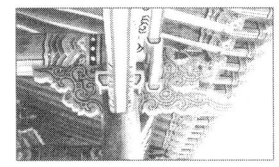
대성전 공포

동무 전경

서무 전경

[청풍향교 문묘공간의 건물]

2) 강학공간의 건물

강학공간의 건물구성은 공자의 사상을 받들어 유생을 모아 강습하는 생활공간인 명륜당을 중심으로 좌우에 대칭으로 동재와 서재를 두고, 그 전면에 외삼문이나 누각을 배치하였다.

그 예로 조선시대에 창건된 청풍향교의 강학공간 위계성을 보면 알 수 있다.

〈 청풍향교 강학공간의 위계조영 분석 〉

구분	명륜당	동·서재	외삼문
평면	4×2, 방+마루+방형(49.6㎡)	3×2, 툇마루방형(21.6㎡)	3×1, 중앙형(8.9㎡)
기단	자연석막돌, 높이 50cm	자연석막돌, 높이 17cm	자연석막돌, 높이 10cm
초석	덤벙주초	덤벙주초	덤벙주초
기둥	방형, 23×23cm	방형, 19.5×19.5cm	방형, 19.5×19.5cm
공포	민도리	민도리	민도리
가구	평주 5량	1고주 5량(툇간의 결과)	평주 3량
지붕	팔작기와	맞배기와	맞배기와(솟을삼문)
처마	홑처마, 깊이 120cm	홑처마, 깊이 90cm	홑처마, 깊이 78cm

명륜당 전경

명륜당 공포

동재 전경

서재 전경

[**청풍향교 강학공간의 건물**]

강학공간 건물의 구성양식을 보면 명륜당의 용도와 건축적 성격에 맞추어 향교의 실질적인 교육 실천의 장소답게 공간구성, 명칭, 규모, 의장, 양식 등이 대성전에 비하여 다소 떨어지고는 있으나, 전반적으로 우수하게 조영되어 있다. 그 다음으로 동·서재는 제자들이 숙식과 독서를 하는 곳으로, 명륜당보다 열등한 구조로 되어 있으며, 외삼문은 가장 낮은 조영수법을 보이고 있다.

따라서 강학공간은 유교교육의 실천 장소인 생활공간으로 스승과 제자 간의 교육적 질서가 내재되어 있으며, 건물 간의 위계는 명륜당 > 동·서재 > 외삼문의 순서로 나타나고 있다.

3) 대성전과 명륜당 건물

대성전과 명륜당은 향교를 구성하고 있는 주요 건축물로 각각의 용도, 성격, 기능 등의 특성에 맞추어 축조되어 있다.

그 예로 조선시대에 창건된 청풍향교의 대성전과 명륜당을 통해 건물의 위계성을 확인할 수 있다.

구분	대성전	명륜당	비교결과
평면	3×4, 개방형(82.6㎡)	4×2, 방＋마루＋방형(49.6㎡)	대성전 > 명륜당
기단	다듬돌장대석, 높이 90cm	자연석막돌, 높이 50cm	대성전 > 명륜당
초석	• 전면 : 팔각정평주초 • 후면 : 덤벙주초	덤벙주초	대성전 > 명륜당
기둥	• 툇간부 : 원형, 주경 38.5cm • 기타부 : 원형, 주경 33cm	방형, 23×23cm각	대성전 > 명륜당
공포	외1출목 이익공	민도리	대성전 > 명륜당
가구	1고주 7량	평주 5량	대성전 > 명륜당
지붕	맞배기와	팔작기와	대성전 > 명륜당
처마	겹처마, 깊이 180cm	홑처마, 깊이 120cm	대성전 > 명륜당

향교공간의 주요 건물인 대성전과 명륜당의 구성양식을 보면 각각의 용도와 기능 및 특성에 맞추어 공간구성, 명칭, 규모, 의장, 양식 등이 다르게 나타나고 있으나, 대성전이 보다 우수하게 조영되어 있다.

따라서 유교이념을 바탕으로 조영된 두 건물 간의 위계는 대성전 > 명륜당의 순서로 이루어져 있음을 알 수 있다.

4) 기타 건물

제향과 교육의 기능을 보조하는 기타 건물인 제기고, 전사청, 존경각 등의 건물들은 문묘와 강학공간의 인근에 위치하고 있다. 이들 기타 건물의 위계성은 조선시대에 창건된 향교들을 통해 확인할 수 있다.

〈 기타 건물의 위계조영 분석 〉

구분	누각(단양)	제기고(청풍)	노후사(영동)
평면	5×2	2×1, 통칸형(8.4㎡)	2×2
기단	토단, 50cm	자연석막돌, 10cm	자연석막돌, 20cm
초석	다듬돌정평주초	덤벙주초	덤벙주초
기둥	원형(42)＋방형(20×20cm각)	방형(16.5×16.5cm각)	원형(21)＋방형(20×20cm각)
공포	초익공	민도리	민도리
가구	평주 3량	평주 3량	평주 3량
지붕	맞배기와	맞배기와	맞배기와
처마	홑처마, 깊이 120cm	홑처마, 깊이 90cm	홑처마, 깊이 80cm

　　향교의 기능을 보조하기 위하여 경내의 적당한 곳에 축조되어 있는 이들 건물의 구성양식을 살펴보면 전반적으로 문묘와 강학공간을 이루고 있는 대성전과 명륜당 등의 주건물에 비하여 열등하게 만들어졌음을 알 수 있다.

단양향교 누각 전경

청풍향교 제기고 전경

영동향교 노후사 전경

문의향교 외삼문 전경

[기타 지원건물]

제 2 부

우리나라 등기(燈器)

　우리 선조들은 불을 조절할 수 있는 능력을 갖게 되면서 어둠으로부터 해방되었고, 밝은 시간을 연장하여 여러 가지 생업활동을 더욱 활발하게 진행할 수 있게 되었다. 구석기시대 자연에서 얻은 불씨를 보관하면서부터 시작된 불의 사용은, 이후 신석기시대에 이르러 취사, 난방, 조명을 한꺼번에 해결하기 위해 움집의 중앙부분에 화덕을 만들어 사용하는 것으로 발전하였다.

　이처럼 불을 통해 밝은 삶을 영위한 선조들은 시대적 흐름에 따라 용도, 형태, 재료 등을 변화시키며, 다양한 조명기구를 제작하였다. 우리나라의 전통 조명기구인 등기(燈器)는 기름에 심지를 넣고 불을 켜는 등잔(燈盞), 등잔을 올려놓는 등잔대(燈盞臺), 초(燭)와 초를 꽂는 촛대(燭臺), 야간용과 의예식용으로 사용하는 제등(提燈), 벽과 들보에 거는 괘등(掛燈), 실내를 비춰주는 좌등(坐燈), 등잔과 초를 받쳐 사용하는 등가(燈架)와 등경 등이 있다.

　이 책에서는 불을 활용하여 만든 우리나라의 온돌, 화로와 더불어 민속학적으로 매우 중요한 자료인 등기의 아름다움을 되짚어 보고, 등기의 특징과 등잔의 형태를 분석하여 그 안에 내재되어 있는 선조들의 미적 감성을 살펴보고자 한다.

1. 등기의 특징

1) 기 원

우리나라에서 등기가 언제부터 사용되었는지 정확한 기원은 알 수 없다. 다만, 등기가 처음에는 나무와 풀을 태우는 모닥불에서 이동이 편리한 거화(炬火)로 발전하였고, 주거방식의 변화와 동식물의 기름, 납초, 석유 등의 연소물이 차츰 발견되면서 등기의 종류가 다양화되었다.[1]

초기 국가시대인 낙랑에서 사용한 청동촛대, 고배등(燈), 토제 칠지등(七支燈)은 우리나라 등기의 시초이다. 청동제와 토제를 이용한 등기는 희소성을 지니고 있으며, 특정지역에서만 나타나기 때문에 지배층이 사용했던 것으로 보인다.

삼국시대 등기의 흔적은 여러 경로를 통해 나타나고 있다. 고구려 쌍영총의 현실 동벽 행렬도에서 등대(燈臺)가 등장하며, 백제 무령왕릉 현실 등감에서 종지형의 백자등잔이 출토되었고, 신라 단속사지에서 쌍등청동촛대와 금령총에서 다등식 등잔(多燈式燈盞)[2]이 출토되었다. 삼국시대 등기는 일정한 계층만이 공양구나 부장품으로 사용하였고, 자가 생산이 불가능했던 것들은 중국의 육조로부터 수입하였다.

통일신라시대에는 삼국의 문화와 중국 당의 문화를 혼합한 다문화가 형성되었다. 이를 바탕으로 금동수정장식촛대(金銅水晶裝飾燭臺)[3]와 금동초심지가위(金銅燭鋏)[4] 등의

---

1 김수경, 「朝鮮時代 燈器에 관한 研究 -燈盞臺와 燭臺를 중심으로-」, 성신여자대학교 석사학위논문, 2004, 5쪽.
2 다등식 등잔은 고배(高杯)와 같은 형태의 받침에 여러 개의 등잔을 하나의 원관에 연결하고 잔의 바닥에는 구멍을 뚫고 원관과 통하도록 하여 동일한 시간 동안 불을 켤 수 있도록 만든 과학적인 등잔이다.
3 금동수정장식촛대는 화려하고 장식성이 뛰어난 공양구로 삼성미술관 리움에서 소장하고 있는 국보 제174호이다. 밑받침은 동물다리 모양의 기둥이 육화형(六花形) 원반을 지지하고 있는 형태이며, 고복형(鼓腹形)의 둥근 기둥 위에는 작은 원반과 그 위에 원통형의 초꽂이를 달았다. 촛대의 전면에는 모두 48개의 수정을 감장하였으나, 현재에는 많은 수정이 사라지고 없다.
4 금동초심지가위는 경주 안압지에서 출토된 것으로 국립경주박물관에서 소장하고 있다. 초의 심지를 자르는 도구로 잘린 초와 심지가 떨어지는 것을 막기 위해 날 바깥에 반원형의 테두리를 세웠고 손잡이에는 어자문(魚子紋)과 당초문(唐草紋)으로 장식하였다.

세련된 조형감각과 탁월한 공예기법을 활용한 등기가 제작되었다. 특히, 두 자료를 통해 알 수 있는 사실은 통일신라에서 이미 초를 사용했다는 것이며, 실용구보다 장식용 구로 등기가 발달했다는 것이다.

고려시대는 통일신라의 문화를 계승하여 귀족문화를 중심으로 세련된 상층문화와 불교문화를 형성하였다. 이러한 사회적인 풍토 속에서 등기는 일상생활용보다 종교 의식용으로 많이 제작되었다. 그 결과 궁중과 사찰 등의 지배층에서는 청동쌍사자촛대,[5] 광명대(光明臺) 등과 같은 통일신라의 영향을 받은 화려한 등기를 사용하였고, 서민들은 단순한 횃불과 유등을 사용하였다.

조선시대에는 유교이념의 가부장적 사회규범을 형성한 사대부들이 조형미가 뛰어난 등기의 사용을 철저하게 통제하면서 종교적인 등기는 쇠퇴하고 실용적인 등기인 제등과 등경을 제작하였다. 후기에는 철제등가와 목제촛대 등 간편하고 실용적인 등기가 많이 만들어지면서 서민층까지 등기가 보급되었다.

한편, 19세기 서양에서 전기가 발명되면서 조명기구가 급속도로 발전하기 시작하였고,[6] 우리나라에도 서양의 영향을 받아 등기를 대신할 근대 조명기구가 서서히 등장하였다. 1887년 건청궁에 백촉광의 아크등이 점화된 것을 시초로 덕수궁과 창덕궁에 25kW직류 발전기를 설치하여 점등하였으며,[7] 1898년 한성전기주식회사가 설립되면서 1900년 4월 10일 종로에 조명용 첫 민간전등이 세워졌다.

---

5 청동쌍사자촛대는 고려시대 사찰에서 사용하던 불구(佛具)의 일종으로 경희대학교박물관에서 소장하고 있다. 기둥(竿柱)은 사자 두 마리가 마주서서 입을 크게 벌려 머리를 뒤로 젖힌 힘찬 몸짓으로 밑받침과 받침접시를 연결하고 있다. 밑받침은 동물 얼굴모양의 다리가 지지하고 있으며, 받침접시는 둥근 원반형의 화좌(火座)로 이루어져 있다. 전반적으로 사자 외에는 아무런 장식이 없지만 사자 자체가 지니고 있는 조형미로 인하여 안정감이 돋보이는 자료이다.
6 조명의 역사는 다음과 같다.(이범주, 「도제 등잔 디자인 연구 – 동물 장식을 중심으로 –」, 상명대학교 석사학위논문, 2006, 7쪽.)

1901년 8월 17일 진고개의 일본인 상가 주택가에서 10촉광의 600등으로 첫 영업용 전등이 밝혀졌다.[8] 이후 1910년 경성전기주식회사 등의 일본민간기업에 의해 빠른 속도로 민간에 전등이 보급되었으나, 여전히 전통 등기, 석유등잔, 서양식 램프 등도 같이 사용되었다. 그러나 현대화 과정 속에 상품화된 근대 조명이 급속도로 퍼져 나가고 광복 이후 1961년 한국전력주식회사가 창립되면서 전통 등기는 역사 속으로 사라지게 되었다. 현재의 등기는 특별한 의식에서만 일부 사용되고 있는 도구이다.

2) 종 류[9]

등기에는 등잔(燈盞), 등잔대(燈盞臺), 초(燭), 촛대(燭臺), 좌등(坐燈), 괘등(掛燈), 제등(提燈), 등가(燈架), 등경, 횃불 등이 있다.

① 등 잔

등잔(燈盞)은 여러 종류의 기름을 용기에 담아 심지를 넣고 불을 켜는 등기이다. 기름은 어유(魚油), 경유(鯨油), 돈지유(豚脂油), 우지유(牛指油) 등의 동물성과 콩기름, 면실유, 피마자

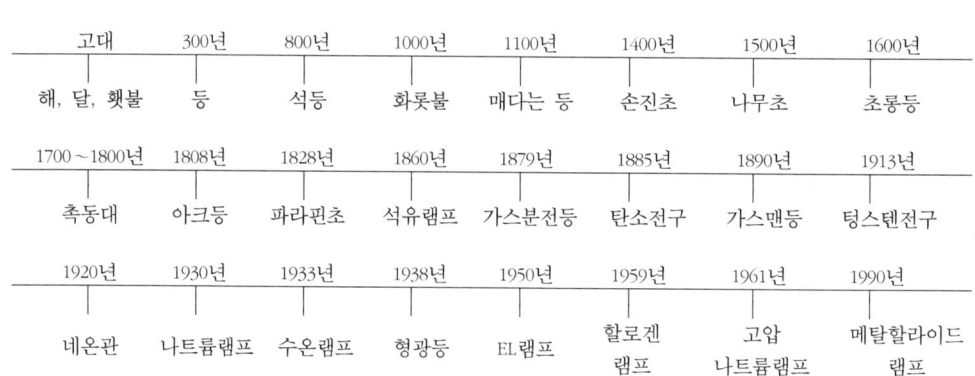

고대	300년	800년	1000년	1100년	1400년	1500년	1600년
해, 달, 횃불	등	석등	화롯불	매다는 등	손진초	나무초	초롱등

1700~1800년	1808년	1828년	1860년	1879년	1885년	1890년	1913년
촉동대	아크등	파라핀초	석유램프	가스분전등	탄소전구	가스맨등	텅스텐전구

1920년	1930년	1933년	1938년	1950년	1959년	1961년	1990년
네온관	나트륨램프	수온램프	형광등	EL램프	할로겐램프	고압 나트륨램프	메탈할라이드 램프

7 김수경, 「朝鮮時代 燈器에 관한 硏究 －燈盞臺와 燭臺를 중심으로－」, 성신여자대학교 석사학위논문, 2004, 7쪽.
8 국립민속박물관, 「빛」, 국립민속박물관, 2005, 162~163쪽.
9 김은경, 「화병(花甁) 개발에 관한 연구 － 등잔형태를 중심으로－」, 단국대학교 석사학위논문, 2008, 4~5쪽.
  김영아, 「청자형태를 응용한 도제 등잔 제작에 관한 연구」, 단국대학교 석사학위논문, 2010, 5~9쪽.
  국립민속박물관, 「빛」, 국립민속박물관, 2005, 10~30쪽.

유, 소나무기름, 오구나무기름, 참기름, 들기름, 아주까리기름 등의 식물성[10]을 사용하며, 용기는 토기, 청자, 백자, 동, 철 등을 이용하여 제작한다. 심지는 솜을 꼬거나 삼실 또는 한지를 꼬아 사용하는데, 등잔의 끝부분에 늘어뜨리거나 중간에 놓고 불을 켠다.

② 초

초(燭)는 밀랍이나 기름을 원 또는 사각형의 틀 안에 넣고 성형하면서 그 중심에 심지를 박아 만드는 등기이다. 문헌기록상 초의 정확한 원류를 찾을 수는 없지만 선사시대 동물의 기름덩이를 이용하여 원시적인 초가 만들어졌을 것으로 추측하고 있다.[11] 통일신라시대 금동수정장식촛대와 금동초심지가위가 사용된 것으로 보아 최소한 7세기 전후로 초가 사용되었을 것으로 보인다. 이후 고려시대의 궁중에서는 홍대초(紅大燭)와 용초(龍燭)를 사용하였고, 민간에서는 비싼 원료값으로 초를 사용하지 못하였다.

조선시대에도 초는 귀한 재료로 태종대(代)에는 민간에서 행사 때 초 대신 횃불(松炬)을 사용하도록 지시하였고,[12] 세종대(代)에는 수륙재(水陸齋)에 밀초 대신 유등(油燈)을 쓰도록 하였다.[13] 이와 같이 초기에는 주로 의예식용으로 초를 사용하였다. 중기에 접어들면서

---

10 1766년 조선 영조대 유중림이 홍만선의 「山林經濟」를 증보하여 엮은 농서인 「增補山林經濟」에는 등유에 관한 기록이 다음과 같이 남아 있다. "참기름은 기름을 짜고 나서 오래 두면 향기가 없어지고 등불을 피워도 꺼진다. 반드시 수시로 짜서 쓰는 것이 좋다. 들기름은 등불을 켜면 무리가 생기지 않으며 기름이 맑고 또 많이 나온다. 피마자기름은 비록 부인들이 길쌈할 때 불을 밝히기는 하지만 독서하는 데에는 알맞지 않다. 반드시 눈을 상하게 한다. 머구나무씨기름은 등불로 쓰기에 아주 좋지만 독서하지는 못한다. 눈이 상할까 염려된다." (김수경, 「朝鮮時代 燈器에 관한 硏究 – 燈盞臺와 燭臺를 중심으로 –」, 성신여자대학교 석사학위논문, 2004, 9쪽.) 이 같은 기록을 통해 알 수 있듯 서민들이 주변에서 쉽게 구할 수 있었던 식물성 기름은 안정적이지 못하였다.

11 이종석, 「한국의 목공예(상)」, 열화당, 2001, 43쪽.

12 「朝鮮王朝實錄」 태종 15년(1415년 5월 23일) 기록에 따르면 "중외(中外)에서 길례(吉禮)와 흉례(凶禮) 때에 홍대촉(紅大燭)의 사용을 금하고, 그 대신 횃불(松炬)을 쓰도록 하였다.(禁中外吉凶用紅大燭, 代以松炬)"라고 나온다.

13 「朝鮮王朝實錄」 세종 9년(1427년 12월 21일) 기록에 따르면 "정사를 보고, 기신제(忌晨祭)와 수륙재(水陸齋)에 밀초(蠟燭)를 쓰는지의 여부를 물으니, 모두 말하기를, '초의 밀은 전혀 벌을 죽이고 취하는 것이라 수륙재에는 쓸 수가 없습니다.' 하므로, 임금이, '유등(油燈)을 쓰는 것이 옳겠다.'고 말하였다.(視事. 議(忌晨)忌辰)水陸齋用蠟燭與否, 皆曰: "燭蜜全用殺蜂取之, 不可用於水陸." 上曰: "用油燈可矣.")"라고 나온다.

각종 초가 개발되었고, 후기에는 서민들도 초를 널리 사용할 수 있게 되었다. 하지만 요즘처럼 일반화된 초의 등장은 파라핀의 유입으로 가능하게 되었다.[14]

초는 재료에 따라 밀초, 지초, 내점초, 성납초, 만리초, 풍전초, 잡초 등으로 불린다.

밀초는 꿀을 짜낸 벌집을 끓여 만든 초로 고대부터 사용되어 왔지만 귀한 재료이기 때문에 궁중과 지배층에서만 사용하였고, 황랍초와 백랍초로 구분한다. 황랍초는 봉밀을 물에 끓여 불순물을 제거한 밀납을 판 위에 놓고 굴대로 굴려 원통형으로 만든 다음 굴대를 빼고 심지를 끼우는 굴림법으로 만드는 초로 반투명한 담황색을 띠고 있다. 백랍초는 황밀을 끓여 장지에 걸러 짜내는 정제과정을 거쳐 만들거나, 사철나무나 광나무에 서식하는 백랍충(白蠟蟲)의 분비물을 가열하여 제작하는 초이다.

지초는 소나 돼지의 지방을 회즙 속에 넣고 끓여 찌꺼기를 버리고 깨끗한 기름을 걸러낸 다음 대통에 넣고 그 안에 면포 심지를 중앙에 위치시켜 원형으로 만드는 초이다.

내점초는 황밀, 송지, 느티꽃 각 한 근과 부석 4냥을 함께 녹여 굳혀 심지를 중앙에 놓고 만든 초이다. 성납초는 황밀, 송지, 다진 느티나무씨 각 한 근과 속포석 8냥, 단풍나무의 진 2냥을 함께 끓여 마디가 작은 대통에 부어 굳히고 심지는 초 끝에만 꽂아 제작하는 초이다. 만리초는 밀 한 근에 민들레, 주염꽃, 송화, 괴화, 대왕풀 각 2전을 넣고, 붉은 기운이 돌 때까지 끓여 굳혀 만든 초이다. 풍전초는 황밀과 역청을 녹여서 검은 콩가루, 건칠, 찧은 실고사리, 질산칼륨, 유황 등의 재료를 함께 반죽하고 낡은 베를 심지로 하여 굳혀 만든 초이다.

잡초는 부들 꽃가루와 회초리 나무의 기름을 섞어 만든 초, 황경피나무의 가루와 참기름 찌꺼기를 섞어 만든 초, 쌀뜨물과 기름 찌꺼기로 만든 초 등을 지칭한다.

---

14 1850년 스코틀랜드의 제임스 영이 기름을 함유한 셰일을 가열하여 파라핀이라는 액체를 얻게 되면서 파라핀은 전 세계적인 초의 원료로 이용되었다.(G.I 브라운, 「발명의 역사」, 세종서적, 2000, 34쪽)

③ 촛 대

촛대(燭臺)는 초를 올려놓을 수 있도록 만든 등기로 일상생활용, 의예식용, 이동용으로 사용하였다. 촛대의 형태는 사발을 엎어놓은 듯한 복발형(覆鉢形)의 받침 위에 죽절형(竹節形), 염주형(念珠形), 장고형(長鼓形)의 기둥(竿柱)이 서 있고, 그 위에 짧은 초꽂이가 달린 받침접시로 이루어져 있다.

일상생활용 촛대는 원형, 사각형, 팔각형의 받침접시에 불빛이 사방으로 퍼지는 것을 막기 위한 회전이 가능한 반사판인 화선(火扇)을 달았다. 화선은 박쥐, 나비, 파초, 원, 팔각, 육각 등으로 화려하게 장식하였고, 받침접시와의 조화를 위하여 그을음받이도 달았다. 또한 촛대를 편리하게 사용하고 보관할 수 있도록 분해와 조립이 가능하도록 제작하였다.

④ 좌 등

좌등(座燈)은 지배층이 실내의 적절한 공간에 놓고 방 전체를 은은하게 비춰주는 등기로 바닥등이라고도 부르며, 장등(長燈)과 서등(書燈)으로 구분한다.

장등은 주로 왕실과 관가에서 사용하는 등기로 장방형의 나무틀 표면에 사(紗), 종이, 유리 등을 이용한 여닫이문을 사방에 달았고, 문에는 만자(卍字), 아자(亞字) 문양으로 장식하였다. 내부에는 촛대와 등잔을 넣을 수 있는 공간이 있으며, 안전을 위하여 바닥에는 철파를 씌운 사각판을 만들어 놓았다.

서등은 선비들이 독서를 위하여 사용하던 등기로 장방형의 얇은 나무틀 안에 등잔을 넣고, 한쪽 면으로만 문을 만들어 벽에 걸어 놓으면 그 문을 통해 빛이 나와 책을 비치도록 제작하였다.

⑤ 괘 등

괘등(掛燈)은 벽과 들보에 거는 등기로 거추장스럽지 않도록 작은 크기로 만든다. 괘등은 걸기 편하게 U자형을 엎어 놓은 듯한 걸쇠를 만들고, 걸쇠의 양쪽에는 추상적인 문양을 평새김으로 장식하였다. 괘등의 중앙에는 등잔을 받칠 수 있는 등받이가 있으며, 밑에는 기름 찌꺼기를 받을 수 있는 기름받이가 있다.

대표적인 괘등으로는 부뚜막의 뒤쪽에 놓고 사용하는 바닥등과 벽에 걸어서 사용하는 부엌등(廚燈)이 있다. 이 중 바닥등은 도기로 만든 틀 안에 등잔을 넣고 뺄 수 있도록 앞을 틔워 놓았다.

⑥ 제 등

제등(提燈)은 밤길을 밝혀주거나, 의예식을 치를 때 사용하는 휴대용 등기이다. 대나무와 철 등의 재료를 이용하여 다각형의 골격을 만들고, 표면은 백지, 유지(油紙), 사(紗)로 마감하였다. 내부에는 초를 넣었고, 상부에는 열이 빠져나갈 수 있는 개구부(開口部)가 있으며, 상단에는 들고 다닐 수 있도록 긴 손잡이 자루를 달았다.[15]

형태에 따라 제등 안에 초를 넣으면 초롱(燭籠)[16], 등잔을 넣으면 등롱(燈籠)이라 불렀다. 사용처에 따라 의예식용으로 사용하는 청사·홍사초롱과 순찰할 때 사용하는 조족등(照足燈)이 있다. 청사·홍사초롱은 표면을 청사·홍사로 씌운 것으로 신분에 따라 구분하여 쓰였다.[17] 조족등은 궁중의 빈전(殯殿)이나 순라군이 밤에 순찰을 돌 때 사용하였던 것으로, 박등, 도적등, 조적등(照賊燈)이라고도 부른다.

---

15 제등의 손잡이는 끈을 꼬아 만들거나 나무로 원, 팔각의 형태를 만들어 연화문양을 조각하고, 내부에 여분의 초를 넣을 수 있게 제작하였다.(김수경, 「朝鮮時代 燈器에 관한 硏究 － 燈盞臺와 燭臺를 중심으로 －」, 성신여자대학교 석사학위논문, 2004, 15쪽.)

16 초롱은 표면에 종이를 바르는 지초롱(紙燭籠)과 비단을 바르는 사초롱(紗燭籠)으로 구분한다.

17 청사초롱은 조선시대 품등에서 정2품과 3품의 벼슬아치가 사용하였고, 홍사초롱은 정1품과 종1품의 벼슬아치가 사용하였다. 서민들은 혼례 때 평생 단 한 번 신랑과 신부의 앞길을 밝혀주는 의미로 사용할 수 있었다. 홍색은 양을, 청색은 음을 상징하기 때문에 음양화합을 기원하고 혼인한 부부가 서로 화합하여 새로운 출발을 한다는 것을 의미하였다.(한국박물관연구회, 「한국의 박물관 5」, 문예마당, 2005, 93쪽.)

⑦ 등 가

등가(燈架)는 등잔 혹은 초를 올려놓을 수 있는 받침접시와 이를 받혀주는 기둥(竿柱) 그리고

밑받침으로 구성된 서민용 등기이다. 등가의 밑받침은 원, 팔각, 육각, 복발, 연잎 형태

등으로 되어 있다. 밑받침은 움푹 패이게 만들어 재떨이를 겸하거나, 점등에 필요한 부시,

부싯돌, 부시깃을 보관하는 서랍을 달아 사용하기도 하였다. 기둥은 연화, 다각, 사각,

원통, 죽절, 염주 등의 문양으로 장식하였다.

등가의 재료는 소나무, 오동나무, 느티나무, 대나무 등의 나무를 가장 많이 사용하며, 유제(鍮製)

나 철제(鐵製)를 사용하기도 한다.

⑧ 등 경

등경은 등가처럼 밑받침, 기둥, 받침접시로 구성되어 있으나, 기둥은 3~4개의 걸이용단(段)이

있어 받침접시의 높낮이를 걸어서 조절할 수 있는 기능성을 갖추고 있다.

받침접시 밑에는 우각(牛角), 유방(乳房), 타구(唾具) 형태의 기름받이를 달아 심지가 타면서

생기는 재와 기름 등의 찌꺼기를 받을 수 있도록 하였다.

2. 등잔의 형태

1) 재 료

등잔은 토기, 청자, 백자, 석간주, 옹기, 동, 철, 은 등의 불연소성 소재를 활용하여

종지, 원통, 탕기, 항아리 등의 형태로 용기를 만들고, 그 안에 어유(魚油), 경유(鯨油),

돈지유(豚脂油), 우지유(牛指油), 콩기름, 면실유, 피마자유, 소나무기름, 오구나무기름,

참기름, 들기름, 아주까리기름 등의 동식물성 등유(燈油)를 넣어 불을 켜는 등기이다.

① 토 기

토기는 흙으로 만들 수 있는 모든 종류의 그릇을 말한다. 주로 진흙을 600~800℃로 번조하여 신석기시대부터 통일신라시대까지 제작한 용기류이다.

신석기시대에는 빗살무늬토기와 덧무늬토기가 제작되었다. 빗살무늬는 물고기뼈가 배열된 듯한 종주어골문(縱走魚骨紋)과 횡주어골문(橫走魚骨紋)으로 단순하면서도 규칙적인 모습을 갖추고 있었다. 점차 토기의 형태가 다양해지면서 우점문, 기하문, 타래문, 물결문, 연속문, 손톱문 등이 등장하였다. 덧무늬토기는 겉면에 진흙 띠를 붙이거나 겉면을 가늘게 돋게 하여 주둥이와 몸통부분에 무늬를 표현한 것이다.

청동기시대에는 손이 많이 가고 복잡한 빗살무늬토기 대신 민무늬토기를 탄생시켰다. 민무늬토기는 수비를 거치지 않고 찰흙 태토를 700~900℃로 소성하여 그릇표면에 무늬를 넣지 않은 것이다. 기종은 원저호, 고배(高杯), 장경호, 단경호 등이며, 연질토기(軟質土器)로 제작되었다.

철기시대에는 노천요에서 굴가마로 가마가 발전하면서 흑회색 경질토기가 등장하였다. 흑회색 토기는 평저발과 원저호로 대표되며, 문양은 승문과 승석문 등의 타날문(打捺紋)이 주류를 이루었다.

이러한 토기의 전통은 삼국시대로 이어진다. 고구려는 연질토기로 평저발, 양이호, 단지뿐만 아니라 생활용구인 벼루, 베개, 거울 등도 제작하였다. 백제 토기는 흑회색 민무늬 경질토기 제작방법을 바탕으로 사선문, 거치문 등의 문양을 나타냈다. 여기에 불교의 전파로 화장용 골호(骨壺)와 기대(器臺) 등이 의식용으로 제작되었다.

신라는 단아한 여성성을 지닌 고배, 장경호 등과 정교하고 특이한 상형토기, 토우 등이 발달하였다. 가야는 신라와 비슷한 회청색 경질토기와 적갈색 연질토기로 날렵하고 세련된 상형토기와 이형토기(異形土器)를 만들었다.

토기는 삼국시대 절정을 이루며, 지배층을 중심으로 일상생활용과 의예식용, 부장품 등으로 널리 사용되었는데, 이때 토제등잔도 지배층의 전유물로 이용되었다.

② 청 자

고려시대 청자는 삼국시대 개발된 고화도 환원번조와 시유(施釉)기법에 중국 자기의 영향을
받아 탄생하였다.

고려시대 청자는 시대의 변천과정에 따라 기법과 기형, 색을 기준으로 순청자, 상감청자,
회청자, 진사청자, 화금청자, 철채청자 등이 있다.

순청자(純靑磁)는 청록색으로 장식을 하지 않고 양각, 음각, 상형투조(象形透彫)의 기법만을
사용한 것이다. 12세기 중반부터 상감기법의 영향으로 순청자가 퇴조하기 시작하였고, 13세기
에는 유약의 질도 현저하게 저하되었다. 상감청자(象嵌靑磁)는 자기의 표면을 각도(刻刀)로
필요한 문양을 선각(線刻)하고, 그 위에 백토 또는 자토를 메워 놓은 뒤 기면을 닦아내고
번조한 것이다.

회청자(繪靑磁)는 백토나 자토를 붓에 묻혀서 기면에 그림을 그린 것이다. 진사청자(辰砂靑磁)
는 청자태토 위에 유약을 바르기 전 산화구리(Cu_2O) 안료로 장식하여 붉은색을 나타낸 것이다.
화금청자(畵金靑磁)는 소성된 청자의 표면에 니금(泥金)으로 도문(圖紋)을 한 것이다.

철채청자(鐵彩靑磁)는 청자의 표면에 철분으로 된 채료(彩料)를 바르고 문양은 백토 안료를
이용하여 퇴화(堆花)기법으로 그려 넣은 것이다. 상형청자(象形靑磁)는 중국 고동기(古銅器)의
영향으로 제작하기 시작하여 도교를 소재로 많이 만들어졌다.

고려시대 자기의 주류인 청자는 동양 삼국 중에서도 으뜸이었던 만큼 청자를 활용한 등잔은
의예식용으로 왕실과 사찰에서 사용하였다.

③ 백 자

조선시대는 유교의 가치인 검소, 결백, 질박(質樸)이 상징하는 백색에 심취한 지배층에 의하여
백자가 활발하게 제작되었다. 백자는 태토와 유약이 무색투명한 순백색으로 박락(剝落)과
빙열(氷裂) 없이 1,300~1,350℃로 번조한 것으로 청자를 뛰어넘는 최고의 자기이다.

백자는 기법에 따라 순백자, 상감백자, 청화백자, 철회백자, 진사백자로 구분된다.

순백자(純白磁)는 태토와 유약 외에 다른 물질을 사용하지 않는 순수한 백색의 자기를 말하며,

양각, 음각, 투각(透刻)의 기법을 사용하기도 한다. 상감백자(象嵌白磁)는 표면에 문양을 음각하고, 자토(赭土)를 메워 넣은 다음 표면을 매끄럽게 다듬은 후 시유(施釉)하여 번조한 것이다. 청화백자(靑華白磁)는 기벽에 회청(回靑)이라 불리는 산화코발트(CoO) 안료로 문양을 그린 뒤 투명한 장석계(長石系) 유약을 입혀 번조한 것이다. 철회백자(鐵繪白磁)는 백토로 기형을 만들어 초벌구이를 한 후 기면에 철사안료로 문양을 그린 것이며, 진사백자(辰砂白磁)는 산화동(酸化銅) 성분으로 문양을 그린 것이다.

조선시대 백자등잔은 초기와 중기 지배층을 위한 도구로 제작하였으나, 후기에는 서민들도 사용하는 대중적인 도구가 되었다.

④ 석간주

석간주는 철분을 다량 함유한 검붉은 흙과 이것을 발색 안료로 하고 여기에 회(灰), 약토(藥土), 석회석을 용융제로 하여 만든 유약과 이를 발라 번조한 자기를 통칭한다.

석간주는 일상생활용으로 조선시대 후기 원형 항아리, 각항아리, 광구병, 주병, 각주병, 부리단지, 향로, 연적, 등잔 등을 제작하였다. 석간주는 자기질 바탕흙을 사용하고 기면 전체에 유약을 칠하며, 음각이나 양각으로 파상선(波狀線)과 동심원(同心圓), 나선형으로 간단하게 시문하였다.

⑤ 옹 기

옹기는 잿물유약을 입힌 오지그릇과 그렇지 않은 질그릇을 통칭하여 일컫는다. 질그릇은 신석기시대부터 사용하였던 것으로, 찰흙만으로 600~800℃의 온도에서 번조한 것이다. 굴뚝과 아궁이를 막아 불완전 환원번조를 하여 검댕을 입힌 검은 질그릇과 자연스럽게 공기를 통하게 하여 산화번조한 붉은 질그릇으로 나뉜다.

오지그릇은 발음상으로 오지(烏只), 어지(於芝) 등으로 부르며, 옻그릇 또는 칠그릇(漆器)이라고도 부른다. 찰흙 태토에 오짓물을 입혀 1,100～1,200℃의 온도에서 산화번조하였다. 다소 거칠고 광택이 적으며 섬세하지 못한 오지그릇은 옹기와 비슷한 관계로 도기, 옹기그릇, 오지 등으로 불리다 결국 옹기의 개념으로 흡수되었다.

옹기는 원래 '甕'이라는 항아리를 지칭하던 용어에서 발전한 것으로 시간이 흐르면서 도기 전체를 아우르게 되었다. 찰흙 태토를 성형한 후 식물성 부엽토의 일종인 약토(藥土)와 재를 섞은 잿물을 입힌 후 1,100~1,200℃의 온도에서 1회소성한 용기이다.

옹기는 손쉽게 만들 수 있는 재료로 일상생활용구를 많이 제작하였고, 이 중 옹기등잔은 서민들의 필수품이었다.

⑥ 동

동은 부식이 잘 안 되고, 착색과 도금이 용이한 특징을 지니고 있어 합금하는 방법에 따라 황동, 청동, 백동 등으로 나뉜다.

황동은 녹쇠라고도 부르며, 구리와 아연을 합금한 것으로 색깔이 아름답고 순동보다 주조하기가 쉽다. 경도와 강도가 크고 전연성이 풍부하여 고려시대 중기 이후부터 조선시대 전 기간에 걸쳐 등기재료로 사용되었다. 청동은 구리에 주석을 더한 것으로 순동이나 황동에 비해 주조성이 좋고 잘 견디므로 예부터 화폐, 종, 동상 등의 재료로 쓰여 왔다. 고려시대에는 등기의 주재료로 많이 쓰였으나, 조선시대 초기 이후 점차 사용량이 줄어들었다.[18] 백동은 동(銅) 70~80%와 석(錫) 20~30%를 넣은 합금으로 광택이 강하고 내식성과 전연성이 풍부하며 가공성이나 열간 단조성이 좋은 편으로, 조선시대 중기 이후부터 등기의 재료로 많이 쓰였다.

⑦ 철

철은 유연성과 가소성이 좋은 재료로 원소기호 Fe, 녹는점 1,535℃, 비중 7.86이다. 철은 산소, 규소, 망간, 인, 유황, 탄소의 함량에 따라 연철, 선철, 강철, 주철 등으로 구분하는데,

---

18 이태숙, 「조선조 등기구에 관한 연구 - 금속제를 중심으로 -」, 숙명여자대학교 석사학위논문, 1986, 46쪽.

등기에는 주로 주철을 사용하였다. 주철은 순철에 탄소(17~46%)와 규소(0.5~3.5%)를 가미한 것으로 강철보다 용융점이 낮아서 복잡한 것도 주조하기 쉽고, 값이 싸다는 장점이 있지만 충격을 가하면 쉽게 깨져 단련이 어렵다는 단점도 있다.[19]

⑧ 은

은(銀)은 청백색으로, 녹슬거나 변색이 적고 전성(展性)과 연성(延性)이 좋으며 0.0015mm까지 두께를 얇게 펼 수 있어 가공이 용이하다. 원소기호 Ag, 녹는점 960.5℃, 끓는점 2,710℃, 비중 10.5이다.[20] 은은 촛대의 기둥에 은입사(銀入絲)를 할 때 사용한다.

⑨ 나 무

나무는 소나무, 느티나무, 참죽나무, 은행나무, 호두나무 등을 사용하며, 이 중 등기에는 소나무와 은행나무를 사용한다.

소나무는 쉽게 구할 수 있고, 가공이 쉬우며, 건조가 잘 되고 방수성이 좋다. 은행나무는 중국이 원산지로 삼국시대 불교의 전래와 함께 수입된 것으로 목리가 좋고 조직이 치밀하며 독특한 향이 있다.

나무의 아름다움을 그대로 살려 사용하기도 하지만 옻칠을 하기도 한다. 옻칠은 옻나무 즙을 도료로 이용하여 나무를 매끄럽고 단단하게 도장하는 것으로 생칠, 숙칠, 주칠, 흑칠, 황칠 등으로 구분한다. 이 중 등기에는 주칠과 흑칠을 사용한다. 주칠은 주(朱)라는 도료를 생칠과 혼합하여 칠하는 것이고, 흑칠은 숯가루와 황토를 불에 구워 만든 지분을 생칠과 혼합하여 칠하는 것이다.[21]

---

19 이태숙, 「조선조 등기구에 관한 연구 - 금속제를 중심으로 - 」, 숙명여자대학교 석사학위논문, 1986, 45쪽.
20 윤병화, 「장도문화(粧刀文化)에 관한 고찰(考察)」, 「조선 여인의 은장도, 그 순결함」, 옛터민속박물관, 2008, 106쪽.
21 윤병화, 「조선시대 가구(家具)에 대한 고찰(考察)」, 「조선 장인의 有感, 소목장」, 옛터민속박물관, 2009, 130쪽.

⑩ 등 유[22]

등유(燈油)는 고체와 액체로 구분한다. 고체는 초(燭)로 밀랍, 백랍, 돈지(豚脂) 등의 원료를 끓여서 원통형의 틀 안에 넣고 심지를 박아 사용하였다. 액체는 식물성과 동물성이 있다. 식물성은 건성유(乾性油), 반건성유(半乾性油), 불건성유(不乾性油)가 있다. 건성유는 유지(油脂)를 공기에 두면 산화하여 굳어버리는 기름인 아마인기름과 오동나무기름 등이다. 반건성유는 공기 중에서 산화건조되는 속도가 비교적 느린 동백기름, 올리브유, 피마자유 등이다. 불건성유는 공기 중에서도 마르지 않거나 얇은 막을 형성하지 않는 면실유, 미강유, 옥수수기름 등이다. 동물성은 공기 중에서 산화건조되는 속도가 비교적 느린 사슴기름, 고래기름, 물고기기름 등이다.

2) 문 양[23]

등잔의 문양은 동식물과 기타 형태로 나타나며, 비교적 간단하면서도 예술적인 형태를 보이고 있다. 등잔에 새겨진 문양에는 길상, 벽사, 수복, 장수 등의 염원이 담겨 있다.

① 동물문

박쥐는 한자 표기 편복(蝙蝠)의 복(蝠)이 복(福)과 같은 소리를 낸다고 하여 복을 상징한다. 박쥐 두 마리를 쌍으로 배치한 무늬는 쌍복을 의미하여 복이 겹쳐서 들어오라는 염원을 담고 있다. 뿐만 아니라 강한 번식력을 가진 박쥐는 다남과 장수를 상징한다.

나비의 상징관은 장자의 호접몽과 관련이 있다. 장자가 꿈속에서 나비가 되어 달콤한 꿀을 빨아먹고 자유롭게 날아다녔다는 사실에 의하여 나비를 즐거움의 상징으로 여기게 되었다.

---

22 이병노, 「陶材燈盞 開發에 關한 硏究 - 觀光商品을 中心으로 -」, 원광대학교 석사학위논문, 2002, 27쪽.
23 우리나라 전통문양에 대한 논문(윤병화 외 1, 「朝鮮時代 佩飾에 관한 小考」, 「조선 여인들의 화려한 외출」, 옛터민속박물관, 2007, 147~152쪽)을 참고하여 e뮤지엄(http://www.emuseum.go.kr)을 통해 전국 박물관에서 소장하고 있는 등잔을 살펴보고, 각 등잔에 등장하는 문양을 분석하여 정리하였다.

또한 나비 한 쌍을 함께 형상화하여 부부화합을 기원하기도 한다.

거북은 개충(介蟲)의 우두머리로 여겨졌던 동물로 사방신의 하나인 현무로서 북방을 수호하는 방위신이기도 하다. 다른 동물보다 수명이 긴 생태적 속성에 기인하여 영년(永年)·불사(不死)의 상징으로 장수를 의미하기도 한다.

봉황은 수컷인 봉(鳳)과 암컷인 황(凰)을 함께 이르는 말로 암수의 사이가 좋아 부부의 애정을 의미한다. 봉황은 어질고 현명한 성인과 함께 세상에 나타난다는 새로 아름답고 신비하며 덕(德), 의(義), 정(正), 신(信), 인(仁)을 고루 갖춘 영조(靈鳥)로 희망의 메시지를 담고 있다. 용이 남성적인 영물이라면 봉황은 여성적인 영물로 여제(女帝)나 왕비의 표식이다.

② 식물문

모란은 색채와 크기가 화려하기 때문에 화중왕(花中王)으로 칭한다. 번영과 창성의 꽃으로 행복을 상징하며 길상문으로 널리 이용되었다.

연화는 삼국시대부터 불교에서 이야기하는 창생(蒼生)과 수복멸죄(修福滅罪)를 기원하는 문양으로 사용되었다. 그러나 조선시대 숭유억불정책으로 연화는 도리어 유교에서 많이 쓰였다. 연꽃이 진흙 속에서도 밝고 깨끗하게 피어나는 생태적 습성을 지니고 있어 강직한 선비의 기품과 깊은 관련이 있었다. 그렇지만 일반적으로 연꽃은 꽃과 열매가 함께 나란히 생겨나기 때문에 자손을 얻는다는 의미를 갖고 있다.

석류는 열매가 붉은 주머니 속에 빛나는 씨앗들이 들어 있어 다남자(多男子)를 연상시킨다. 석류를 불로초와 그릴 때는 백자장생(百子長生)의 뜻을, 황조(黃鳥)와 함께 그려질 때에는 금의백자(金衣百子)의 의미를 담고 있다.

대나무는 속이 비어 있으면서도 강하고 유연한 성질과 사계절에도 색이 변치 않는 특성을 가지고 있다. 따라서 군자의 품격과 절개의 상징으로 애호되었던 식물이다.

③ 기 타

만자(卍字)는 사방이 종횡으로 늘어나 펼쳐지면서 계속 이어지는 회전의 개념을 담고 있는 문양이다. 무한성과 장구성을 지니고 있으며, 진리를 상징하고 길상과 만복을 의미한다. 불교에서는 만(卍)이 석가모니가 탄생할 때 가슴에 있었던 문양으로 여겨 각종 사찰에서 길상의 표시로 사용한다.

아자(亞字)는 불단장성(不斷張盛)을 뜻하는 길상문으로 안전성과 단아한 기풍을 상징하는 여성성을 지닌 문양이다.

염주(念珠)는 불교에서 예배할 때 손에 걸거나, 경문을 외울 때 수를 세는 구슬이다. 염주를 통해 일생의 번뇌를 이겨내고자 하는 염원이 담겨 있다.

제 3 부

토기의 문양

　신석기시대에는 이전의 수렵과 어로생활에서 벗어나 농경과 목축생활을 시작하였다. 이 시기 이러한 생산경제로의 발전은 당시 전 세계적으로 일어난 흐름이었고, 결국 생산물을 저장하기 위한 그릇인 토기도 제작되었다.

　토기의 제작은 인간이 화학변화를 깨닫고 이용한 과학적인 일이며, 동시에 인간의 본성인 아름다움을 표현하려는 예술적인 행위였다. 이러한 토기는 양식과 제작기법이 시대에 따라 점차 변화하였고, 우리나라의 경우 신석기시대부터 통일신라시대까지 다종의 토기가 만들어졌다.

　토기에 관한 연구는 오랜 동안 끊임없이 이루어져 관련 논문이 많이 남아 있다.1 과거 일제강점기에는 조선총독부박물관을 중심으로 매장문화재 발굴사업이 진행되면서 양식사적인 연구가 이루어졌다. 이후 광복을 기점으로 도자사 연구가 본격화되면서 뚜렷한 연구 성과가 나타났다. 특히, 토기는 고고학적 측면에서 상대편년과 통계분석에 의한 자료의 활용 및 소비와 유통, 중국과의 교류 등을 다양하게 연구할 수 있는 기초자료로 이용되었다.

---

1 한국교육학술정보원의 학술연구정보서비스(http://www.riss4u.net)에서 세로축 키워드 검색 결과, 2012년 10월 2일 기준으로 토기에 관한 국내학술지는 총 1,046편이고, 학위논문은 총 872편이다.

이처럼 도자사에 있어 토기는 매우 중요한 위치에 놓여 있었던 것이다. 그러나 거의 표준연대를 결정하는 고고학 자료로서의 가치만을 주목한 편이었다. 이에 이 책에서는 토기의 독창적인 문양에 주목하여 예술적인 측면에서 토기의 문양에 대해 고찰하려 한다.

1. 토기의 개념

토기는 흙으로 빚은 그릇 중 유약을 시유하지 않고, 700~1,000℃ 정도의 불에서 구워낸 그릇이다. 초기에는 저장, 운반, 요리 등을 위한 도구로 이용하였으나, 사회가 점차 발전하면서 부장품, 명기, 제기 등에 이용되었다.

신석기시대에는 덧무늬토기와 빗살무늬토기를, 청동기시대에는 민무늬토기를, 철기시대에는 경질토기를, 삼국시대에는 시유토기를 제작하였고, 고려와 조선시대로 토기의 전통이 이어지면서 질그릇, 옹기, 석간주 등으로 명맥이 계승되었다.

신석기시대에는 덧무늬토기(隆起紋土器)와 빗살무늬토기(櫛文土器)가 존재하였다. 덧무늬토기는 겉면에 진흙 띠를 붙이거나 겉면을 손끝으로 집어 눌러 돋게 하여 아가리와 몸통부분에 문양을 나타냈다. 덧무늬토기가 중국의 황하나 일본의 규슈지역, 러시아의 바이칼 호 주변에서도 발견되는 것으로 보아 국내에서뿐만 아니라 다른 지역과의 활발한 교류가 있었던 것으로 보인다.

빗살무늬토기는 U자형 혹은 V자형의 장란형(長卵形)과 편평한 형태가 있고, 모래가 많이 섞인 점토로 된 태토를 사용하여 기학적인 문양대2를 표현하였으며, 600~700℃의

---

2 빗살무늬는 끝이 뾰족한 빗과 같은 도구로 새기거나 찌르거나 눌러서 만든다. 이때 물고기 뼈가 배열된 듯한 종주어골문(縱走魚骨紋)과 횡주어골문(橫走魚骨紋) 등의 어골문과 전나무가지형문, 점선문, 집선문, 소형방격문, 타래문, 새날개문, 파상문, 번개문, 연속문(連續紋), 손톱문(爪紋) 등 단순하면서도 규칙적인 모습을 표현하였다. 회전대칭으로 전체적인 비례와 균형이 자연스럽게 잡혀 있다.

저화도로 소성하였다. 색상은 저온 소성으로 부드러운 갈색을 띠고 있으며, 그릇의 크기에 비하여 두께는 매우 얇은 편이었다. 빗살무늬토기는 떡가래 같은 흙띠를 층층이 쌓아올리는 테쌓기기법으로 만들어졌으며, 이음새가 잘 떨어지는 단점이 있었다.

기원전 1,000년경의 청동기시대에는 빗살무늬토기 대신 민무늬토기가 들어선다. 손이 많이 가고 복잡한 빗살무늬토기를 간략화하여 실생활에 적극적으로 사용하려는 의도로 민무늬토기가 탄생한 것이다. 민무늬토기도 모래가 섞인 태토를 800~900℃로 소성하여 갈색과 적갈색을 띠며, 밑이 편평한 평저(平底)가 일반적인 형태이고 간혹 밑이 좁은 것도 있다.

이러한 무문토기 외에도 토기의 아가리에 구멍을 뚫은 장식을 한 공열문토기, 아가리에 X자나 Y자의 각목 무늬를 새긴 구순각목토기, 밑부분이 좁고 부푼 모양으로 되어 있는 팽이모양 토기도 있다.

한편, 중국에서 제작되었던 홍도(紅陶)와 흑도(黑陶)도 이때 한반도로 유입되어 만들어 지기 시작하였다. 홍도는 구울 때 철분이 많은 태토를 그릇의 겉면에 발라 연마하기 때문에 구운 후 겉면이 붉고 은은한 광택을 내며, 흑도는 번조 때 그을음을 일으켜 태토에 침착시켜 검은색이 착색되는 것으로 삼국시대까지 널리 제작되었다.

철기시대에는 강력한 제련기술의 탄생으로 높은 온도의 화력을 유지할 수 있는 가마시 설과 물레의 사용이 본격화되어 토기의 대량생산과 고화도 토기 등을 제작할 수 있게 되었다. 이때에도 민무늬토기는 계속 사용되었고, 동시에 철이 포함된 태토를 환원시켜 만든 회도(灰陶)도 등장하였다.

삼국시대에는 중국 도자기의 영향으로 토기의 다변화가 두드러지게 나타난다. 먼저 고구려는 중국의 도자기술을 받아들여 태토를 곱게 정제하는 기술과 겉면을 연마하는 기술을 사용하였으며 물레 및 회전판 등의 도구도 이용하였다. 초기 3세기 이전에는 회흑색의 단지, 항아리, 잔 등을 사용하였고, 중기 4~5세기에는 회색, 황갈색의 줄무늬토 기를 사용하였으며, 6세기 이후에는 더욱 다양해진 생활용구로 벼루, 베개, 거울 등을 사용하였다.3 한편, 고구려는 가장 먼저 연유계의 저화도 유약을 바른 황유도기(黃釉陶器)도 제작하였다. 하지만 지금까지 우리나라에서 출토된 고구려 토기는 매우 소량으로, 향후 더욱 활발한 연구가 진행되기 위해서는 북한과의 공조가 필요한 시점이다.

백제는 멸망할 때까지 한성, 웅진, 사비 등으로 도읍을 옮겨가며 생활하였기에 토기도 이와 비슷한 변화양상을 보인다. 고구려와 인접한 한성에서는 경질무문토기, 타날문토기, 회흑색무문토기 등의 고구려계 토기를 사용하였고, 웅진과 사비에서는 장경호(長頸壺), 유공호(有孔壺), 고배, 삼족토기, 골호, 발, 대접, 합, 잔, 완, 병, 등잔, 시루 등의 독자적이며 다양한 토기를 사용하였다.4

신라는 1,000년의 역사를 지닌 나라로 토기의 역사도 비교적 길다. 대체로 3세기 말경부터 등장하여 10세기까지 사용한 신라의 토기는 1,300℃의 고온 소성한 경질토기가 주를 이룬다. 초기 300년경에는 경질의 회색 계통이 주를 이루었으며, 이전에는 테쌓기 기법을 사용하다가 물레를 받아들여 고배(高杯), 장경호, 나팔형 기대 등을 제작하였다. 중기 500년경에는 태토를 곱게 정선하였고, 겉면도 많이 얇아졌으며, 장식화된 문양과 더불어 영락(瓔珞)장식을 부착하였다. 이때 고배는 높은 다리가 짧아지고, 위가 좁고 몸통부분이 크게 벌어지는 원추형으로 과거에 비하여 상당히 소형화되었으며, 장경호는 턱이 진 넓은 아가리의 형태로 변화되었다. 또한, 정교하고 특이한 기마형 토기도 등장하였다. 후기 600년경에는 장식성이 더욱 강화되던 시기로 토기의 굽다리에 구멍을 2단으로 3개 이상이 배치하였고, 더불어 토기의 뚜껑이 몹시 낮고 안으로 크게 기울어진 완형토기(盌形土器)와 고배에 굽처럼 생긴 꼭지 뚜껑도 만들어졌다.

---

3 고구려 토기의 기형은 다양하며 실용적인 성격이 강해 넓은 아가리 밑은 편평한 항아리가 많았고, 파상문, 거치문, 선문 등을 음각하였다.(국립중앙박물관, 「한국 고대의 토기」, 국립중앙박물관, 1997, 9쪽.)
4 홍선표 외 6, 「알기 쉬운 한국미술사」, 미진사, 2009, 218쪽.

더욱이 신라토기의 가장 큰 특징은 상형토기(象形土器)와 토우이다. 상형토기는 인물형(人物形), 동물형(動物形), 배형(舟形) 등으로 만들어졌다. 토우는 도제인형으로 농경사회를 반영하는 집과 수레바퀴 모양을 대량생산하여 부장품으로 사용하였다.

가야는 신라토기와 비슷한 회청색 경질토기와 적갈색 연질토기로 날렵하고 세련된 상형토기와 이형토기(異形土器)를 만들었다. 상형토기는 집, 신발, 배, 수레, 등잔 등의 모양을 나타내며, 이형토기는 반드시 속이 비고 그릇 중심에 잔형(杯形)의 구멍을 뚫었다.

2. 토기의 문양[5]

우리나라의 토기는 중국이나 일본처럼 화려한 채문(彩文)이나 승문토기(繩文土器)가 아니라 한국인 고유의 조형의식을 보여줄 수 있는 독창적인 아름다움을 지니고 있다. 그 아름다움은 소박하면서도 단순하고 화려하지 않으면서도 결코 초라하지 않은 모습이다.

우리 선조들이 탄생시킨 토기의 문양은 원시미술에 속하지만 예술가들의 창작의지를 일깨울 수 있을 만큼 훌륭한 미적 감각이 내포되어 있다. 그렇다면 이러한 토기의 문양은 어디에서부터 비롯되었을까? 아마도 주변에서 쉽게 볼 수 있었던 자연의 모든 것들을 그 대상으로 삼았을 것이다.

토기의 문양은 성형과정 중에 생기는 문양과 장식이나 실용적 기능을 위하여 새기는 문양으로 나뉜다. 성형과정 중에 생기는 문양은 토기의 내벽에 판을 대고 밖에서 두들겨 판의 무늬가 그대로 남아 있는 문양이다. 장식이나 실용적 기능을 위하여 새기는 문양은 투각문, 선문, 원문, 거치문, 점선문, 파상문, 격자문 등이 있다.

---

5 이혜승, 「토기의 조형적 특성을 응용한 도자표현 연구」, 이화여자대학교 석사학위논문, 2000, 13~17쪽.
염미란, 「新羅 土偶와 土器文樣의 象徵的 意味」, 「韓國工藝論叢」 제1집, 한국공예학회, 1998, 172~181쪽.

위와 같이 토기의 문양을 시문하는 방법은 시대와 지역에 따라 다양하게 나타나는데, 그중 문양을 종류별로 다음과 같이 분류하였다.

1) 투각문

투각문은 예리한 날로 속도감 있게 한 번에 뚫은 듯한 것이 특징이다. 보통 토기의 다리에 표현한 투각문은 겉면의 균열이나 일그러지는 것을 방지하는 한편, 무게를 가볍게 하고, 장식성을 높이는 목적으로 사용되었다.

투각을 하는 형식은 다리가 2단인 경우에는 상하 어긋나게 뚫은 신라식과 상하를 나란히 뚫는 가야식으로 구분한다. 모양은 ○, △, □ 등의 형태로 표현한다. 이러한 투각문은 고배뿐만 아니라 장경호, 골호, 기대 등에서도 많이 사용한다.

2) 선 문

선문은 빗과 같은 도구로 5~9개의 직선을 가로, 세로, 비스듬히 그어 강직함과 안정감을 주는 집단선문과 3줄 이상의 선들이 길게 직선 또는 완만한 곡선으로 장식되는 문양으로 나뉜다. 이러한 선은 방향성과 분계성(分界性)이 있고, 속도감과 상징성을 가진다.

대표적인 선문으로는 평행사선이나 지그재그로 선을 이루는 빗살무늬토기이다. 이러한 기하학적 문양은 훗날 삼국시대의 토기로 계승·발전하였다.

3) 원 문

원문은 예로부터 동서양에서 널리 사용한 문양이다.6 이러한 원에 대한 동경은 종교적

---

6 동양의 유교에서는 원을 태극(太極) 혹은 무극(無極)이라 하였고, 도교에서는 자연 또는 도(道)라 하였으며, 불교에서는 청정법신불(淸淨法身佛)이라 하였다. 서양의 고대 철학자 피타고라스는 원이 평면도형 중 가장 아름답다고 하였으며, 플라톤은 구(球)가 가능한 모든 형상을 그 안에 함유하고 있으며, 완전한 도형으로 신(神)을 의미한다고 하였다. 근대 심리학자인 융의 수제자인 마리루이제 폰 프란츠 박사는 원을 자기(自己)의 상징으로 여겼고, 원은 인간과 자연의 관계를 포괄하면서 다각적이고 다면적인 마음의 전체성을 표현한다고 하였다.

경험에서부터 비롯된 것이다. 선사시대부터 하늘을 바라보며 제천의식을 거행하였던 선조들은 신의 영역인 하늘의 성스러운 공간에 존재하고 있는 태양과 달을 보면서 원문을 만들었다. 이는 물과 함께 농사를 좌우하는 태양과 생명의 변이에 대한 시간적 기준이 되는 달의 리듬에 대한 경이로운 발로(發露)이다. 따라서 태양은 능동적인 생식능력을, 달은 수동적인 다산을 상징하며 원문으로 등장한 것이다. 또한, 원문은 부족함이 없는 완벽함, 풍만함, 원만함으로도 상징된다.

원문에는 동심원문, 반원문 등이 있으며, 원만을 연속적으로 반복해서 원문대를 만드는가 하면 선문과 거치문 등의 문양과 같이 사용하기도 하였다.

4) 거치문

톱날이나 번개, 산(山) 등을 연상시키는 거치문은 한 줄의 선으로 삼각형 모양을 이룬 기치문과 삼각형 안에 수직전이나 사선이 평행으로 들어서 있는 집사선 거치문(集斜線 鋸齒文)이 있다.

곡선으로 이루어진 문양에 비해 의지적이고, 강인한 느낌을 주는가 하면 반항, 난폭, 직선적인 감성을 유발하기도 한다.

거치문의 삼각형은 매미와 여성의 성기 등을 형상화한 것이다. 매미는 애벌레에서 껍질을 벗고 성충이 되는 과정을 거치는 동물이기 때문에 영혼불멸과 부활의 의미를 담고 있다. 여성의 성기를 상징한다는 것은 풍요와 다산을 의미하는 것이다.

또한, 거치문은 산을 연상시키는 형태이다. 산은 사람의 근거인 땅을 기반으로 하늘을 향해 높이 솟아올라 있기에 늘 하늘을 경외하고 태양과 달을 숭배하는 중요한 장소이다. 산은 지계(地界)와 천계(天界)의 매개이자 동시에 유해를 안치하기 위해 흙을 쌓아 올린 봉분(封墳)과도 닮아 있다. 즉, 하늘 높이 솟아 있는 산은 현생과 사후세계를 잇는 매개체이다.

5) 점선문

점은 가장 기본적인 조형의 요소로 선의 경계, 즉 두 선이 교차하는 곳을 말한다. 토기의 문양으로서 점은 형, 크기, 넓이를 가지고 있으며 여기에 감정까지도 수반한다. 점선문은 원문과 같이 뾰족한 도구로 눌러서 자국을 낸 문양이다. 여러 개의 점을 길게 내려 그어 하늘에서 내리는 비를 소망하듯이 표현하거나, 점의 집합을 통해 강한 의지의 힘을 약동적으로 표현하였다.

6) 파상문

물결모양의 파상문은 물을 의미한다. 물은 생명의 시작이며 농사에서 가장 중요한 요소이다. 농경시대인 과거에는 파상문을 통해 항상 풍년을 기원하는 선조들의 소박하고도 간절한 소망이 담겨 있다. 파상문은 파장이 고르고 규칙적인 것을 통해 율동미를 느낄 수 있으며, 시각적인 쾌감을 준다. 또한 적당한 리듬감이 있어 공간을 전체적으로 조화롭게 해주는 역할을 한다.

7) 격자문

격자문은 여러 줄의 선문이 상하 수직으로 교차하거나 비스듬히 기울면서 서로 교차하는 문양으로 망상문(網狀紋) 혹은 석쇠문이라고도 한다. 격자문은 밭이나 그물, 울타리 등의 형태를 나타낸 것으로 당시의 우주관이나 수렵 및 어로 생활을 영위한 선사시대의 주술적인 의미를 담고 있다. 즉, 풍농과 풍어를 기원하는 선조들의 마음을 표현한 것이다.

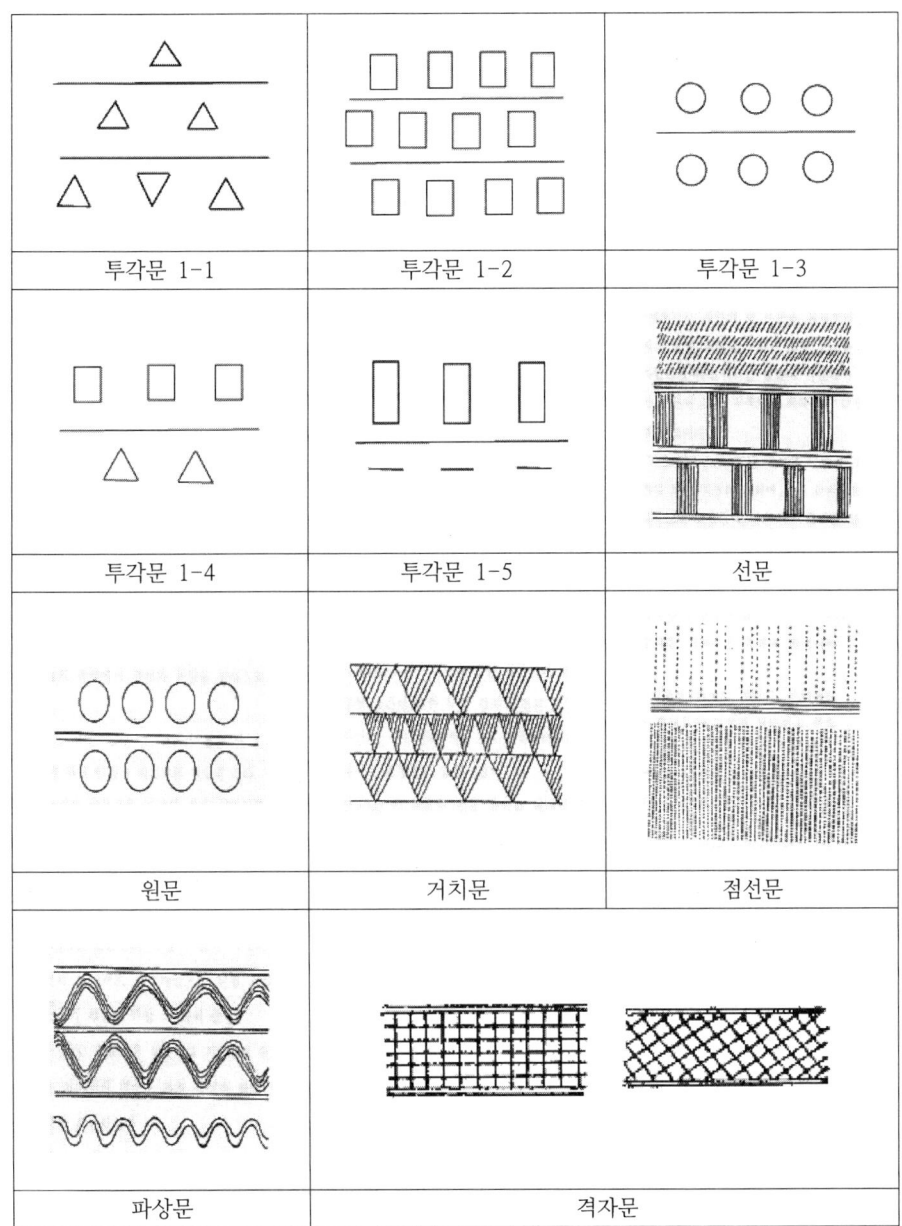

투각문 1-1	투각문 1-2	투각문 1-3
투각문 1-4	투각문 1-5	선문
원문	거치문	점선문
파상문	격자문	

[문양의 종류]

제 4 부

역사서 속의 음식문화

인간의 삶에서 가장 기본적인 구성요소는 의식주이다. 이 중 음식은 생존에 필요한 탄수화물, 단백질, 지방, 무기질 등의 영양소를 공급하는 에너지원이다.

치열한 약육강식의 세계 속에서 안정적인 건강유지와 장생(長生)을 위해 주변 환경을 이용하고 오랜 연구를 거듭한 결과 다양한 음식이 탄생되었다. 곧 음식이 민족의 삶이며 동시에 과학성을 내포하였기 때문에 발전할 수 있었다. 가령 사계절이 뚜렷한 우리나라의 경우 겨울철의 김장과 메주 등 오래 보관할 수 있는 저장음식을 만들었고, 주식과 부식이 따로 존재하여 골고루 영양분을 섭취할 수 있었다.

이처럼 우리나라의 음식문화는 과거 선사시대부터 지속적으로 발전하여 오늘날에 이르고 있다. 그동안 음식문화 연구는 주로 음식의 종류와 재료를 연구한 식품영양학과 식생활사를 종합적으로 정리한 역사학, 민속학, 고고학 등에서 다루어 왔다.[1] 여기서는

---

1 음식 연구는 크게 식품영양학적 연구와 역사학, 민속학, 고고학적 연구로 나뉜다. 식품영양학적 연구는 이미 조선시대 이전부터 건강과 관련한 의학부분에서 많이 다루어졌고 본격적으로 조선시대 중·후기부터는 음식의 형태와 조리법 등이 연구되기 시작하였다. 1611년 허균은 전국 팔도의 음식을 소개하는 「屠門大嚼」을 편찬하였고, 1670년 안동 장씨는 조리서인 「飮食知味方」을 저술하였다. 이후 1815년 빙허각 이씨는 가정백과인 「閨閤叢書」를 썼으며, 일제강점기에는 「조선요리제법」(1917년), 「간편

삼국시대의 대표적인 문헌인 「삼국사기(三國史記)」와 「삼국유사(三國遺事)」에 기재된 음식을 조사하여 음식이 갖고 있는 특징을 과학적 시각에서 규명하려 한다.[2,3] 이러한 시도는 전통문화를 현대적 관점에서 이해할 수 있는 긴요한 단초를 제공할 수 있다.

조선요리제법」(1934년), 「조선 요리법」 (1938년), 「조선요리」(1940년), 「조선무쌍신식요리제법」(1943년) 등의 조리서가 편찬되어 체계적인 음식연구가 이루어졌다. 광복 이후 현재까지 음식문화의 본질을 탐구하는 연구는 계속되고 있다.(강춘기, 「우리나라 과실류의 역사적 고찰」, 「한국식문화학회지」5 - 3, 韓國食生活文化學會誌, 1990 ; 윤서석, 「한국 식생활의 통사적 고찰」, 「한국식문화학회지」8 - 2, 韓國食生活文化學會, 1993 ; 조미숙, 「한국의 채소 음식 문화」, 「한국식생활문화학회지」18 - 6, 韓國食生活文化學會, 2003 ; 정영우, 「한국음식의 다문화 조리(Multicultural Cuisine) 접목방안에 관한 연구 : 서구인의 기호도 중심으로」, 경희대학교 석사학위논문, 2008 ; 김수진, 「한국 디지털 세대의 음식문화」, 부산대학교 석사학위논문, 2003 ; 하청, 「한 · 중 · 일 문화비교 고찰 : 세 나라의 음식문화 비교 분석을 중심으로」, 충남대학교 석사학위논문, 2004 ; 한명희, 「전통 혼례음식 문화 연구 : 서울 및 경기도 지방을 중심으로」, 세종대학교 석사학위논문, 2000) 다음으로 역사학, 민속학, 고고학적 연구는 국내학술지, 단행본, 학위논문에서 음식문화사를 심도 있게 발굴 조사하고 있다.(허문회, 「한국에서 재배되었던 벼」, 「선사와 고대」7, 한국고대학회, 1996 ; 김민기, 「한국동물과 식문화부작과 식문화」, 「한국식생활문화학회지」1-1, 한국식생활문화학회, 1986 ; 이철호, 「동북아시아 원시토기문화시대의 특징과 식품사적 중요성」, 「민족문화연구」32, 고려대학교 민족문화연구소, 1999 ; 이성우, 「한국 식생활의 역사」, 수학사, 2006 ; 윤서석, 「우리나라 식생활 문화의 역사」, 신광출판사, 1999 ; 유애령, 「식문화의 뿌리를 찾아서」, 교보문고, 1997 ; 김동실, 「한국 고대 전통음식의 형성과 발달」, 상명대학교 석사학위논문, 2008)

2 음식의 과학성을 설명하기 위해서는 과학을 올바르게 이해하는 것이 중요하다. 과학은 일정한 대상을 관찰하여 얻은 결과를 바탕으로 가정 혹은 가설을 찾는 학문이다. 다양한 현상에 내재되어 있는 절대적인 진리를 발견하고자 연구하는 과정에서 물질적 풍요와 생활의 편리함이 나타나는 것이다. 이는 여러 음식이 탄생하는 과정에서 화학, 물리 등의 과학이 적용되어 발전하였기에 필자는 음식의 과학성에 크게 주목하였다.

3 요즘 과학계의 화두인 '융합의 실현'을 위해서는 과학기술과 인문예술이 서로 만나야 한다. 지식 간의 교류, 발상의 전환, 사회 · 환경의 영향 등 여러 요소의 상호작용을 통해 자연스럽게 실용적인 융합과학기술이 나타날 수 있다. 이러한 관점에서 인문과학적 측면을 두루 살펴보려 한다.

1. 「삼국사기(三國史記)」와 「삼국유사(三國遺事)」의 의미

고려시대에 편찬한 「삼국사기」와 「삼국유사」는 한국 고대사 연구자료로서 최고의 가치를 지닌 서적으로 각각 김부식4과 일연5이 저술하였다. 각 역사서를 이해하기 위해서는 편찬 당시의 시대적 배경을 살펴봐야 한다.

고려는 고구려를 계승하고 발해를 포용한 자주국가로 민족대통일을 위해 노력하였다. 초기에는 동북아 이민족인 여진과 거란의 침입을 차례로 막아내면서 왜, 송, 금, 요 등과 동등한 지위를 지니게 되었고, 송의 영향으로 유화적인 유교정치를 표방하기 시작하였다. 하지만 12세기 여진족이 세운 금이 송과 고려를 압박하자 고려 내적으로 북진을 주장하는 자주파가 등장하였고, 이들은 서경천도운동을 일으켰다. 국제 평화를 주장하는 유학파가 이 운동을 진압하면서 문신 위주의 유교정치는 고려 중기까지 지속되었고, 사대파의 수장인 김부식은 유교적 입장에서 「삼국사기」를 편찬하였다.

문신 위주의 정치는 문벌귀족체제를 이루었고 여기에 반기를 든 무신들이 정변을 일으켜 무신정권을 탄생시켰다. 이로써 고려 중·후기에는 무신정권의 횡포와 이민족인

---

4 김부식(1075~1151년)은 신라왕실의 후손으로 경주 주장(州長)인 위영의 증손자로 자는 입지(立之), 호는 뇌천(雷川), 시호는 문열(文烈)이다. 1096년 과거에 급제한 후 사록참군사, 중서사인, 어사대부, 호부상서 한림학사승지 등을 거쳐 1132년 수사공 중서시랑 동중서문하평장사에 올랐으며 이자겸의 난과 묘청의 난 당시 반란군을 진압한 공로로 수충정난정국공신에 책록된 정치가이다. 정치적 불화로 탄핵되어 양주방어사로 좌천되었다가 사면된 후 정치적 보복이 두려워 1142년 스스로 사직하였다. 관직에서 물러난 이후 왕명에 따라 「三國史記」의 체제를 작성하고 사론을 직접 썼다. 1153년에는 중서령에 추증되었고, 인종 묘정에 배향되었으며 문집을 20여 권 편찬한 유학적 소양이 풍부한 유학자였다.

5 일연(1206-1289년)은 경북 경산 출신의 승려로 속성명은 김견명(金見明), 자는 회연(晦然)·일연(一然), 호는 무극(無極)·목암(睦庵), 시호는 보각(普覺), 탑호는 정조(靜照)이다. 1219년 전라도 광주 무량사에서 승려가 되었고, 1227년 승과에 급제한 후 삼중대사, 선사, 대선사가 되었다. 이후 선월사 주지를 지냈고, 대장경 낙성회(大藏經落成會)를 조직하여 맹주가 되었다. 1277년 운문사 주지가 되었고, 1284년 경상북도 인각사를 중건하였으며, 궁궐에서는 구산문도회를 여는 한편 국존으로 추대되었고 1289년 다시 귀향하여 수도에 정진하다 열반하였다. 일연은 주체적인 역사의식을 갖고 고려 후기 이민족의 침략과 무신정변 등으로 혼란스러웠던 시기 민족의 자주의식을 고취시키기 위하여 「三國遺事」뿐만 아니라 「語錄」, 「界乘雜著」, 「祖圖」 등 100여 권의 서적을 저술한 학자이다.

몽골의 침략으로 사회 전반에 걸쳐 역사적 전통을 강조하는 민족주의가 대두되었다. 고려민은 서로 하나라는 이론을 정립하기 위하여 국조를 단군으로 합일화시켜 단결심을 높이고자 승려 일연은 「삼국유사」를 집필하였다.

이처럼 관(官)과 유교 중심의 「삼국사기」와 민(民)과 불교 중심의 「삼국유사」는 고려 중·후기의 민족적 정체성 확립이라는 공통된 주제를 가지고 서로 상반된 입장에서 정리한 역사서이다.

각 역사서의 서문을 통해 내포하고 있는 의미를 알아보려 한다. 먼저 「삼국사기」의 서문은 다음과 같다.

신하 김부식이 아뢰오니, 고대의 열국에서도 각기 사관을 두어 시사(時事)를 기록한 일이 있으므로, 옛날 맹자가 "진의 승, 초의 도올, 노의 춘추가 다 한가지라."고 하였습니다. 이 해동의 삼국도 역사가 오래되어 마땅히 유구한 역사의 사실들이 여러 방법의 기록이나 계책들이 분명히 존재하므로 왕의 명으로 늙은 신하로 하여금 편집하도록 왕명을 내리었으니 스스로 돌아보건대 부족함이 많아 어찌할 바를 모르겠습니다.

생각건대 성상 폐하께옵서는 당우(唐虞)의 문사를 갖추시고 하우(夏禹)의 근검을 본받으사 바쁘신 여가에 전대의 서사를 두루 많이 읽어보도록 하여 주시옵소서. 지금의 학사대부가 오경·제자의 서(書), 진한역대의 사기(史記)에 대하여는 혹 널리 통하여 자세히 말하는 사람이 있으나, 도리어 우리나라의 일에 이르러서는 망연히 그 처음과 끝을 알지 못하니 매우 통탄할 일입니다.

하물며 신라·고구려·백제의 삼국이 정립하여 능히 예로써 중국과 교통하였으므로 범엽의 (후)한서(漢書)나 송기의 (신)당서(唐書)에는 모두 열전이 있지만, (중국)국내(國內)에 관한 것을 상세히 쓰고 외국(外國)은 간략하게 실려 있습니다. 또 고기(古記)의 문자는 거칠고 졸렬하고 사실의 자취가 빠지고 없어진 부분이 많습니다. 이런고로 왕의 선악과 신하의 충사, 나라의 안위, 백성의 반란이 모두 들어 있지 않습니다. 후세에 모범을 보이고 권장하고 징계를 하려면 반드시 삼장(三長)의 재(才)를 얻어 어려움을 극복하여 한나라의 역사를 완성하여 남겨주고 일성처럼 비추게 하겠습니다.

신은 본래 재주가 없고 또 깊은 지식도 없으며 노년에 이르러서는 정신의 어두움이 더하여 비록 독서를 부지런히 하여도 책만 덮으면 곧 잊어버리고, 붓을 잡아도 무력하고 종이를 대하면 써내려가기가 어렵습니다. 신의 학술이 이처럼 천박하여 앞의 말과 지나간 일들이 저와 같이 그윽하고 희미합니다. 이렇기 때문에 정신을 가다듬고 힘을 다하여 겨우 편술을 완성하였으나, 결국 보잘것이 없어 스스로 부끄러울 뿐입니다.

엎드려 바라오니 성상 폐하께서는 뜻만 클 뿐 소략하여 처리한 것을 헤아려 주시고, 함부로 만든 죄를 용서하여 주신다면 비록 명산에 비장할 거리는 되지 못하나 장독 덮개와 같은 무용의 것으로 여기지 말기를 바랍니다. 구구한 범상의 뜻은 천일이 비추어 내려다 볼 것입니다.[6]

「삼국사기」는 1145년 김부식이 주체가 되어 최산보, 이온문, 허홍재, 서안정, 박동계, 이황중, 최우보, 김영온 등의 참고(參考)와 김충효, 정습명 등의 관구(管句) 등 총 11명의 편사관이 인종의 명을 받아 편찬한 삼국시대의 정사(正史)이다. 중국과 우리나라의 각종 고서[7]가 거칠고 졸렬한 필체와 소략된 부분이 많아 우리만의 시각으로 재편집하여 정리하였다. 고대 역사서에 등장하는 비현실적인 내용은 철저하게 배제하였고 유교적 입장에서 합리성과 객관성을 바탕으로 권장 및 징계할 부분을 사실(史實) 위주로 서술하였다.

---

6 「三國史記」의 서문은 김부식이 인종에게 보고하는 형식으로 서술하였기 때문에 경어체로 번역하였다. (필자주)

7 우리나라 고서는 「古記」, 「三韓古記」, 「新羅古史」, 「舊三國史」, 「高僧傳」, 「花郎世紀」, 「鷄林雜傳」, 「帝王年代曆」 등이 있고, 중국 고서는 「三國志」, 「後漢書」, 「晉書」, 「魏書」, 「宋書」, 「南北史」, 「新唐書」, 「舊唐書」, 「資治通鑑」 등이 있다.

「삼국사기」는 본기(本紀), 지(志), 표(表), 열전(列傳)으로 구성되어 있다. 본기는 신라 12권, 고구려 10권, 백제 6권으로 구분하여 정치, 전쟁, 외교, 천재지변 등을 기록하였고, 지는 제사(祭祀)·악(樂)·색복(色服)·거기(車騎)·기용(器用)·옥사(屋舍)·지리(地理)· 직관(職官) 등을 기록하였다. 표는 기원전 57년부터 기원후 935년까지 연표로 간략하게 정리하였다. 열전은 70여 명의 인물을 위국충절의 입장에서 정리하였다.

다음으로 「삼국유사」의 서문은 다음과 같다.

서(敍)하여 말한다.

대체로 옛날 성인은 예절과 음악을 가지고 나라를 세웠고, 인과 의를 설교하였다. 그런데 괴력난신(怪力亂神)에 대해서는 말하지 않았다. 하지만 제왕이 일어날 때에는 반드시 부명(符命)을 얻고 도록(圖錄)을 받기 때문에 보통 사람과는 다른 점이 있다. 그러한 연후에 대변의 기회를 타서 대기를 잡아 대업을 이룰 수 있었다.

고로 하수에서 그림이 나왔고, 낙수에서 글이 나와 성인이 일어났다. 무지개가 신모의 몸을 두르더니 복희를 낳았고, 용이 여등에게 교접하더니 염제를 낳았다. 황아가 궁상이라는 들판에서 노는데 자칭 백제(白帝)의 아들이라는 신동이 나서 황아와 사귀더니 소호를 낳았다. 간적은 알(卵) 하나를 삼키더니 설을 낳았고 강원은 한 거인의 발자취를 밟고서 기를 낳았다. 요의 어머니는 잉태한 지 14개월이 된 뒤에 요를 낳았고, 패공의 어머니는 용과 큰 못에서 교접해 패공을 낳았다. 이 뒤로도 이러한 일이 많지만 여기에선 다 기록할 수가 없다. 이렇게 볼 때 삼국 시조가 모두 신비스러운 데서 나왔다고 하는 것이 어찌 괴이할 것이 있으랴. 이 기이편(紀異篇)을 이 책의 첫머리에 싣는 것은 그 뜻이 실로 여기에 있다.

「삼국유사」는 1281년 일연이 불교사관에 입각하여 편찬한 삼국시대 야사(野史)이다. 「삼국사기」에서 지나치게 합리성을 강조하여 소홀하게 다룬 자료들을 주목하여 단군조선, 삼국, 가야, 이서국[8] 등의 신화, 전설, 신앙과 불교 설화 및 향가 등을 기술하였다.

「삼국유사」는 5권에 9개의 편목으로 구성되어 있다. 1 ~ 2권에는 왕력(王曆)과 건국 및 왕의 사적을 다룬 기이(紀異)를 기록하였고, 3권에는 흥법(興法), 탑상(塔像) 등 불교 승려의 사적과 불상 등의 일화를 기록하였고, 4권에는 의해(義解)인 고승들의 학업과 공적을 다루었고, 5권에는 신주(神呪), 감통(感通), 피은(避隱), 효선(孝善) 등으로 정리하였다.

2. 「삼국사기(三國史記)」 기재 음식의 과학성

「삼국사기」에 기재된 음식인 술, 장류, 젓갈, 포, 콩 등은 선조들이 인지하지 못하였으나, 자생적으로 발전한 과학적인 음식이다.

(1) 술은 알코올로 고대부터[9] 현대까지 전 계층이 두루 즐긴 과학적 음식이다. 「삼국사기」에는 "여름 4월, 죄수들을 석방하였다. 노인들에게 술과 음식을 하사하였다".[10] 11년 가을, 곡식이 잘 익지 않았기 때문에 백성들이 사사로이 술 빚는 것을 금하였다.[11]라고

---

8 이서국은 삼한시대 변진(弁辰) 계통의 소국으로 지금의 경상북도 청도군 이서면에 있었던 것으로 추정된다.
9 범의구석유적, 오동유적, 요동반도의 쌍타자유적, 장군산유적 등을 비롯한 고조선의 여러 유적지에서 술잔이 출토되었다. 이는 선사시대 수렵에서 얻은 과실주, 유목에서 얻은 젖술(乳酒), 농경에서 얻은 곡주 등을 마셨던 것으로 사료된다. (김동실, 「한국 고대 전통음식의 형성과 발달」, 상명대학교 석사학위논문, 2008, 27쪽.)
10 「三國史記」第八. 新羅本紀第八. 聖德王.
11 「三國史記」第二十三. 百濟本紀第一. 多婁王.

기록되어 있으며, 이외에 「삼국유사」에서도 술은 자주 등장한다.[12] 우리나라의 술은 중국의 화북과 산동지역의 동이족 술문화에서 비롯된 것으로 삼국시대에는 발효기술이 발달되어 누룩을 이용한 양조법에 성행하였다. 이후 통일신라시대에는 맑게 거른 청주(淸酒)가 빚어졌고, 고려시대에는 송의 양조법의 영향을 받아 누룩뿐만 아니라 청주, 탁주, 약용주 등의 술이 만들어져 종류가 다양해졌으며, 후기 몽고를 통해 소줏고리와 증류수를 빚는 방법이 보급되어 소주가 일반화되었다. 조선시대에는 양조법의 다양화와 술의 고급화로 술의 품질이 향상되어 술문화가 절정기를 이루었다. 그러나 1909년 주세령으로 민가에서 술 빚는 것이 금지되었고, 광복 이후 제3공화국의 대대적인 밀주단속으로 우리의 술문화가 급속하게 무너졌다. 다행히 1988년 올림픽을 기점으로 전통문화 보존을 위한 토속주 재현이 활발하게 진행되어 민속주가 서서히 다시 자리를 잡았으나 소주, 맥주, 양주 등에 밀려 전통 술은 큰 호응을 얻지 못하였다. 그럼에도 국내 전통주 명인들은 술의 세계화를 이룩하기 위하여 동분서주하고 있다.[13]

「삼국사기」에 등장하는 술은 누룩을 이용한 발효법으로 제작하였다. 발효는 미생물이 살아가기 위해 자신이 가지고 있는 효소를 이용해 유기물을 분해시키는 과정으로 우리 생활에 유용하게 사용되는 것을 지칭한다.

처음에는 쌀 등의 전분질 곡물에 빗물이 들어가고 야생의 곰팡이균이 접촉되면 전분질

---

12 「三國遺事」에 따르면 신라의 눌지왕 10년(426년)에 왕이 친히 여러 신하와 나라 안의 여러 호협한 사람들을 모아 잔치를 베풀었는데, 술이 세 순배 돌게 되자 모든 음악이 시작되었다(「三國遺事」卷一 紀異 第一 奈勿王 金堤上條). 후백제의 견훤은 금산사에 후궁과 나이 어린 남녀 2명, 시비 고비녀, 나인 능예남 등과 함께 갇혀 있었다. 4월에 술을 빚게 하여 지키는 장사 30명에게 먹여 취하게 한 후 고려로 도망해 왔다(「三國遺事」卷二 紀異 第二 後百濟甄萱條). 가야에서는 매년 명절이면 술과 단술 을 만들고 떡과 밥, 차, 과일 등 여러가지를 갖추어 제사를 지냈으며, 한 해도 거르지 않았다. (「三國遺事」卷二 紀異 第二 駕洛國記條)

13 예를 들어 안동소주 박재서(전통식품명인 제6호)명인의 경우 쌀, 누룩, 물을 혼합하여 1 - 2단계는 13일, 2 - 3단계는 15일 등 한달가량을 거쳐 증류하던 것을 고지대의 지하 270mdml 암반수를 이용하여 100일간 숙성하여 외국인이 싫어하는 누룩 냄새를 제거하고 세계시장에 출시하고 있다. (이권효, 「3단계 증류...45도에도 순하고 깔끔」, 「동아일보」, 2010.1.8.)

은 당으로 다시 야생의 효모에 의해 화학적 변화를 일으키는 발효가 이루어지면서 자연스럽게 술이 탄생되었다. 이러한 원리를 터득한 선조들은 쌀, 보리, 밀, 옥수수 등을 갈아 반죽한 결과 액화효소, 당화효소, 효모 등을 함유한 누룩을 만들 수 있게 되었다. 곡물, 물, 누룩을 항아리에 넣고 두꺼운 천으로 입구를 봉하여 진공상태를 만들면 스스로 촉매작용을 통하여 술이 탄생하게 되는 것이다.[14] 이때 누룩이 적으면 전분의 당화가 불충분하여 맛이 밋밋하거나 오염될 수 있고, 반대로 많으면 맛이 진하고 누룩향이 강하여 거부감을 일으킬 수 있기 때문에 곡물 대비 누룩의 양을 늘 일정하게 유지해야 알맞은 술을 만들 수 있었다.

또한 쌀과 누룩을 혼합하여 밀봉하지 않은 상태로 오랜 시간이 흐르면 자연히 식초가 되었다. 즉, 술의 발달은 식초의 발견으로 이어졌고, 음식에 식초를 첨가함으로써 미생물의 발육을 제거하고 조미효과를 얻을 수도 있게 되었다.

(2) 장류, 젓갈, 포는 모두 뛰어난 저장법을 활용하여 만든 과학적 음식이다. 「삼국사기」에는 "3년 봄 2월, 순지를 중시로 임명하였다. 일길찬 김흠운의 딸을 부인으로 삼기로 하고, 먼저 이찬 문영과 파진찬 삼광을 보내 기일을 정하고, 대아찬 지상을 보내 납채를 하였는데, 폐백이 열다섯 수레, 쌀·술·기름·꿀·간장·된장·포·젓갈이 135수레, 벼가 150수레였다."[15]라고 기록되어 있다. 여기에 나오는 장류, 젓갈, 포는 발효법, 염장법, 건어법 등으로 만든 음식이다. 장은 쌀, 조 등을 끓여서 뜨거울 때 항아리에 넣고 맑은 물을 부은 다음 봉하여 발효시킨 것으로 소금과 달리 짠맛 이외에 아미노산 (amino acid)과 비타민(vitamin)의 영양소가 있어 영양상 유리하다.[16] 젓갈은 어패류, 수조육류의 절임인 젓갈과 채소류의 절임인 장아찌류, 김치 등을 말한다. 이러한 젓갈은

---

14 김경환, 이종기, 「전통주 속의 과학기술」, 「과학관 육성방향 연구」, ㈔한국과학관협회, 2009, 146쪽.

15 「三國史記」第八, 新羅本紀第八, 神文王.

16 이기열, 「전통 음식의 과학적인 재조명」, 「韓國 生活 科學 硏究」3, 漢陽大學校 韓國生活科學硏究所, 1985, 480쪽.

식품에 첨가한 소금의 삼투압작용으로 식품이 탈수되어 세균이 생육하는 데 필요한 수분이 감소되고 식품에 붙어 있던 세균도 원형질 분리가 일어나 미생물 생육이 억제되는 염장법으로 만들어진다.

젓갈은 감칠맛 등을 주어 식욕제로 유리하며 비타민 B_{12}(vitamin B_{12}) 또는 비타민 A(vitamin A), 비타민 B 복합체(vitamin B complex), 아미노산(amino acid) 등을 얻을 수 있다.[17] 김치는 채소가 없는 겨울철 비타민 C(vitamin C)의 공급원으로 식물섬유가 많아서 변비를 막아주고 콜레스테롤의 축적을 막고 대장암을 예방하는 효과가 있다.[18] 삼국시대 김치는 고추가 유입되기 이전으로 백짠지에 가깝다.

포는 선도 저하와 부패방지를 위해 생선의 내장, 머리, 생식소 등을 제거하고 말리는 건어법으로 만드는 음식이다. 포의 재료에는 햇빛을 쬐어 그대로 말리는 소건법(素乾法), 얼려서 말리는 동건법(凍乾法), 소금에 절여서 만드는 염건법(鹽乾法) 등을 활용한 오징어, 김, 미역, 북어, 당면, 한천, 조기, 굴비 등이 있다.

(3) 콩은 영양분이 뛰어난 음식으로 밭의 소고기로 불리는 과학적 음식이다. 「삼국사기」에는 "서리가 내려 콩이 죽었다."[19]라는 기사가 자주 등장하는데, 이를 볼 때 콩의 재배가 활발하였음을 알 수 있다. 선사시대부터 시작된 농업은 차츰 기술력이 향상되어 벼뿐만 아니라 보리, 콩, 팥 등의 잡곡을 비롯한 여러 종류의 곡물을 재배할 수 있었다. 잡곡은 벼만으로 얻을 수 없었던 영양분을 공급할 수 있었고, 균형 잡힌 식단을 유지하는 원동력이었다.

---

17 이기열, 「전통 음식의 과학적인 재조명」, 『韓國 生活 科學 硏究』3, 漢陽大學校 韓國生活科學硏究所, 1985, 480쪽.
18 이기열, 「영양과학면에서 본 한국의 전래음식」, 『仁濟食品科學FORUM論叢』1, 仁濟大學校食品科學硏究所, 1993, 40쪽.
19 신라 일성이사금 6년과 23년(『三國史記』第一. 新羅本紀第一. 逸聖尼師今), 신라 니해이사금 27년(『三國史記』第二. 新羅本紀第二. 奈解尼師今), 신라 지증마립간 10년(『三國史記』第四. 新羅本紀第四. 智證麻立干), 백제 기루왕 23년 (『三國史記』第二十三. 百濟本紀第一. 己婁王) 대에는 콩이 서리로 피해를 보았다.

콩은 단백질 38%, 지방 18%, 사포닌(saponin), 비타민 A(vitamin A), 비타민 B_1(vitamin B_1), 비타민 B_2(vitamin B_2), 비타민 E(vitamin E), 니아신(niacin), 콜린(choline), 칼슘(calcium), 나트륨(natrium), 인(phosphorus), 철(ferrum) 등을 함유하고 있는 음식으로 곡물에서 부족한 양양소를 채워주었다. 콩의 단백질은 쌀보다 우수하고, 지방은 불포화지방산이 많아 콜레스테롤을 감소시키며 동맥경화를 막아준다. 콩의 사포닌은 노화방지와 지방 합성억제에 유효하며, 당뇨병을 다스리고 대장암을 예방할 수 있다.[20]

3. 「삼국유사(三國遺事)」 기재 음식의 과학성

「삼국유사」에 기재된 음식인 쑥, 마늘, 떡, 꿩, 마 등은 의약적 효능을 지니고 있는 과학적 음식이다.

(1) 쑥과 마늘은 향신료이며 영양분이 많은 과학적 음식으로 「삼국유사」 기이편에 실린 단군설화에 등장한다. "범 한 마리와 곰 한 마리가 같은 굴속에 살면서 항상 신웅에게 빌어 사람이 되기를 원하였다. 이때 신웅이 신령스러운 쑥 한 줌과 마늘 20개를 주면서 말하였다. '너희들이 이것을 먹고 백 일 동안 햇빛을 보지 않으면 곧 사람이 될 것이다.'

곰과 범이 이것을 받아서 먹고 삼칠일을 조심했다. 곰은 여자의 몸으로 변했으나, 범은 조심을 못해서 사람의 몸으로 변하지 못했다. 웅녀는 혼인해서 같이 살 사람이 없으므로, 날마다 단수 밑에서 아이 갖기를 축원했다. 환웅이 이에 임시로 변하여

---

20 이기열, 「영양과학면에서 본 한국의 전래음식」, 「仁濟食品科學FORUM論叢」1, 仁濟大學校食品科學硏究所, 1993, 37 ~ 38쪽.

그와 혼인하였다. 잉태하여 아들을 낳으니 단군 왕검이라 불렀다."21라고 기록되어 있다.

이 유명한 이야기는 고조선 건국신화로 천체의 아들 환웅이 범과 곰에게 쑥과 마늘을 주어 사람이 되도록 유도하였다는 내용이다. 쑥과 마늘을 의약품으로 인식하여 환웅이 범과 곰에게 사용한 것은 최초의 식이요법이라 할 수 있다. 쑥은 냉으로 인한 생리불순과 자궁출혈 등에 좋은 효능을 지니고 있으며, 미국 FDA에서도 항암식품으로 인정하였다. 여름에는 모기를 쫓고 찜과 뜸의 재료로 몸의 피로를 풀어주기도 하였으며, 지혈제로도 사용하였다. 마늘은 혈압을 낮추고 각종 피부장애에 효과가 있으며, 과거 불로장생과 정력 보강에 특효가 있는 음식으로 여겼다. 마늘의 알리신 (allicin) 성분은 체내 당질대사에 필요한 비타민 B_1(vitamin B_1 ; thiamin)의 흡수를 도와주어 소화율을 높이는 음식으로 당질 위주의 음식생활에 영양적이다.22 이처럼 쑥과 마늘은 영양과학적으로 뛰어난 음식이다.

(2) 떡은 곡물을 응용한 영양과 기호를 모두 충족시켜 주는 과학적 음식이다. 「삼국유사」에는 "박노례 임금이 처음에 매부인 탈해왕에게 왕위를 물려주니 탈해가 말했다.'대개 덕이 있는 사람은 이(齒)가 많은 법이어서 잇금을 가지고 시험을 하여 봅시다.' 이에 떡을 물어 시험을 하여 보니 왕이 이가 많았으므로 먼저 왕위에 올랐다. 이로 인하여 왕을 이질금이라고 한 것이다. 잇금의 칭호는 이때부터 시작되었다."23

"설병(舌餅) 한그릇과 술 한 병을 가지고 좌인을 거느리고 가니 낭의 무리 백삼십칠인이 예의를 갖추고 따랐다."24라고 기록되어 있다.

---

21 「三國遺事」卷一 紀異 第一 古朝鮮條.
22 이기열, 「영양과학면에서 본 한국의 전래음식」, 「仁濟食品科學FORUM論叢」 1, 仁濟大學校食品科學硏究所, 1993, 480쪽.
23 「三國遺事」卷一 紀異 第一 第三代 弩禮王條.
24 「三國遺事」卷二 紀異 第二 孝昭王代竹旨郞條.

떡은 동아시아에서 신석기시대부터 갈들과 시루 등을 이용하여 곡식가루를 찌거나 삶아 익힌 음식으로 오랜 역사성을 지니고 있다. 여기에 나오는 떡은 이(齒)의 개수를 확인하거나 설병(舌餠)의 표현에서 알 수 있는 인절미나 절편과 같은 친떡이다. 친떡은 곡식을 그대로 또는 가루 내어 익힌 다음 절구로 쳐서 만든 떡으로 표면에 떡살을 이용하여 다양한 문양을 찍는 경우도 있는데 이것이 바로 절편이다. 이와 같은 떡은 다양한 재료를 배합하여 만들기 때문에 떡만으로도 당질과 단백질 등을 얻을 수 있는 과학적인 음식이다.[25]

(3) 꿩은 기력 증강을 위한 과학적 음식으로 「삼국유사」 "왕은 하루에 쌀 서말과 꿩 아홉 마리를 잡수셨는데 660년 백제를 멸한 후에는 점심은 그만두고 아침과 저녁만 들 뿐이었다. 그래도 하루를 계산하여 보면 쌀이 여섯 말, 술이 여섯 말, 그리고 꿩이 열 마리였다."[26]라고 기록되어 있다.

꿩은 필수아미노산을 함유한 저지방고단백질식품으로 소화율이 높고, 간 기능 강화와 피부염증에 효과가 있다. 이러한 꿩을 대량으로 풍부하게 먹을 수 있었던 것은 당시 사냥과 목축을 통해 짐승의 원활한 공급이 가능했고, 육류를 굽거나 찌는 방법으로 조리하여 저장하였기 때문이다. 고구려 고분벽화인 안악 3호분의 육고도(肉庫圖)에는 육류를 오래 저장할 수 있는 방법으로 꿩, 돼지, 노루 등을 걸어놓고 털을 완전히 벗겨내 훈연(燻煙)하는 장면이 그려져 있다.

훈연법은 대표적인 식품 저장법으로 육류나 어류를 장기간 저장하고 풍미를 주어 맛을 좋게 하는 것으로 육류나 어류를 소금에 절인 후 참나무, 자작나무, 호두나무 등의 목재를 불완전 연소시켜 건조시키는 방법으로 이때 발생하는 연기에 함유된

---

25 주영하, 「전통 음식과 기술의 문화체계」, 「仁濟食品科學FORUM論叢」7, 仁濟大學校食品科學硏究所, 1999, 43쪽.
26 「三國遺事」卷一 紀異 第一 太宗春秋公條.

방부성물질에 의해 미생물의 생육이 억제되어 저장성을 높이며 독특한 향기와 맛을 낸다.

(4) 마는 영양과학 측면에서 건강에 꼭 필요한 과학적 음식이다.

「삼국유사」에는 "제30대 무왕의 이름은 장이다. 그 어머니가 과부가 되어 서울 남쪽의 못가에 살았는데 그 못 속의 용과 관계하여 장을 낳게 되었다. 어릴 때의 이름은 서동이라 불렀는데, 재주가 뛰어나고 도량이 넓어 헤아리기 어려웠다. 항상 마를 캐다 팔아 생계를 꾸렸으므로 사람들이 그를 서동이라고 불렀다."[27]라고 기록되어 있다.

삼국시대 마는 극빈한 상황 속에서 살아남기 위해 산과 들에 있는 자연식품을 찾아나서게 됨으로써 개발된 구황식품이었다. 마는 두툼한 덩이로 된 뿌리로 줄기는 연한 자줏빛이고 잎은 마주나거나 어긋나고 끝이 뾰족한 식물이다. 마는 지사제, 강장제로 쓰이는 약재로 녹말이 많이 들어 있어 굽거나 쪄서 먹거나 날것을 갈아서 먹는 건강식이다. 생존을 위한 선조들의 필요와 과학적 지식이 접목되어 탄생한 음식이다.[28] 현 시점에서는 기근을 피하기 위해 먹었던 마가 성인병의 예방 측면에서 좋은 음식이 될 수 있을 것이다.

---

27 「三國遺事」卷二 紀異 第二 武王條.
28 정혜경, 「문화와 과학의 만남에서 본 한국전통음식」, 「仁濟食品科學FORUM論叢」7, 仁濟大學校食品科學研究所, 1999, 99쪽.

제 5 부

영월 축제

우리나라는 1952년 지방자치제도가 도입되었으나, 1961년 잠시 중단되었다가 1991년 다시 부활되었다. 이후 1995년 6월 27일 제1회 전국동시지방선거가 진행되면서 본격적으로 지방화시대가 열리기 시작하였다. 이로써 전국적으로 지역경제를 활성화하고, 지역의 자생력을 가지기 위하여 지역 문화자원을 재조명하고 이를 바탕으로 지역마다 특색 있는 문화행사를 만들어 지역의 이미지를 새롭게 창조할 수 있는 여러 형태의 문화사업이 실시되고 있다.

이 중, 문화산업 관련 장소마케팅인 지역 축제는 지역주민들이 공유하고 있는 역사와 문화를 특별한 프로그램으로 제공하여 지역주민의 결속력과 자긍심을 높이는 행사라 할 수 있다. 하지만 최근 지역 축제가 경쟁적으로 개최됨으로써 지나치게 많은 유사 축제행사로 인한 예산 낭비, 전시성 행사 등의 문제점이 드러나고 있다.

이에 영월의 축제현황을 개괄적으로 분석하여 향후 영월 축제가 주민화합과 지역발전에 기여할 수 있는 축제가 될 수 있도록 발전방안을 제시하는 한편, 창조도시이며 박물관고을특구인 영월의 박물관들과 연계하면서 박물관도 상생할 수 있는 길을 모색하고자 한다.

1. 지역 축제의 이론적 고찰

1) 축제의 개념

축제는 인류와 역사와 함께 시작된 개념으로 시대와 지역을 초월하며, 전 세계인들이 즐기는 일(事)이다. 축제에 대한 정의는 학자마다 모두 다른데, 이를 정리하면 다음과 같다.[1]

〈축제의 개념〉

구분	정의
Getz	일반시민의 주제가 있는 기념(일반대중이 참여하지 않는 축제는 진정한 축제가 아니라고 정의)
L. Fredericksen	개인 또는 공동체에서 특별한 의미가 있거나 결속력을 주는 사건 또는 시기를 기념하여 의식을 행하는 행위
Balandier	동요와 풍성함 속에서 근원적 혼란을 야기시키는 혁신적인 기도
Durkheim. E	성(聖)과 속(俗)의 구분이 없어지는 사회적 통합 행위
Falassi	종교적 또는 세속적인 축하의식의 시간을 경축하는 특별한 관례로 일종의 전시 박람회이며 연중행사
Jean Duvignaud	모호한 일상생활의 습관과 규칙을 지키는 타성에서 벗어나는 것
김규원	일상적인 것들을 걷어치우고 정해진 시간 동안 무엇인가를 경축, 긍정, 기념하는 특수한 시간을 갖는 것
야은숙	생활공동체를 기반으로 성립되어 그 집단의 구성원들이 벌이는 제사이고 잔치이며 놀이
문화체육부	탈종교화·탈지역화되고 있는 현대 사회의 카오스적인 흐름에 맞서 일정한 지리적 범위 내에서 지역의 정체성과 공동체성을 회복하고 역내 지역의 동질성과 자립을 추구하는 대별되는 의미를 지닌 것

---

1 신혜영의 논문, 박인철의 논문, 문화체육부 재조합(신혜영, 「문화예술축제 참여주체의 역할 분석 - 과천마당극제를 사례로-」, 서울대학교 석사학위논문, 2002, 5쪽 ; 박인철, 「지역축제의 문제점과 개선방안에 관한 연구 - 대전광역시를 중심으로 -」, 고려대학교 석사학위논문, 2009, 6쪽 ; 문화체육부, 「한국의 지역축제」, 문화체육부, 1996, 15쪽.)

즉, 축제는 개인이나 공동체에 특별한 의미가 있는 날, 기간에 행하는 의식과 부수적인 행위들을 의미하는 것으로 세월이 흐르면서 종교적인 제의보다는 휴식과 유희를 위한 것으로 변화하고 있다. 축제는 현실에서 잠시 벗어날 수 있는 기회를 제공하며, 공동체의식을 형성하여 집단의식의 체화로 인한 공동체의 견고화를 이룰 수 있게 해준다.

2) 축제의 효과

축제는 지역의 문화발전과 경제의 활성화를 이룰 수 있으며 지역문화를 보존하고 전수함과 동시에 지역문화를 널리 홍보하는 등 지역사회에 끼치는 파급효과가 크다. 축제의 효과는 경제적·사회적·환경적인 면을 긍정적인 측면과 부정적인 측면으로 나누어 살펴볼 수 있다.[2]

<축제의 효과>

구분	긍정적인 측면	부정적인 측면
경제적인 면	• 회화획득 • 고용창출 • 소득증대 • 경제구조의 개선	• 토지세의 상승으로 부동산 투기 유발 • 타 산업에 대한 고용의 불안정성 • 외지자본 의존에 의한 대외종속
사회적인 면	• 교육적 효과 • 정보교환 촉진 • 상호이해 증진 • 사회, 인종, 종교적 장벽 타파 • 새로운 사상의 도입 • 문화교류 • 전통문화예술의 발전 • 향토애 고취	• 문화적 갈등 • 외국인 위화감 조성 • 가치관의 혼란 • 범죄의 증가 • 도박 및 매춘 • 알코올 및 약물중독 • 문화의 상품화로 인한 변질 • 퇴폐풍조 고조
환경적인 면	• 자연적 환경의 보존 • 하부구조의 개발에 따른 생활환경 수준의 개선	• 수질오염 • 대기오염 • 동식물의 생태변화 • 쓰레기 처리 문제 • 교통혼잡 및 소음 공해 • 건축공해

---

2 유승우, 「지역축제가 농촌지역 활성화에 미치는 영향」, 한국농촌경제연구원, 2004, 25쪽.

3) 축제의 유형

축제의 유형을 분류하는 기준은 아직 명확히 정립되어 있지 않다. 다음의 표는 문화체육부에서 축제의 개최 목적과 프로그램 구성형식에 따라 분류한 축제의 유형에 대한 내용이다.[3]

<축제의 유형>

분류기준	유형	내용
개최목적	주민화합축제	해당 지역에서 전통적으로 개최되어 온 전통문화축제로 시·군민의 날을 기념하여 개최하는 축제
	관광축제	관광객의 유치와 관광수입 증대를 통한 지역경제발전을 목적으로 개최하는 축제
	산업축제	관광축제를 제외한 다른 산업분야로 농림축산업, 어업, 상업 등의 발전을 목적으로 개최하는 축제
	특수목적축제	환경보호, 역사적 인물, 사실을 추모하거나 재현하는 것을 목적으로 개최하는 축제
프로그램 구성형식	전통문화축제	지역의 전승설화나 풍습에 유래하여 개최되는 축제로 전통적인 제례의식, 전통의식, 전통예술 및 민속놀이 위주로 구성된 축제
	예술축제	축제의 프로그램 구성의 문학, 미술, 음악, 무용, 연극 등 서구문화적이거나 현대적인 전시예술 및 공연 위주로 구성된 축제
	종합축제	축제의 프로그램 구성이 전통문화축제 형식, 예술축제 형식, 체육행사 및 현대적인 오락 프로그램 등으로 혼재되어 있는 축제
	기타 축제	체육행사를 비롯한 오락프로그램 위주의 축제로 아가씨 선발대회 위주의 축제, 추모행사 형식 및 이와 관련된 학습행사 등으로 구성된 축제

---

3 김충회, 「지역축제의 활성화 발전 방안 연구 - 대전광역시 서구 갑천문화제를 중심으로 -」, 배재대학교 석사학위논문, 2011, 11쪽.

2. 영월지역 축제

1) 영월지역 특성

'영월(寧越)'이란 지명은 '편안하게 넘어간다'는 뜻을 지닌 한자 표기로, 그 어원처럼 태백산맥을 넘어 강원, 충북, 경북을 잇는 교통의 요충지이다. 영월은 서강과 동강의 수려함을 바탕으로 박물관 고을특구로 지정된 문화예술이 살아 숨 쉬는 도시이다.

영월은 우리나라의 대표적인 석회암 지대로서 영월에 있는 여러 동굴 곳곳에서 선사시대부터 인류가 살아왔던 흔적이 발견되고 있다. 특히, 연당쌍굴과 공기리2굴에서는 빗살무늬토기, 조가비장식, 각종 패각류 등의 선사시대 유물이 출토되고 있다. 이러한 인류의 등장과 발전을 통해 영월은 삼한시대에는 진한의 일부분이었다.

삼국시대 백제의 영역에 속했던 영월은 100가구가 넘게 살았다 하여 고이왕 때 백월(百越)이라 불렀다. 이후 고구려의 세력이 성장하여 남하하면서 고구려의 속령이 되어 내생현(奈生縣)으로 변경되었다.

신라가 삼국을 통일하고 전국을 9주 5소경체계로 정비하면서 평창, 주천, 영춘과 함께 명주(溟州) 소속의 내성군(奈城郡)이 되었다.

고려시대 초기 행정조직이 10도에서는 중원도 원주군에 속하였으나, 5도 양계로 변하면서 양광도에 편입되었다. 1167년 드디어 지금의 지명인 영월현이 되었고, 1372년 공민왕 때에는 영월 출신 환관 연달마실리(延撻磨失里)가 공을 세워 영월군으로 승격되었다.

조선시대 초기 영월은 강원도에 귀속되어 지군사(知郡事)가 다스렸고, 1457년 단종이 노산군에서 다시 서인으로 강등되면서 영월로 유배를 왔고, 그 해 죽음을 맞이한다. 1698년 숙종 때 단종이 복위되면서 그 능묘가 있는 영월군은 도호부로 승격되어 부사가 배치되었다.

영월은 1895년 을미개혁으로 도호부에서 다시 군으로 강등되었고, 원주, 평창, 정선 등과 더불어 충주부에 편입되었다가 1896년 전국을 13도로 구획할 때 강원도로 복귀되었다.

이후 대한제국시대에는 주천현과 정선 신동면 석항리를 영월군에 편입시켰고, 일제강점기에는 영월면으로 개칭되었다.

광복 이후 1960~70년대 여러 차례 편입과 이속, 승격 등의 과정을 거치면서 비로소 지금의 영월읍, 상동읍, 중동면, 김삿갓면, 북면, 남면, 한반도면, 주천면, 수주면 등으로 이루어진 영월군이 형성되었다.

이와 같이 선사시대부터 현대에 이르기까지 뿌리 깊은 역사를 형성하고 있는 영월은 강원과 충북, 경북의 문화예술을 선도하고 있다. 이러한 지역의 정체성을 바탕으로 영월에서는 활발하게 다양한 주제의 축제가 운영되고 있다.

2) 영월지역 축제 현황

2013년 1월 31일 기준으로 서울은 108개, 부산은 41개, 대구는 35개, 인천은 29개, 광주는 8개, 대전은 18개, 울산은 11개, 경기는 74개, 강원은 76개, 충북은 53개, 충남은 64개, 전북은 54개, 전남은 38개, 경북은 41개, 경남은 70개, 제주는 28개, 세종은 4개로 총 752개의 축제가 진행되었다.[4]

이 중 2013년 영월에서 진행되고 있는 축제는 단종문화제, 동강국제사진제, 영월동강축제, 김삿갓문화제, 동강겨울축제 등이 있으며,[5] 2011년부터 격년제로 영월박물관포럼도 개최되었다.

---

4 문화체육관광부 – 문화마당 – 관광 – 지역축제
  (http://www.mcst.go.kr/web/cultureInfoCourt/localFestival/searchList.jsp) 2013년 6월 14일
5 문화체육관광부 – 문화마당 – 관광 – 지역축제
  (http://www.mcst.go.kr/web/cultureInfoCourt/localFestival/searchList.jsp) 2013년 6월 14일

구분	주최/ 주관	최초 개최연도	2013년 개최	종류
단종문화제	영월군/단종제위원회	1967	4.26~4.28	전통민속
동강국제사진제	영월군/동강사진마을운영위원회	2002	7.19~8.18	문화예술
영월동강축제	영월군/동강축제추진위원회	1997	8.2~8.6	관광특산
김삿갓문화제	영월군/시선김삿갓유적보존회	1998	10.11~10.13	문화예술
영월박물관포럼	영월군	2011	10.21~10.24	기타 축제
동강겨울축제	영월군/영월문화원	2013	1.11~2.3	기타 축제

(1) 단종문화제

단종문화제는 계유정난으로 노산군으로 강봉되어 영월 청령포에 유배되었다가 1457년 10월 24일 죽음으로 생을 마감한 단종의 고혼과 단종복위운동을 도모한 충신들의 넋을 축제로 승화시켜 왕릉인 장릉에서 제향을 올리는 전통역사축제이다. 단종문화제는 1967년부터 지역에서 발굴한 역사적 인물을 통해 지역민을 하나로 묶고 영월을 대표하는 축제의 필요성으로 인하여 발전할 수 있었다. 단종문화제는 44년의 역사를 거쳐오면서 나름의 문화적 특성을 형성하고 있다.

단종문화제에서 열리는 조선시대 국장재현행사는 지역의 거리축제로서 영월군 일대를 개방하여 도로에 차 없는 행사를 진행하고 있다.[6] 또한 단종제위원회는 지역 내 다양한 축제전문가, 행정관료들의 의견을 수렴하여 주민들의 자발적인 참여를 유도하는 지역화합축제의 성격이 강하다. 여기에 전국 일반·학생 백일장, 학생미술대회, 민속예술경연대회, 화합한마당 등 다양한 프로그램을 구성하여 누구나 축제의 주인이 될 수 있는 부대행사를 진행하고 있다.

---

[6] 단종문화제에서 진행하는 국장재현행사는 2007년 각계의 고증을 받아 재현하였는데, 이 행렬은 문화제의 하이라이트로서 영월의 전 계층이 모두 참여하여 숭고하고 장엄하게 진행되고 있다.

(2) 동강국제사진제

사진은 역사를 기록하는 증인으로 세상과 소통할 수 있는 매우 중요한 요소이다. 영월군은 이러한 사진의 중요성을 인식하고 2001년 9월 1일 동강사진마을을 선언하면서 국내 사진문화 거점을 영월에 마련하였다. 이후 동강사진마을운영위원회 주관으로 2002년부터 동강사진축제를 개최하였다. 뿐만 아니라 동강사진축제의 성공적인 개최에 힘입어 2005년 7월 동강사진박물관이 건립되었으며, 2009년부터는 동강국제사진제로 명칭을 변경하면서 국제적인 사진행사로 위상을 높여나갔다.

동강국제사진제는 지역주민들의 참여보다는 수준 높은 전 세계 사진작가들의 작품을 관람할 수 있는 기회를 제공하고 있다. 바로 기획전, 동강사진상 수상자전, 초대전, 테마기획전, 거리설치전 등이다. 특히, 축제가 여름 휴가철에 이루어지기 때문에 많은 외부 관람객들이 영월로 유입될 수 있는 기회를 제공하고 있다.

동강국제사진제에는 사진 대가들의 작품은 물론 국내 유수 작가들의 작품 그리고 영월군 사진작가들의 작품까지 다양한 수준의 작품들이 전시되고 있다. 여기에 다양한 공개강좌와 워크숍, 포트폴리오 리뷰 등의 교육프로그램이 마련되어 초보자부터 전문가에 이르기까지 수준에 맞게 사진을 배울 수 있다.

(3) 영월동강축제

1867년 흥선대원군 집권기 영월 동강에서는 경복궁 중건에 쓰일 목재를 운반하기 위해 뗏목이 처음 사용되었다. 이후 뗏목은 영월주민들의 생활수단이자 교통수단이 되었고, 1960년대까지 계속 이용되어 왔다. 이처럼 100여 년의 세월 동안 수많은 사람들의 땀과 애환이 서려 있는 뗏목을 되살려 전통문화를 계승하는 한편, 여름철 더 많은 관광객을 유치하기 위하여 1997년부터 동강축제추진위원회에서 영월동강축제를 추진하고 있다.

영월동강축제는 여름 휴가철 동강유역에서 개최되며, 뗏목체험, 레프팅, 동강랠리 등 지역주민 외 모든 사람들이 참여할 수 있다. 이는 영월지역의 전통문화와 일상생활을 바탕으로 오락적인 측면을 강화시킨 결과이며, 부대행사 또한 각종 축하행사, 불꽃놀이, 영월문화예술단체 공연 등 볼거리 위주의 행사로 이루어져 있다.

(4) 김삿갓문화제

방랑시인 김삿갓의 본명은 김병연으로 조부인 김익순을 비난하는 시로 장원급제한 것을 수치로 여겨 일생을 삿갓으로 얼굴을 가리고 전국 각지를 돌며 방랑생활을 한 인물이다. 한평생 풍자와 해학을 담은 한시의 희작(戲作)을 통해 당시 시대상을 반영하였다. 김삿갓은 철종 14년 전남 화순에서 57세로 작고하였고, 작고한 후 3년 뒤 영월로 이장한 것을 1982년 향토사학자인 박영국 선생이 생가와 묘를 발견하여 김삿갓유적지가 형성되었다. 이후 박영국 선생의 노력으로 김삿갓유적보존회가 발족되어 1998년부터 김삿갓문화제가 진행되기 시작했으며, 2003년에는 난고문학관도 건립되었다.

김삿갓문화제에서는 가을철 지역주민이 함께 즐길 수 있는 다양한 행사와 더불어 김놀이, 민화강좌, 백일장, 민화판화체험, 짚풀공예, 혁필화 체험, 민속놀이, 길걷기 등, 난고 김삿갓 작품세계 학술심포지엄, 관광마케팅협의회공연, 민수회 특별전시 한국화 · 서각 · 시화전시 등이 열린다.

(5) 영월박물관포럼

21세기 탄광촌에서 박물관고을로 변모해 가는 영월이 앞으로 나아가야 할 방향과 역사문화콘텐츠를 모색하고자 국제학술세미나인 영월박물관포럼을 개최하였다.

세계적인 박물관 운영실무자, 미술사학자, 디자인학자들을 초청하여 학술적인 기반을 마련하였다. 학술행사는 박물관 분야에 대한 주제발표가 이루어지며, 포럼참여자들을 대상으로 영월투어, 이동박물관 등을 진행하여 모두 즐길 수 있는 행사를 마련하였다.

(6) 영월겨울축제

영월겨울축제는 사계절 축제를 기획하여 겨울철에도 많은 관광객을 유치하기 위하여 영월군, 영월문화원, 영월군민박협회 등이 주관하여 진행한 축제이다. 동강유역에서 맨손송어잡기, 얼음낚시, 앉은 썰매, 사륜바이크, 트윈바이크, 스노바이킹 등의 체험행사가 다채롭게 이루어지고 있다. 특히, 축제가 진행되고 있는 동강에는 국내 최대 길이의 섶다리를 설치해 볼거리를 선사하고 있으며, 먹거리 장터와 추억의 사진전 같은 부대행사도 열리고 있다.

3. 영월축제 현황 분석

영월에서 개최되는 축제들이 비교적 성공적으로 치러지는 것은 관민(官民)이 서로 화합하여 적극적으로 참여하였기에 가능한 일이었으며, 이러한 자발적인 참여로 영월 군민 간에 네트워크가 형성되어 영월을 대표하는 문화축제가 가능한 것이었다.

이와 같은 영월의 축제를 거치면서 영월 고유의 시민사회가 형성되었고 지역에 대한 관심과 참여가 이루어졌으며 지역주민들의 자긍심과 일체감이 형성될 수 있었다.

1) 주 제

영월의 축제는 단종, 김삿갓, 동강, 사진, 박물관학 등의 다양한 주제를 가지고 있는 독창적인 행사이며, 국내 유일의 테마를 가진 축제들이 많다. 이는 분명 국제적인 행사로 발전할 수 있는 가능성을 내포하고 있다.

하지만 유사한 축제도 존재한다. 영월동강축제와 영월겨울축제의 경우 지역의 강을 주제로 한 유사한 축제가 전국적으로 14개나 열리고 있으며,[7] 황강레포츠축제, 제주레저스포츠축제, 한강사랑레포츠페스티벌은 성격 또한 비슷하다.

위와 다르게 단종문화제와 김삿갓문화제는 영월만이 가진 축제로 점차 활성화되어 가고 있으나 부대행사로 진행되고 있는 문화예술행사, 전통문화 등으로 편중된 것은 단점으로 지적할만하다.

2) 홍 보

지역 축제는 홍보와 관광상품화를 통해 볼거리와 체험을 소개할 수 있기 때문에 마케팅과 홍보는 축제를 성공적으로 이끌 수 있는 중요한 요소들이다. 이를 위해서는 홈페이지를 개설하고 TV, 라디오, 신문 등의 각종 언론매체를 활용하여 외부 관람객에게 적극적으로 홍보해야 한다.

영월축제는 방문객의 이해를 돕기 위해서 각종 리플릿과 포스터를 제작·배포하며, 자체 홈페이지 외에 문화 관련 기관 홈페이지에도 홍보하고 있다. 또한 각종 일간지와 정보지, 주간지, 월간지, TV 등의 각종 매체에서 행사소식을 다루고 있다.

영월축제는 지역성으로 강원일보와 강원도민일보에서 많이 다루고 있으며, 동강국제 사진제는 국제적 성격으로 많은 언론매체에서 기사화하고 있었다.

요즘 방문객들은 인터넷 블로그나 카페를 통해 많은 정보를 공유하고 있기 때문에 홈페이지가 없는 단종문화제와 김삿갓문화제는 빠른 시간에 자체 홈페이지를 구축할 필요가 있다.

---

7 강과 관련된 행사는 전국적으로 한강사랑레포츠페스티벌, 문학과 음악이 흐르는 한강, 부산사상강변축제, 울산태화강축제, 구리한강유채꽃축제, 금강민속축제, 금강벚꽃축제, 진도신비의 바닷길축제, 나주영산강 문화축제, 황강레포츠축제, 진주남강유등축제, 낙동강유채꽃축제, 제주레저스포츠축제, 한여름밤의 해변축제 등이 있다.(문화관광부 http://www.mcst.go.kr/web/cultureInfoCourt/localFestival/searchList.jsp)

3) 구성과 내용

지역축제는 확고한 테마성을 유지하고 통일적인 이미지를 만들어야만 방문객이 축제에 몰입할 수 있을 것이다. 자칫 백화점의 이벤트성 행사와 같은 프로그램들로 축제를 구성한다면 창의성이 부족하여 방문객들이 외면할 수 있을 것이다.

단종문화제의 조선시대 국장재현 행사, 동강국제사진제의 동국국제사진 기획전, 영월 동강축제의 뗏목체험, 김삿갓문화제의 김삿갓 제향과 길걷기, 영월박물관포럼의 영월투어와 학술세미나, 영월겨울축제의 스노바이킹 등은 축제를 더욱 빛낼 수 있는 좋은 프로그램이다.

그렇지만 축제의 이미지와 부합할 수 있는 다른 프로그램을 더욱 개발해야 하며, 6개의 축제에 유사한 프로그램을 진행하는 것은 좋지 않다. 가령 문화예술단체의 공연이나 우수 농수산물 판매 등이다. 즉, 너무 다양한 프로그램을 진행하는 것보다 폐지할 것은 과감하게 폐지하여 축제의 테마에 맞는 프로그램을 개발해야 한다.

4) 플랫폼

축제의 정체성 및 적합성을 반영할 수 있는 공간의 적극적인 확보는 전략의 핵심이다. 공간은 축제의 활동을 담을 수 있는 중요한 용기가 될 것이며, 사람들이 모이는 중심지의 역할을 수행할 것이다. 문화유적지, 거리, 공원, 광장 등이 접근성 확보를 위해 필요한 요소들이 될 것이다. 주변 정비와 프로그램의 도입으로 축제의 의미를 강화시킬 수 있다.

축제의 문화적 맥락을 바탕으로 한 지역 디자인 개념을 도입하여 해당 지역의 공간적 질을 확보하며, 공간을 재구성하고 새롭게 창조해 가는 과정이 필요하다.

영월지역 축제의 공간들은 동강, 김삿갓유적지, 장릉, 동강시스타, 동강사진박물관, 문화원 등 축제와 연관성을 갖고 있는 지역을 이용하고 있다. 이는 축제의 정체성을 확인할 수 있는 중요한 공간적인 요소이기도 하다. 하지만 일상환경과 공간적 · 시간적 ·

형태적으로 분리되어 접근성이 좋지 않다. 또한 주차시설의 부족과 불법주차된 차량으로 인하여 혼잡을 야기하고 있어 차량 단속이 요구된다.

4. 영월지역 축제의 활성화 방안

1) 박물관과 연계한 네트워크 구축

지역박물관은 자연적인 자산과 역사적인 유산, 지역적인 산업을 바탕으로 지역의 개성, 산업의 진흥, 쾌적한 환경, 평생학습의 다양한 역할을 수행하고 있다. 지역박물관의 역할은 세 가지로 정의할 수 있다.[8]

첫 번째, 지역박물관은 지역주민들이 자신의 정체성을 발견하여 삶을 풍요롭게 해주며, 나아가 국가의 문화적 정체성을 고양하고 전통적 문화가치를 함양할 수 있다.

두 번째, 지역박물관은 도시나 지방의 경제를 회생하는 데 중요한 역할을 담당한다. 이는 박물관이 지역의 축제나 관광지와 연관되어 관람객 유입효과를 증대시킬 수 있으며, 박물관의 부대시설 건립이나 새로운 상권 형성 등의 지역 개발 효과를 누릴 수 있다.

세 번째, 박물관은 지역공동체의 일상적인 삶에 유용한 정보를 제공해주는 프로그램을 개발할 수 있는 문화형성의 장소이다. 또한 도서관, 극장, 영화관, 콘서트홀과 같은 문화공간을 하부구조로 발전시킬 수 있는 기반을 형성할 수도 있다.

즉, 지역박물관은 지역문화의 중심지로 지역주민들의 참여를 통해 박물관이 활성화된다면 지역관람객들은 물론 외부관람객들을 위한 공간으로 역할을 충분히 수행할 수 있다.

---

8 김춘식, 「에코뮤지엄의 개념을 도입한 지역박물관의 활성화 방안 - 부평역사박물관을 중심으로 - 」, 명지대학교 석사학위논문, 2009.

박물관의 자료를 관람객에게 효과적으로 전달하기 위해서 지역축제를 매개로 박물관의 콘텐츠[9]를 개발해야 한다. 각 지역에서 진행되고 있는 축제는 전통문화와 예술을 표현하고 지역 주민의 유대감을 북돋아 주고 있다. 축제가 행사로 끝나는 것을 방지하고 지역문화와 역사 및 문화자원을 하나로 묶어 연결할 수 있는 네트워크 구성이 필요하다. 지역축제와 박물관의 협력을 통하여 지역문화를 개발하고 발전시켜 대외적 지명도와 이미지를 향상시키도록 한다.

예를 들어, 청주직지축제와 청주직지박물관, 영월동강사진축제와 동강사진박물관, 금산인삼축제와 인삼박물관, 부천만화축제와 부천만화박물관, 춘천막국수축제와 춘천막국수체험박물관, 고령대가야축제와 대가야박물관, 담양대나무축제와 한국대나무박물관 등은 지역축제와 박물관이 서로 협력 관계를 맺고 특별전, 학술세미나, 체험프로그램을 진행하고 있다.

즉, 영월이 가지고 있는 자산에 대한 체계적인 분류와 분석작업을 통해 지역의 문화기반시설로 박물관을 적극 활용하고 있으며, 이를 위하여 박물관고을 육성사업[10]을 진행하는 한편, 지역경제의 활성화와 지역민의 화합 및 단결에 크게 이바지하고 있다.

---

9 콘텐츠는 모든 형태의 미디어에 담기는 내용물 전반을 의미한다. 박물관의 콘텐츠는 소장 자료 자체와 그것이 가진 역사·예술적인 정체성, 상품성을 연구·개발하여 관람객과의 소통에 활용할 수 있는 다중적인 가치이다.(전일연, 「박물관의 콘텐츠 개발을 통한 교육적 활용 방안연구」, 「현장에서 바라본 박물관·미술관의 미래」, 중앙대학교 예술대학원, 2006, 132쪽.)

10 영월의 박물관고을 육성사업은 지역 자원을 효율적으로 이용한다는 측면과 타 지방자치단체와의 차별성 강조는 물론 세계적인 관광산업 조류에도 부응하는 사업이다.
지역 특성을 반영한 박물관을 유치하고 소프트 경쟁력을 강화하는 사업으로 인재 육성·활용과 네트워크 구축, 테마 체험 프로그램 및 문화 상품 개발 등 눈에 보이지 않는 것에서 가치를 찾아내거나 기획·가공해 부가가치를 높이는 소프트 경쟁력 향상 사업을 중점 추진하고 있다.(http://www.ywmuseum.com 2011년 11월 25일)

〈영월지역 축제와 연계 박물관〉

구분	테마 연계성 박물관	지역 연계성 박물관
단종문화제	단종역사관	영월읍 : 동강사진박물관, 별마로천문대 북　면 : 영월곤충박물관, 종교미술박물관
동강국제사진제	동강사진박물관	영월읍 : 단종역사관, 별마로천문대
김삿갓문화제	단고문학관	김삿갓면 : 영월아프리카박물관, 영월동굴생태관 묵산미술박물관, 조선민화박물관, 호안다구박물관
영월박물관포럼	영월군 박물관	영월읍 : 국제현대미술관
영월겨울축제		김삿갓면 : 영월아프리카박물관, 영월동굴생태관 묵산미술박물관, 조선민화박물관, 호안다구박물관

2) 축제의 명확한 목표설정

축제의 종류에 따라 세부적인 전략이 다르기 때문에 축제의 명확한 목표를 설정하는 것이 중요하다.

단종문화제, 동강국제사진제, 김삿갓문화제의 종류는 전통문화와 문화예술이다. 주민 화합과 전통문화의 발굴이 주목적인 축제로서 여기에 필요한 것은 바로 화합이다. 경제적인 측면보다는 사회적인 측면인 주민들이 축제를 통해 애향심을 불러 일으키고, 전통문화를 적극적으로 발굴하여 문화적 체험의 기회를 제공하는 것에 주력해야 한다.

영월동강축제와 영월겨울축제의 종류는 관광특산으로 지역경제활성화를 위한 축제가 되어야 한다. 이를 위한 경제적인 측면인 소득증대와 고용창출을 위하여 관광지 코스개발, 쾌적한 숙박시설 완비, 인근박물관 활용도 등을 높여야 한다.

영월박물관포럼은 학술적 논의를 통해 박물관고을 특구의 질적인 발전을 도모하기 위한 축제가 되어야 한다. 세계적인 석학들에게 새로운 대안을 제시받는 것도 좋지만 국내 박물관학자나 영월 전문가들의 참여를 유도하여 지역주민과 함께하는 프로그램을 개발하며, 영월지역의 업소와 박물관을 활용할 수 있는 방법을 강구해야 할 것이다.

3) 홍보 전략 수립

홍보는 불특정 다수 혹은 특정인에게 의도된 메시지를 전달하는 활동을 의미한다. 이 중 축제 홍보는 다양한 방문객을 대상으로 축제의 의미를 직·간접적인 방법으로 전달해야 한다.

축제의 홍보가 장기적인 발전을 위해서는 매우 중요한 요소가 될 수 있다. 홍보는 전달하고자 하는 목적을 명확하게 밝히고 각종 인쇄물을 제작하여 DM으로 발송하거나 보도자료를 작성하여 언론매체와 인터넷 카페, 홈페이지 등에 보내는 방법이다.

보도자료를 언론매체에 배포하기 위해서는 적절한 시기에 보내야 실릴 가능성이 높다. 하루에도 수백 개의 보도자료가 기자에게 도착하기 때문에 기자의 눈길을 끌 수 있는 제목으로 메일링을 하며 기자가 읽고 기사화할 수 있는 시간 안에 발송해야 한다.

축제는 1년 중 3일에서 5일 정도 진행되지만, 홍보는 1년 내내 지속적으로 제공해야 한다.

대전 들말두레소리

대전(大田)은 넓고 기름진 옥토를 가진 곳으로 중부권 행정의 중심지이며 첨단과학산업의 도시이다. 1905년 대전역이 세워지면서, 대전천을 중심으로 대전군이 형성되고 대전시로 승격되면서 성장한 중계도시인 대전을 두고 일각에서는 자체의 독자성이 희박하다고 주장하기도 한다.

하지만 대전은 선사시대부터 금강을 중심으로 농경생활을 영위하며 근대에 이르기까지 뿌리 깊은 역사를 형성하고 다양한 전통문화를 탄생시켰다. 특히, 조선시대에는 재출어농(財出於農)의 기치 아래 농업을 발달시켰고, 생명을 유지하기 위한 수단으로만 농업을 이용하지 않고, 농민들 간의 화합을 통한 공동체 문화를 만들었다.

이처럼 대전에서는 조선시대 여러 형태의 공동조직이 존재하였고, 이들 조직은 차츰 양반 중심의 지배질서하에 사림이 운영하는 향약계로 흡수되어 갔다. 하지만 유일하게 농민들만이 참여하는 독립적인 조직인 두레만이 양반의 참여와 간섭에서 벗어나 독자적인 형태로 존재하였다. 조선시대와 일제강점기를 거쳐 1960년대까지 활발하게 진행되었던 두레는 현대화 과정 속에서 사라진 지 오래다.

이 책에서는 두레라는 잊혀진 우리나라의 전통적인 상부상조 노동조직을 되짚어

보려 한다. 구체적인 예로 대전시 대덕구 목상동에 존재하던 들말두레의 소리를 분석하여 그 안에 내재되어 있는 사상을 알아보고, 이를 통해 현대사회가 지향해야 할 바를 제시하는 한편, 들말두레소리의 전승방안을 찾아보고 향후 대전 지역문화로 발전할 수 있는 기틀을 마련할 수 있도록 한다.

1. 대전 두레에 대한 이해

1) 두레의 기원과 개념

두레[1]는 피지배층이면서 생산의 주체인 농민들의 조직으로 집단성과 강제성을 내포하고 있다. 두레라는 용어의 기원은 '둘레', '돌려'의 뜻을 내포한 원주(圓周), 위요(圍繞)에서 유래되었거나 '두르다'의 고어에서 파생된 명사에서 유래되었다는 견해가 있다. 일설에서는 신라향가의 도솔가(兜率歌)에 나오는 '두레놀애', '도리놀애' 등에서 비롯된 것이라는 설도 있고, 생활용구인 용두레, 두레박, 두레밥, 두레질 등에서 알 수 있듯 풍물이나 물 퍼붓는 도구에서 나왔다는 설도 있으나 여전히 정확한 용어의 유래는 밝혀지지 않고 있어 차후 연구가 필요한 부분이다.[2]

지역에 따라 두레는 황두, 수놀음[3], 돌게, 둘개, 돌개김, 향두, 향두품어리, 공굴, 궁굴이, 농상(農桑契), 계청(契廳), 농사(農社), 농계(農契), 농청(農廳), 농악(農樂), 농기(農旗), 목청(牧廳), 걱사(醵社), 동네 논매기, 길쌈, 돌개기음, 풋굿, 자리, 조리 등으로 불렀다.[4]

인류는 선사시대부터 씨족 중심의 집단생활과 공동소유 및 분배를 위해 필연적으로

---

1 두레는 사전적 의미로 공동작업조직을 뜻하며 이와 같은 단체 개념의 의미는 계, 보(寶), 도(徒), 접(接), 사(社), 회(會), 모갯지, 회치, 대일이 등과 같은 맥락을 이루고 있다.
2 주강현, 「한국의 두레」, 국립민속박물관, 1994, 48쪽.
3 제주도에서 공동노동의 개념인 두레를 지칭하는 용어이다.
4 이좌형, 「통진 두레놀이의 김포가락 지도방안」, 인천교육대학교 석사학위논문, 2002, 7쪽.

공동 노동조직을 만들었고, 신라시대와 고려시대에는 신앙조직인 향도(香徒)를 조직하여 불교행사의 진행과 마을의례 및 노동을 담당하였다.

조선시대에는 농업의 발달과 더불어 향도가 자연촌락 단위별로 황두나 두레라는 조직으로 세분화되었다. 조선시대 후기에는 국지적으로 시행되었던 이앙법이 전국적으로 확산되면서 농가의 생산력 증가와 맞물려 두레가 활발하게 조직되었다. 이앙법은 물이 있는 못자리에 볍씨를 뿌리고 벼가 일정기간 생육하여 모가 되면 써레질이 끝난 논에 옮겨 심는 방법인데 고려시대 발견한 농법이지만 수리시설의 취약과 실농의 우려로 조선시대 초기에는 금지한 농법이었다.[5] 그러나 직파법보다 소출이 많고 제초작업이 간소한 이앙법은 농민들의 요구로 전국적으로 확산되었다. 하지만 이앙법은 단기간에 많은 노동력을 동원하여 모를 심어야 하기 때문에 공동노동력의 결집된 활동인 모내기를 해야 했고, 이전에 비해 단위시간당 노동량과 강도는 더욱 심해졌다. 이앙법의 효율적인 관리체제를 위하여 공동 노동조직인 두레의 체계화는 필연적인 현상이었다.[6]

한편, 조선시대 후기 양반들의 촌락에 대한 지배권이 약화되면서 농민들은 양반의 관여나 간섭을 배제하고 나름의 영역을 구축하며 두레활동을 펼쳤다. 이로 인하여 두레는 양반들에게 두려움의 대상으로 지목되기도 하였다.[7]

두레는 촌락[8] 단위로 농민들이 주체가 되어 농사일을 공동으로 하는 조직으로 구성방식에 따라 마을 전체가 엄격한 규율로 조직되어 운영되는 대규모 두레인 대두레(동두레)와 일부 농가만 품앗이 개념으로 조직된 소두레가 있다. 일감에 따라 김매기두레, 풀베기두

---

5 「朝鮮王朝實錄」正祖 50卷, 22年 11月 30日(己丑) 신재형(申在亨)이 아뢰길 중기부터 모내기를 하는 이앙법이 생겼으나 수리시설이 미비하여 시기를 놓쳐 모내기를 하면 농사를 망치는 일이 많아진다고 지적하였다. 그러나 이앙법이 부종법에 비하여 김매기의 횟수가 적어 노동력을 간소화할 수 있다고 주장하였다.
6 주강현, 「한국의 두레」, 국립민속박물관, 1994, 35 ~ 37쪽.
7 「朝鮮王朝實錄」英祖 47卷, 14年 11月 17日(乙丑) 호남별유어사인 원경하가 두레에 쓰이는 징·북 및 기치(旗幟)를 몰수하였다. 이는 반란시 군용물로 사용될 수 있기 때문에 행한 조치이다.
8 촌락은 최소의 공동체 문화기반공간으로 일상의례, 공동행사, 공동노역을 행하였다. 조선시대 후기에는 촌락의 인구가 증가하면서 자연촌락의 경우 정부의 지배에서 벗어나 독자적인 마을로 발전하였고, 이로써 두레가 더욱 활발하게 조직되었다.

레 등의 농사두레와 여성집회의 성격인 길쌈두레가 있다.[9] 이외에 농악의 유무에 따라 농악이 있는 두레와 농악이 없는 두레가 있으며, 세대별로 청년두레, 장년두레, 노인두레가 있다.

2) 대전 두레의 특징[10]

대전 두레는 촌락 단위별로 의무적으로 가입하며 이때 '들돌들기'라는 일정한 가입례를 치른다. 들돌들기는 당산나무나 동각 밑에 있는 60~70kg 정도의 둥그런 돌(들돌)을 들거나, 들어서 어깨 위로 넘기는 행위로서, 노동력을 체크하는 중요한 수단이었다. 들돌들기 외에도 진세턱이라 하여 술과 안주를 대접하는 풍습도 있었다. 두레의 인원은 1호당 1명씩 16~17세 이상부터 55~56세 이하의 남성(男性)을 차출하여[11] 구성원에 따라 30~40명, 50~60명, 80명 등의 규모로 조직하였다.[12] 조직의 구성은 풍물조직과 노동조직으로 나눠 모내기, 물대기, 논매기, 벼베기, 타작 등의 전 과정에 참여하였다.[13] 풍물조직은 기잡이, 상쇠, 부쇠, 장고, 징, 법고, 꽃나비, 화승쟁이로 구성하였다. 기잡이가 먼저 세 줄로 연결한 두레기[14]와 영기 2개[15]를 갖고 나아가면 이어서 상쇠, 부쇠, 장고, 북, 징, 법고, 꽃나비, 화승쟁이로 이어졌다.

---

9 주강현, 「한국의 두레」, 국립민속박물관, 1994, 51 ~ 52쪽.
10 주강현, 위의 책, 506 ~ 517쪽.
11 두레 가입을 거부할 경우에는 두문(杜門), 절교(絶交), 태형(笞刑)을 가하거나 추방(追放)하였다.
12 대전 들말은 앞들말과 뒷들말을 합쳐 100여 호가 살았는데 1호당 1명씩 총 60~70명의 인원으로 두레를 조직하였다.
13 두레 구성원들은 촌락 내 노약자나 과부 등 노동력 결핍자의 경지를 무상으로 경작해 줌으로써 공동체적 삶을 유지하였다.
14 두레기는 대장기, 용당기, 용덕기, 덕석기, 용술기, 서낭기, 대기, 농상기, 깃대, 농기, 큰기, 농기대 등으로 부르며 5~6m 대나무 깃폭에는 "農者天下之大本", "神農遺業", "農"의 글과 마을명, 제작연도 등을 써 넣었다. 들말두레의 기에는 "農者天下之大本", "檀紀 43○○年 大德郡 北面 文坪里"의 글을 써 넣었다. 깃폭에는 전체적으로 흑색의 테와 지네발을 달았다. 두레를 하지 않을 경우 기는 토산의 농청에 세워두었다.
15 두레기를 호위하는 깃발로 기폭의 중앙에 영(令)자를 쓰고 깃대 끝에는 일지창이나 삼지창을 달았고, 홍색과 청색 2개를 사용하였다.

노동조직은 좌상, 부좌상, 총각대방, 집사, 회계, 공원, 꽁배로 구성하였다. 좌상은 마을 내 지도자로 농사 일의 감독 및 지도 고문을 하는 인물이고, 부좌상은 좌상을 도와 일을 지휘하는 인물로 80명 정도의 대두레에만 존재한다. 총각대방은 두레의 실무를 맡는 장년층으로 통솔력이 있어 군기를 잡을 수 있는 권위를 지닌 인물이고, 집사와 회계는 각각 농지와 공임을 계산하는 인물이다. 공원은 두레의 잔일을 처리하는 인물이고 꽁배는 청년으로 두레의 보조적인 일을 맡는 인물이다.[16] 이와 같은 구성은 일관성 있는 노동과정을 위하여 스스로 위계질서를 마련한 것으로 공동노동의 단결성을 유지할 수 있었다.

두레는 수평적인 농민조직으로 민주적인 농민회의인 두레짜기(두레 짜는 모임, 두레 총회, 두레를 모으는 회의)를 열어 풍물조직과 노동조직을 결성하고 작업의 순서를 결정하였다. 농번기에 이루어지는 두레 작업이 끝나고 7월 칠석쯤에는 셈보는 모임(두레 셈, 두레 먹는 날, 결산모임)을 통해 한해를 결산하고 칠석놀이를 진행하였다. 이때 셈은 좌상이 기입한 근거를 바탕으로 계산하며 수입은 농민들에게 분배하지 않고 촌락의 공동비용으로 사용하였다.

농민들은 해뜨는 시각인 대략 7~8시경 징이나 종 소리를 듣고, 농청(農廳)[17]으로 집결하여 두레기를 중심으로 풍물을 치며 두레의 시작을 알린다. 농지에서는 두레기를 고정하고 주변에 삼색실과 명태를 놓고 술을 부어 농기고사를 지내고 일을 진행한다. 일을 마치고 돌아올 때에는 풍물만 치고 소리는 하지 않는다.

두레 진행 시 다양한 대동놀이를 펼쳐 고된 노동으로 인한 심신의 피로감을 풀고

---

16 지역에 따라 좌상은 영좌·행수·황수·영상으로, 부좌상은 도감·우상으로, 총각대방은 총각·수머슴·총각대장·총각조상·수총각·조사총각으로, 집사·회계는 유사서기로 꽁배는 소동패로 불린다. 이 밖에 방목지의 가축을 보호하는 방목감과 밥을 나르는 식화루·군기단속과 체벌을 책임지는 소임 등이 있는 지역도 있다.(이좌형, 「통진 두레놀이의 김포가락 지도방안」, 인천교육대학교 석사학위논문, 2002, 7쪽.)

17 농청은 공청(公廳), 공회당(公會堂)이라 부르는 마을 공동건물이다. 농민들의 집합소이고, 회의소이며 실내의 공동 노동장소이자 휴식공간이기도 하다. 들말은 농청이 토산 위에 마련되어 있다.

농민들 간의 화합을 도모하였다. 대동놀이는 장풍놀이, 두레싸움, 두레샘 후 놀이 등이 있다. 장풍놀이는 농지와 마을에서 풍물을 치는 것이고, 두레싸움은 서로 다른 두레패가 예의를 보이지 않으면 시작하는 것으로 상대 두레기의 꿩장목을 뺏는 것을 목적으로 하며 승패에 따라 형두레와 아우두레를 정하는 것이다. 두레샘 후 7월 칠석날에는 술푸넘을 하면서 풍물을 즐기고 농민들이 어울려 노는데, 이 밖에 들말두레는 토산에 제물을 차리고 토산제를 올리기도 하였다.

   대전 두레의 소멸은 일제강점기인 1910년부터 이루어졌다. 먼저 인적 자원 측면에서 두레의 주축인 농민들이 일제강점기 토지조사사업으로 인하여 일본인에게 토지소유권을 빼앗기면서 그동안 다수의 자영농으로 존재하던 농민들이 소작농으로 전락하였다. 여기에 군대와 근로보급대 명분으로 상당수의 농민들이 일본, 중국, 동남아시아 등지로 끌려가면서 두레를 이끌 수 있는 농민들이 자취를 감추게 되었다.[18] 물적 자원 측면에서는 정회(町會)제도로 인하여 자연촌락이 통폐합되어 두레의 공동계금(共同契金)이 사라지게 되었다. 광복 이후 1950~60년대 다시 두레가 시행되었으나, 농업의 기계화, 상공업과 서비스업의 발달 등으로 이농현상이 일어나게 되었고, 자연스럽게 두레가 사라지게 되었다.

---

18 1930년대 대전의 둔지미마을(대전시 서구 둔산동) 남동쪽에서는 대전비행장을 건립하기 위하여 농민들이 동원되었다.

2. 대전 들말의 현황

들말(坪村)은 들이 넓게 펼쳐져 있는 마을로 현재 대전시 대덕구 문평동 일대를 의미한다.[19] 북쪽과 동쪽은 연기와 청원, 남쪽은 회덕, 서쪽는 유성과 경계한 대전 북부 교통의 중심지이다. 예로부터 기름진 땅과 빼어난 풍광을 갖춘 풍요롭고 인정이 넘치는 마을이었으나, 현재는 제3산업공단이 조성되어 제조업의 중심지로 발돋음하였다.

들말은 백제시대에는 우술군(雨述郡)이었고, 일명 후천(朽淺)이라고 하였다. 신라시대에는 비풍군(比豊郡)으로 개명하였고, 고려시대에는 회덕군(懷德郡)으로 변경하였다.[20] 1018년(현종 9)에는 공주의 속현이 되었고, 1172년(명종 2)에는 감무(監務)를 두어 주현으로 승격되었다. 이후 고려시대 말기에는 회덕군에서 회덕현(懷德縣)으로 강등되어 유배지로 이용하였다.[21, 22] 1413년(태종 13)에는 현감(縣監)으로 두면서 회덕이 충청북도 공주목에 속하는 회덕현이 되었다.[23] 1895년(고종 32)에는 행정구역 개편으로 회덕현은 회덕군으로 개편되었다.

일제강점기인 1914년 행정구역 통폐합으로 회덕군이 대전군으로 되면서 들말은 대전군 북면 문평리가 되었다. 1935년에는 대전군이 대덕군으로 변경되었고, 광복 이후 1973년에는 북면이 대덕군 신탄진읍에 속하면서 신탄진읍 문평리가 되었다. 1989년에는

---

19 들말은 법정동이 문평동이고 행정동은 목상동에 속하며, 목상동은 문평동, 신일동을 포함하고 있다.
20 비풍군에서 덕을 품으라는 뜻의 회덕군으로 고친 것은 고려가 후삼국을 통일하면서 후백제 영역인 이 지역 백성들이 고려에 순종하길 바라는 뜻에서 이루어진 것이다.(김갑동, 「사료(史料)로 본 고려시대의 대전」, 『大田市史資料集Ⅰ』, 大田廣域市史編纂委員會, 2006, 96쪽.)
21 『高麗史』권 136, 辛禑傳, 13년 9월조, 『高麗史』권 122, 宦者 金玄傳을 보면 남의 처를 간통한 강릉도원수 이을진과 우왕의 총애를 믿고 날뛰던 환관 김현 등을 회덕현에 유배보냈다는 기록이 있다.(김갑동, 앞의 글, 100쪽.)
22 이중환의 「擇里志」에서는 고려시대 초기 회덕현으로 명칭을 변경했다고 기록하고 있지만 『高麗史』가 편찬되던 시기까지 회덕군으로 지칭된 것으로 보아 고려시대 말기에 접어들면서 회덕현으로 강등된 것으로 짐작된다. 조선시대까지만 하더라도 아직까지 군현에 대한 정확한 이해가 없었기 때문에 회덕현의 변경 시기를 혼동한 것이다.(2009년 5월 20일 17 : 40 한남대학교 사학과 한기범)
23 「懷德邑誌」. 建置沿革.

대전직할시로 승격되면서 대전직할시 대덕구 목상동 관내 문평동이 되었다.

들말은 갑천[24]과 금강이 만나는 지점으로 계족산과 식장산 사이에 자리한 평야지대이다. 수류(水流)와 산세(山勢)의 영향으로 농토가 비옥하여 주민들 대부분이 농업에 종사하였다. 특히 벼농사가 발달한 곡창지대였으나 이 일대가 충적지라서 매년 장마철에는 금강이 범람하여 큰 피해를 입는 충남의 일급 침수지역이기도 하였다.

수해를 극복하는 일은 들말의 숙원사업이었고, 해결책으로 나룻배와 토산을 준비하였다. 강에는 총 60여 명이 탈 수 있는 나룻배[25]를 항시 대기시켜 놓고 수해 때마다 피난용 배로 사용하였다. 또한 커다란 돌을 날라 축대를 쌓고 흙으로 쌓아올린 인공적인 토산에 큰 건물을 지어 놓고 가재도구, 곡식 등을 운반하여 대피용으로 사용하였다.[26] 이러한 환경은 대청댐[27]이 건설되기 전까지 비교적 잘 유지되었다.

들말은 중앙의 밭을 중심으로 남쪽에는 앞들말이, 북쪽에는 뒷들말이 형성되었다. 그러나 1989년 대전 제3산업단지가 조성되면서 앞들말에는 북부경찰서, 자동차검문소, 우체국, 공단주유소 등이 조성되었고, 뒷들말에는 폐수종말처리장, 폐기물매립장 등이 조성되었다. 이때 들말 주민들은 목상동과 덕암동으로 이주하였다.

---

24 갑천은 대덕구 문평동과 유성구 봉산동 사이에 흐르는 천으로, 대전을 남북으로 가로지르는 대전천과 유동천이 합쳐져 형성되었다.

25 평소에는 신탄진장을 가기 위해 나룻배를 이용하는데 도선료가 여름에는 보리 한 말, 가을에는 벼 한 말이었다. 신구교가 세워지면서 나룻배의 운영은 중단되었다.(대전광역시, 「대전 들말두레소리」, 대전광역시, 2005, 48쪽.)

26 들말의 중심지에 위치한 토산은 들말의 안녕을 기원하는 토산제를 매년 음력 10월 상달에 1회씩 지냈으며, 토산의 건물에서는 두레회의를 진행하였다.

27 대청댐은 1975년 3월에 착공하여 1980년 12월에 완공한 콘크리트 중력댐과 사력(砂礫)댐의 복합식이다. 이 댐은 충북 청원군 현도면 하석리와 대전 대덕구 신탄진동 사이의 금강 본류를 가로지르며 14억 9000만의 저수용량을 갖고, 농업용수, 생활용수, 공업용수 등을 공급하고 있다.(두산백과사전)

3. 들말두레소리의 소리분석과 특징

1) 개 괄

두레는 우리나라의 오래된 풍습으로 농번기에 힘들고 어려운 일을 협동하여 보다 쉽고 즐겁게 할 수 있도록 하는 노동조직으로 풍물과 노래를 동반한다. 특히, 대전의 들말두레는 이앙법이 널리 보급되던 조선시대 후기 회덕지역을 중심으로 성행한 두레로 20~30여 년 전 사라졌다가 고령의 전승자들의 보존 노력에 의해 복원되었다. 농업의 기계화로 두레를 이용한 노동조직을 운영할 수는 없지만 풍물조직을 결성하여 두레 전통의 맥을 잇고 있다. 들말두레소리는 1993년 제3회 대전시민속예술경연대회에 참가 하였고, 1996년 제37회 전국민속예술경연대회에서 대통령상을 받았으며, 2002년 대전시 무형문화재[28]로 지정되면서 현재까지 활발한 공연활동을 펼치고 있다.

들말두레의 중요한 구성요소인 풍물과 소리는 리듬을 통해 노동의 능률을 높이고 즐거움을 창출하며 피로회복과 단결, 자긍심을 유도하는 한편 낭만성, 낙천성 등을 내포하고 있다. 들말두레소리는 모찌는 소리, 모심는 소리, 논매는 소리, 토산다지는 소리, 토산제 소리, 지경다리는 소리, 생굿고사 소리 등의 여러 소리로 이루어져 있다. 모찌는 소리는 풍물을 치며 논에 도착하여 모를 찔 때 하는 소리로 장단 없이 메김소리와 받는소리로 이루어져 있고, 모심는 소리는 풍물을 치며 흥을 돋우고 메김 소리와 받는 소리로 이루어져 있다. 모심는 소리와 모찌는 소리는 충북 청원의 영향을 받았고, 논매는 소리는 전북의 영향을 받았다.

---

28 무형문화재는 문화재보호법에 따라 민족생활의 변천과 발달을 이해하는 데 도움이 되는 것, 발생연대가 비교적 오래되는 것, 그 시대의 특색을 지닌 것, 형식과 기법이 전통적이고 예술적 가치가 특출한 것, 학술연구상 귀중한 자료가 될 수 있는 것, 향토적으로나 그 밖의 특색이 현저한 것, 소멸될 우려로 문화적 가치가 상실되기 쉬운 것을 정하여 국가 혹은 시도단체에서 지정한다. 들말두레소리는 형식과 기법이 전통적이고, 향토적이며 소멸될 우려가 있는 무형문화재로 분류되어 대전시가 무형문화재로 지정하고 들말전수회관을 건립하였다. 들말두레전수회관은 들말두레소리를 연습하고 후학을 교육하는 공간으로 전시실, 전승교육장소 등의 다목적 문화공간이다. 들말두레전수회관에서는 매주 수요일과 금요일 두레보존회원들이 19시부터 두레소리를 연습하고 있다.(2009년 5월 9일 17 : 00 들말두레소리 보존회 부회장 심원생)

2) 들말두레소리의 선율[29]

(1) 토산다지는 소리

들말에서 홍수피해를 대비하여 만든 토산을 다질 때 마을 사람들이 흙을 날라 축대를 쌓고 흙을 보충하면서 일심동체가 되기 위해 부르는 소리이다.

```
(메김소리) 어기 어자 쿵쿵 다지세
(받는소리) 어기 어자 쿵쿵 다지세
(메김소리) 계룡명산 명기를 받고
(메김소리) 계족산 정기를 모아
(메김소리) 부모산[30] 정기를 받고
(메김소리) 이터 명당에다 토산을 쌓고
(메김소리) 아들을 낳면 효자로 낳고
(메김소리) 딸을 낳면 열녀로 낳아라
(메김소리) 소를 낳면 대우를 낳고
(메김소리) 말을 낳면 용마를 낳고
(메김소리) 개를 낳면 찹쌀개를 낳고요
(메김소리) 꼭꼭 다져서 토산을 쌓고
(메김소리) 온갖재앙 몰아내자
(메김소리) 어기어차
(받는소리) 어기어차
(메김소리) 어기어차
(받는소리) 어기어차
(메김소리) 어기어차
(받는소리) 어기어차
(메김소리) 어기어차
(받는소리) 어기어차
          다 쌓았네
```

---

29 이소라, 「대전 민요집」, 대전중구문화원, 1988 ; 대전광역시, 앞의 책 ; 참조, 구전이라는 들말두레소리의 특성상 지역과 환경의 변화로 인하여 다른 부분이 생길 수 있었고, 이에 필자는 최근의 채록자료를 바탕으로 크게 변한 부분만 다시 정리하였다.

30 금강과 갑천의 합수지점 옆에 위치한 산으로 과거 불모산으로 지칭하였다. 부모산은 동학농민군과 한국전쟁 피난민의 피신처 역할을 하였다.

(2) 모찌는 소리

모내기를 할 모를 모판에서 쩌낼 때 못자리에 둘러앉아 모를 찌면서 부르는 소리이다.

(메김소리) 뭉치이고 뭉치이세 얼카산으로 뭉치이세
(받는소리) 뭉치고 뭉치세 얼카산으로 뭉치세
(메김소리) 오늘 심을 못자리는 스마지기 못자릴세
(메김소리) 여기 심을 못자리는 이 뱀이31에서 뭉쳐내고
(메김소리) 이 못자리를 다 뭉쳐야 해지기 전에 다 심는다
(메김소리) 내일 심을 못자리는 건너 뱀이로 넘어가세
(메김소리) 다 뭉쳤네 다 뭉쳤네 얼카산으로 다 뭉쳤네

(3) 모심는 소리

모심기는 망종(芒種)32 전후 3일부터 하지(夏至)33까지 이루어지며, 이때 부르는

소리는 손을 맞추고 일의 능률을 올리기 위해 비교적 빠르게 불렀다.

(메김소리) 어기야 헤 헤 이 여 허로 상응 사 나 디야 헤
(받는소리) 어기야 헤 헤 이 여 허로 상응 사 나 디야 헤
(메김소리) 여기 꼽고 저기다 꽂어 삼백 줄 짜리로 만 꽂아나 봅시다
(메김소리) 이논 자리다 모를 심으니 장잎이 퍼펄펄 영화로구나
(메김소리) 먼데 양반들 듣기나 좋게 곁에 사람들 보기나 좋게나
(메김소리) 나를 오라네 우리를 오란다 산골에 큰 애기덜이 우리를 오란다
(메김소리) 열무김치에 밥비벼 놓고 같이나 먹자고 우리를 오란다
(메김소리) 저기 가는 저 할머니 딸이나 있거들랑 사위나 삼지요
(메김소리) 사위 재목은 훌륭하나만 우리 딸 나이가 어려 못감것네요
(메김소리) 참새는 작아도 알을 낳고요 제비는 작아도 강남을 간다네

---

31 구획된 논을 세는 단위로 배미, 베미 등으로 부르기도 한다.
32 곡식의 종자를 뿌릴 적당한 시기로, 양력 6~7월 정도이다. 조선시대에는 이 시기에 보리를 베고, 벼를 심고 밭갈이를 하였다. 대전에서는 망종날 하늘에서 천둥이 요란하게 치면 농사가 흉년이 든다고 여겼다.
33 양력 6월 21일 정도로 일사시간과 일사량이 많은 낮이 가장 긴 날이다. 대전은 단오를 전후하여 시작된 모심기가 이날 이전에 모두 끝난다.

(4) 논매는 소리

　모를 심은 후 20~30일 이후 7~10일 간격으로 초벌매기(아시매기), 두벌매기(이듬매기), 세벌매기(만물매기)의 논매기를 실시한다. 초벌매기는 모를 심고 6월 초순에 호미를 이용하여 잡초가 있는 흙을 떠서 덮어 버리는 첫 논매기로 1인당 1~1 · 1/2마지기(약 200~300여 평)를 매었다. 두벌매기는 초벌매기 이후 일주일 지나서 호미나 손으로 흙덩이를 뭉개거나 흙을 훔치는 작업으로 1인당 총 2마지기를 매었다. 들말에서는 토양이 좋아서 두레를 동원하지 않고 피사리로 대신하거나 품앗이를 통해 개별적으로 해결하였기에 세벌매기는 실시하지 않았지만 다른 지역의 경우에는 6월말 1인당 총 3마지기를 매었다.[34]

논매기할 때 피로를 덜어 주기 위하여 소리를 하는데 처음에는 느린 가락으로 구성지게 부르다가 논매기가 끝날 무렵 가락을 빠르게 전환하여 마무리한다.

　① 초벌매기

　(메는소리) 어이 허 이 어허 이여 루 상 사 디 여
　(받는소리) 어이 허 이 어허 이여 루 상 사 디 여
　(메는소리) 여보소 농군님네들 말 들어 이 보아라 농군들 말들어라
　　　　　　돌아왔구나 돌아를 왔단다 농사시절이 돌아를 왔네
　(메는소리) 여보소 농군님네들 말 들어 이 보아라 농군들 말들어라
　　　　　　천하지대본은 농사 밖에 또 있는가 농사 짓기를 힘들을 씁시다
　(메는소리) 여보소 농군님네들 말 들어 이 보아라 농군들 말들어라
　　　　　　이 논자리를 다 매에 고서 장앙 구 뱀이로 너머를 가아세
　(메는소리) 여보소 농군님네들 말 들어 이 보아라 농군들 말들어라
　　　　　　일락 서산에 해는 떨어지고 월출 동산에 달 솟아 온단다

---

34 세벌매기를 하지 않은 관계로 논매는 소리는 초벌매기와 두벌매기만이 남아 있다.

② 두벌매기

(메는소리) 어 두이야 저어 하
(받는소리) 어 두이야 저어 하
(메는소리) 여보시오 농부님네들
(메는소리) 이내 한 말씀 들어보시오
(메는소리) 빨래줄에 제비 앉듯이
(메는소리) 한일자로 늘어서서
(메는소리) 차근차근들 매어를 봅시다
(메는소리) 여보시오 농군님네들
(메는소리) 이네 한 말씀 들어보소
(메는소리) 남원정 달 밝은데
(메는소리) 도덕 군자가 어드매 있는가
(메는소리) 시들 새들 봄 배추는
(메는소리) 밤이슬 오기만 기다리고
(메는소리) 옥에 갇힌 춘향이는
(메는소리) 이도령 오기만 기다린다
(메는소리) 다 되었네 다 되었구나
(메는소리) 스마지기 논뱀이가
(메는소리) 반달만큼 남았구나
(메는소리) 니가 무슨 반달이냐
(메는소리) 초생달만이 반달이지요
(메는소리) 사람마다 의원하다면
(메는소리) 북만산천이 왜생겼나요
(메는소리) 잘하시고 잘하시네
(메는소리) 우리농군들 잘들하시네
(받는소리) 어하널널 상사디야

(5) 토산제

토산제는 논을 매러가기 전에 토산에 올라 풍년을 기원하며 축원하고 재배하는 두레의 출정을 고하는 의식이며, 10월 상달에는 마을의 안녕을 기원하는 뜻에서 다시 한 번 제를 지낸다.

비나이다 비나이다 계족산 산신님
토지지신님 사해용왕님
소례를 대례로 받으시고
금년에는 홍수장마를 면하여 주시옵고
시와 연풍 국태민안으로
점지하여 주옵소서

(6) 샘고사

정월 14일 샘에 모여 마을사람들이 지신밟기를 하며 고사를 지낸다.

> 물줍소 물줍소 사해용왕님 물줍쇼
> 누르세 누르세 사람이 누루세
> 뚫어라 뚫어라 물구멍만 뚫어라
> 동해물도 따라들고 서해물도 따라들고
> 칠년 대한 가뭄에도 석달 열흘 장마에도
> 옥수나 철철 넘치게 하여 주옵소서

4. 들말두레소리에 대한 분석

들말두레소리는 자연을 사랑하고 평화를 수호하는 순박한 심성을 가진 농민들이 오랜 기간에 걸쳐 탄생시킨 소리이다. 그렇기 때문에 소리에는 비유와 상징을 통해 자연스럽게 낭만성, 숙명성, 유교사상 등의 다양한 사상이 내재되어 있다.

(1) 삶의 고달픔을 잊으려는 농민들의 낭만성이 내재되어 있다. 낭만성은 매우 정서적이고 이상적으로 사물을 파악하려는 성질이다. 고된 노동으로 힘든 삶을 살아가지만 낭만적인 사고로 현실을 인지하려 한 것이다. 논맬 때 사설을 보면 "산골처녀가 우리를 오라네, 열무김치에 밥비벼 놓고서, 같이 먹고자 우리를 오란다", "시들 새들 봄 배추는 밤이슬 오기만 기다리고", "옥에 갇힌 춘향이는 이도령 오기만 기다린다", "저기 가는 저 할머니 딸이 있거든 사위나 삼지요", "사위 재목은 훌륭하다만 나이가 어려서 못 삼겠네요" 등은 힘들지만 농민들끼리 농담을 하며 피로를 풀고, 힘을 내려는 해학적인 면이 소리에 고스란히 담겨 있다. 또한 모심을 때 사설을 보면 "이 논자리다 모를 심으니 장잎이 퍼펄펄 영화로구나"라는 대목이 있다. 장잎은 볏과에 딸린 곡식의 맨

나중에 나오는 잎으로 이 잎이 나온 뒤에 비로소 이삭이 나오므로 장잎이 잘 나오면 한 해 농사가 차질 없이 이루어질 수 있다는 희망적인 메시지를 담고 있다.

(2) 모든 것에 순응하는 숙명성이 내재되어 있다. 고대부터 우리나라는 농업을 중심으로 한 농경국가였기에 자연의 절대적인 힘 앞에 늘 순응하며 살아갈 수밖에 없었고 이른 새벽부터 저녁 늦게까지 일하는 숙명적인 운명을 받아들였다. 즉, "천하지대본은 농사 밖이에 또 있는가 농사 짓기를 힘들을 씁시다, 다 되었구나 다 되어들간다 스마직 논뱀이가 반달만큼 남았구나, 일락 서산에 해는 떨어지고 월출 동산에 달 솟아 온단다."[35], "한 일 자로 늘어서서 차근차근들 심어나 봅시다."[36]라는 사설을 보면 농경을 피하지 않고 일을 열심히 하고자 하는 마음이 담겨 있다. 들말 농민들은 비록 평민의 신분으로 차별을 겪었지만 비극적인 운명에 좌절하지 않고 "먼디 양반들 듣기 좋고, 곁에 양반 보기 좋게나"[37]라는 사설을 보면 자신의 운명을 받아들이고 양반의 존재를 인정하기도 하였다.

(3) 전통적인 유교사상[38]이 내재되어 있다. 유교사상의 가장 큰 축은 바로 사람들이 서로 돈독하게 유대관계를 맺고 잘 어울릴 수 있도록 하는 인(仁)사상이며 인을 실현시킬 수 있는 것을 충효(忠孝)라 보았다. 원래 타인에 대한 배려였던 충효가 점차 왕에 대한 충성과 부모에 대한 효로 변화하였다. 토산 다질 때 사설을 보면 "아들을 낳으면 효자로

---

35 논매는 소리 중 초벌매기
36 모심는 소리
37 논매는 소리 중 두벌매기
38 고려시대 말기 중앙의 권문세족에 대항하여 등장한 지방의 신진사대부는 고려의 개혁을 주장하다 결국 조선을 건국한다. 당시 불교국가인 고려와는 다른 패러다임이 필요했던 사대부는 중국으로부터 유교를 적극적으로 수용하여 국가의 기틀을 마련함으로써 유교는 조선의 전 계층에게 삶 자체였고, 국가의 기본적인 원리였다. 유교사상은 인(仁)과 덕(德)을 바탕으로 한 우주자연을 그대로 인정하며 인간 세상의 치도(治道)를 구하는 사상이다. 인간 삶의 방향에 해답을 얻기 위해 노력한 학문으로 포괄적인 인간관계에서 각 개인의 심성을 중시하고 근본적이며 이상주의적 성격을 지향하였다.(윤병화, 「조선 후기 실학에 내재된 과학적 사고에 대한 고찰 - 정약용의 「牧民心書」를 중심으로 -」, 「과학관 육성방향 연구」, 한국과학관협회, 2009, 113쪽.)

낳고, 딸을 낳으면 열녀로 낳아라."라고 하는데 이는 인(仁)의 한 갈래인 효(孝)의 중요성을 논하는 부분이다.

들말두레소리에 함축되어 있는 사상은 고대부터 이어져온 우리나라의 민간사상과 유·불·도의 다양한 사상이다. 모든 것을 포용하고 융합하려는 정신적 바탕 아래 성(誠), 경(敬), 인도(人道) 등이 내재되어 있던 것이다.

5. 들말두레소리의 전승방안

들말두레소리는 민중의 혼이 담긴 귀중한 문화유산으로 반드시 전승되어야 한다. 조상들의 지혜와 슬기가 함축되어 있는 원형을 유지하며, 다음 세대에게 좋은 본보기로서 들말두레소리를 전승하기 위해서는 들말두레전수회관의 활성화, 정부지원에 적극적인 참여, 찾아가는 교육프로그램 진행, 청소년에게 전승될 수 있는 발판을 마련해야 한다.

(1) 현존하는 들말두레전수회관을 활성화한다. 들말두레를 교육하는 기관으로 만들어진 전수회관은 1999년 설립되어 들말두레보존회원들이 연습하는 시간 외에는 문을 닫고 있다. 그렇기 때문에 외부 관람객이 들말두레에 대한 정보를 얻을 수 있는 길이 차단되어 있다. 지속적인 관람객 유입을 위해서는 전수회관의 개방이 시급하다. 일례로 강릉농악보존회는 전수관 운영으로 활발한 활동을 펼치고 있다. 전수관에서 전수생, 이수자, 전수교육조교 등을 배출하여 각 마을의 지역 농악대로 편입시켜 강릉농악의 전통을 잇게 하며 강릉 내 초등학교와 자매결연을 맺어 학교를 방문한 이수자, 전수교육조교, 무형문화재가 전통음악교육을 실시하고 있다.[39] 이와 같이 들말두레도 전수관을 활용하여 교육적인 효과를 높여야 한다.

(2) 정부 지원에 대한 적극적인 참여를 유도한다. 들말두레를 보존하기 위해서는 지속적으로 대중과 호흡할 수 있는 공연, 전시, 교육 등의 프로그램이 필요하다. 하지만 재정적으로 자원봉사자들로 구성된 들말두레보존회만으로는 힘든 상황이다. 이를 위해서 매년 단기적인 교육프로그램인 중요무형문화재 전승지원금 지원사업(한국문화재보호재단), 소외계층 평생교육프로그램 지원사업(교육과학기술부), 문예진흥기금 정기공모사업(한국문화예술위원회), 중요무형문화재 찾아가는 무형문화재 지원사업(한국문화재보호재단) 등에 지원하는 한편, 들말두레가 대전 시민의 자부심이 될 수 있음을 정부와 대전시에 꾸준히 건의하여 장기적인 지원책이 마련될 수 있도록 한다.

(3) 찾아가는 교육프로그램을 진행한다. 들말두레는 이동이 가능하여 세계 어느 곳과도 자유롭게 공유할 수 있는 문화이다. 이러한 특성을 바탕으로 문화소외지역인 농촌지역의 보건소, 마을회관 등에서 들말두레와 관련된 물품들을 관람하게 하고, 직접 만져보며 시연의 기회를 제공함으로써 문화향수 증진에 이바지한다.

(4) 다음 세대인 청소년에게 전승될 수 있는 발판을 마련해야 한다. 비교적 고령인 들말두레보존회의 회원들만으로 들말두레를 전승하기에는 역부족이다. 다음 세대인 청소년들이 계승할 수 있는 길을 만들어 주어야 한다. 초·중·고교의 학생들을 대상으로 방과후교실 교육을 진행하여 전국청소년민속예술제에 참석할 수 있는 인력을 배출한다. 또한 대전에 있는 한남대, 충남대, 배재대, 목원대, 대전대 등의 대학교 내에 존재하는 풍물동아리들에게 들말두레를 일정기간 교육시킨다.

---

39 강릉농악보존회 문화예술 전문인력 박미애 전화통화(2008년 7월 4일 10시)

제7부

정선아리랑의 발전방향

　모 향토소리연구가가 2007년부터 밀양아리랑, 진도아리랑, 공주아리랑, 연변아리랑, 독립군아리랑, 정선아리랑 등을 1시간 30분가량의 공연으로 만들어 몇 년째 공연을 펼치고 있지만 아무도 관심을 갖지 않는다고 말한 바 있다. 그러나 2012년 12월, 아리랑이 유네스코에 등재되자 시도단체 간, 국가 간, 학자 간 보이지 않는 전쟁이 시작되었고, 수십 개의 연구단체가 생겨나면서 아리랑의 연구가 활발히 지속되고 있다. 이 같은 움직임이 일시적 현상으로 끝나지 않도록 꾸준한 관심이 요구된다.

　정선아리랑뿐만 아니라 모든 아리랑이 언젠가는 그 정체성마저 훼손될 수 있기 때문에 국가 차원에서 세심한 관리가 필요하다.

　모든 방안들이 어느 정도의 결과물로 만들기 위해서는 무엇보다 정선민들의 동의가 우선되어야 한다. 정선아리랑의 정체성 확립을 위해서는 시민공청회를 하루빨리 진행하여 지역주민이 주인이 되는 정선아리랑문화를 만들어야 한다.

1. 아리랑

한국의 구전민요인 아리랑은 그 원류를 정확하게 알 수 없으나, 남녀노소를 불문하고 고대부터 불렸을 것으로 추측되고 있다. 기본 장단은 세마치장단[1]을 사용하고 있으며 조선시대 말기 경복궁 중수와 맞물려 토속민요에서 통속민요[2]로 자리하게 되었다. 지방에 따라 별조(別調)아리랑이 많이 있으며, 장단과 사설도 매우 다양하다.[3]

아리랑에는 다양한 어원설이 등장하는데 이는 아리랑의 성격이 구전민요이기 때문이다.

아리랑[4]은 즉흥적인 가사와 음악적 변형을 통해 각 지역의 방언과 만나 그 지역을 대표하는 특성을 지닌 노래가 되었다. 따라서 지역마다 특수한 아리랑이 형성되었고, 특수한 지역문화가 만들어졌다. 그 예로 서도아리랑, 강원도아리랑, 정선아리랑, 고성아리랑, 함경도아리랑, 단천아리랑, 밀양아리랑, 진도아리랑 등이 있다. 이 중 우리나라 3대 아리랑으로 평가되는 것이 정선아리랑, 진도아리랑, 밀양아리랑 등이다.

(1) 정선아리랑은 강원도 무형문화재 제1호로 가락이 느리고, 구성져서 산간지방의 정서를 잘 담고 있는 노래이다. 고려시대 말기 개성 두문동에 은거한 72현인 중 7명이 정선의 거칠현동으로 들어와 살면서 그들의 심정을 한시로 지어 율창으로 부르던 것이 정선아리랑으로 이어진 것이다. 정선에서는 현재 매년 10월 정선아리랑제를 열고, 정선아리랑의 체계적인 연구와 교육을 위해 정선아리랑문화재단, 정선아리랑연구소, 정선아리랑학교 등을 운영하고 있다.

---

1 민요·판소리·농악 등에서 사용하는 장단으로 세 번 친다는 뜻을 지니고 있으며, 보통 빠른 4분의 6박자 또는 8분의 9박자 장단을 말한다.
2 통속민요는 각 지방의 민요가 지역성인 한계를 뛰어넘어 여러 지역에서 불리면서 일종의 유행을 주도하는 민요를 말한다. 보통 전문소리꾼들에 의하여 유포되고 유행되는 경우가 많으며, 강강술래, 뱃노래, 한오백년, 아리랑 등이 여기에 속한다.
3 두산백과사전(2013년 4월 17일)
  (http://terms.naver.com/entry.nhn?cid=200000000&docId=1120763&mobile&categoryId=200000871)
4 정선아리랑학교, 「아리랑, 정선아리랑」, 2012, 18~22쪽.

〈 아리랑의 어원[5] 〉

구분	어원 내용
김지연의 알영(閼英)설	신라 박혁거세의 비인 알영의 덕을 찬미하는 것으로 '알영' 또는 '아이영'이라고 부르던 것이 이후에 아리랑으로 변했다는 설이다.
김재수의 아랑(阿娘)설	밀양의 아랑전설의 주인공인 '아랑'의 억울한 죽음을 추모하면서 주민들이 '아랑 아랑'이라고 부르던 것이 변하여 아리랑이 되었다는 설이다.
김덕장의 아이랑(我離娘)설	고종 때 경복궁을 중수하면서 전국적으로 징발된 부역꾼들이 고향을 떠나와서 느낀 외로움과 한탄을 "나는 님을 이별하네(我離娘)"라고 불렀고, 나중에 아리랑이 되었다는 설이다.
남도산의 아이롱(我耳聾)설	경복궁을 중수할 때 원납전을 내라는 소리가 듣기 싫어 '아이롱(我耳聾 ; 내 귀가 먹어서 원납전 내라는 소리를 듣고 싶지 않다)'이라는 소리를 하였고, 이후 아리랑이 되었다는 설이다.
강대호의 아난리(我難離)설	경복궁을 중수할 때 부역꾼들이 "나는 떠나고 싶어도 못 떠난다"라는 뜻의 '아난리(我難離)'라 하던 것이 이후에 아라리가 되었다는 설이다.
권상노의 아이농(啞而聾)설	일제강점기에 이루어진 착취에 대해 감히 맞서지 말고 못 본 척하라는 '아이농(啞而聾)'이 이후 아리랑으로 되었다는 설이다.
일본학자의 아미일영설(俄美日英)	조선시대 말기 "일본아 일어난다. 미국은 믿지 말고, 소련에 속지 말고"라는 풍요(風謠)의 내용과 뜻이 통한다는 설로 '아미일영'을 경계해야 한다는 데서 아리랑이 유래했다는 설이다.
이능화의 아랑위(兒郞偉)설	한옥을 신축할 때 상량문에 '아랑위'라는 글을 쓰는 데서 아리랑이 유래했다는 설이다.
양주동의 아리령설	아리랑을 고유어와 한자의 혼합적 해설을 통해 규명한 설로 '광명을 찾아옴'에서 연유한 고개인 '아리령'에서 아리랑이 되었다는 설이다.
이병도의 낙랑(樂浪)설	고대 낙랑에서 남하하는 교통로의 관문인 '자비령'의 이름인 '아라'에서 음이 변하여 아리랑이 되었다는 설이다.
최재억의 알랑(卵郞)설	고어에서 유추하는 방법으로 동남(童男), 동녀(童女)의 뜻인 '알랑'에서 아리랑이 되었다는 설이다.
이규태의 아린(고향)설	비교언어학적인 방법으로 여진어에서 고향을 뜻하는 '아린'이 아리랑이 되었다는 설이다.
원훈의와 서병하의 아리고 쓰리다설	고어의 조어론적인 분석방법으로 말 그대로 마음이 '아리고 쓰리다'에서 아리랑이 연유되었다는 설이다.
인도 신화	천하만사를 주관하는 '아리람 쓰리람'신에서 아리랑이 유래되었다는 설이다.

---

5 정선아리랑학교, 「아리랑, 정선아리랑」, 2012, 12~15쪽.

(2) 밀양아리랑은 빠른 장단이 많이 쓰여 경쾌하고 흥겨운 민요이다. 밀양아리랑의 시작은 다음과 같다. 조선 명종 때 밀양부사에게 아랑이라는 딸이 있었는데 관노에게 죽임을 당하였고, 이후 새로 부임하는 부사가 원인 없이 급사하는 일이 되풀이되었다고 한다. 그러다가 신임부사가 아랑귀신의 사정을 듣고 죄인을 찾아 벌하였다고 한다. 이후 아랑의 정절을 기려 밀양의 부녀자들이 '아랑가'를 불렀고, 이것이 변해 밀양아리랑이 되었다고 한다. 밀양에서는 아랑제를 매년 음력 4월 16일에 열고 있으며, 근래 들어 아리랑보존활동을 활발하게 펼치고 있다.

(3) 장중한 맛을 내는 진도아리랑은 주로 잦은 중모리장단으로 부르며 슬픔에서 기쁨으로 기쁨에서 슬픔으로 서로 넘나드는 풍부한 인간 감정을 고루 담고 있는 민요이다. 진도에서 1985년부터 진도아리랑타령보존회가 구성되어 원형 보존운동을 활발하게 진행하고 있다.

2. 정선아리랑의 유래와 특징

정선아리랑은 정선을 중심으로 강원도와 경북 북부, 충북, 경기도 동부지역에서 오래 전부터 구비 전승되어온 민요이다.

고려시대 말기 송도에 은신하던 신하 중 7명이 정선(남면 거칠현동)으로 은거지를 옮기면서 예전 입신 시절을 회상하고 고향에 대한 그리움의 심정을 한시로 지어 율창(律唱)으로 부르곤 했다. 이들이 부르던 시는 마을 사람들이 부르던 소리가락에 실려 애절한 토속민요로 자리하였다.

더욱이 고종 때 경복궁을 중수하던 시기 아리랑이 전국적으로 퍼져 정선의 고유 노래인 토속민요에 '아리랑 아리랑'이라는 음율이 붙여지면서 후렴구로 자리하게 되었고, 이를 바탕으로 정선아라리 또는 정선아리랑이 통속민요가 되었다.

정선아리랑은 일제강점기에는 민족의 서러움과 울분을 애절한 가락에 담아 불렀고, 한국전쟁 이후에는 통일에 대한 간절한 염원을 담아 부르기도 했다. 이처럼 정선아리랑에는 시대정신이 그대로 배어 있다. 그러면서도 남녀 간의 사랑과 그리움, 남편에 대한 원망, 시집살이의 서러움, 고부 간의 갈등, 산골마을의 고단한 삶 등 인간 삶의 희로애락이 고스란히 담겨 있다.

정선아리랑은 1958년 정선에서는 처음으로 '정선민요집'에 수록되기 시작했으며, 1971년 12월 16일에는 강원도 무형문화재 제1호로 지정되어 강원도의 대표적인 무형문화유산이 되었다.

3. 정선아리랑 보존성과

정선아리랑은 이미 1971년 강원도 무형문화재 제1호로 지정되어 꾸준히 연구되고, 공연을 하며 대중과 호흡하기 위해 노력하여 왔다. 그 결과 다음과 같은 성과를 이룩하였다.

1) 정선아리랑축제

정선아리랑축제는 1976년 9월 24일 봉양초등학교에서 처음 개최되었다. 당시 충신제, 가장행렬, 등불행렬, 불꽃놀이, 아리랑경연, 무용 및 국악 연주, 그네대회, 학생문예발표, 한시 백일장, 씨름대회, 농악경연대회 등의 행사를 진행하였고, 이후 현재까지 이어지고 있다. 하지만 수해와 신종플루 등으로 인하여 4회, 15회, 23회, 27회, 28회, 34회 등은 취소되었다.

2) 정선아리랑전수회

정선아리랑전수회는 정선아리랑전수회관을 중심으로 정선아리랑 전수교실과 초·중·등학생의 정선아리랑 창교육 등을 실시하고 있다. 1970년 전남 광주에서 열린 제11회 전국민속예술경연대회에서 강원도 대표로 참가한 10여 명의 정선아리랑 시연단이 민요부문에서 문화공보부장관상을 수상하면서 3명이 정선아리랑기능보유자가 되었고, 이듬해 정선아리랑이 강원도 무형문화재 제1호로 지정받으면서 각종 공연활동을 펼쳐왔다. 이후 1994년 정선군문화예술회관 2층 소공연장에서 정선아라리전수회가 정식적으로 출범하였고, 1995년 정선아리랑 전수교실을 운영하기 시작하였다. 당시 기능보유자들을 중심으로 조직의 틀을 마련하였으며, 1996년 제24회 정선아리랑축제부터 정선아리랑전수회라는 명칭을 공식적으로 사용하였고, 이후 오늘날까지 이어지고 있다.6 또한 전수회는 타 지역과 연계하여 아리랑연극, 창극,7 인형극 등을 서울과 의정부 등에서 공연하고 있다.

3) 학술적 기반 구축

정선아리랑이 수록된 고문헌, 잡지, 가사집, 자료집, 음반, 민속품 등을 꾸준히 수집하여 목록화하고 아카이브를 구축하여 데이터베이스화하고 있으며, '정선아리랑 데이터베이스 자료집', '정선아리랑 전승실태 조사 보고서' 등을 발간하였다. 이러한 사업은 정선아리랑연구소를 중심으로 이루어지고 있다.

---

6 정선아리랑 기능보유자는 월 120만 원을, 전수조교는 60만 원을, 전수 장학생은 30만 원의 수당을 지급받고 있으며, 군립예술단 40명은 공연 1회당 12~15만 원씩 지속적으로 지원받고 있다.
7 정선아리랑 창극공연은 정선 5일장 관광열차와 연계한 부대 공연으로 정선문화예술회관에서 진행하고 있다. 이는 전수회의 회원들이 주축이 되어 공연하고 있다.

4) 정선아리랑 연구 및 공연을 위한 기관 설립

정선아리랑 연구를 위하여 정선아리랑연구소, 정선아리랑학교, 정선아리랑 공연예술 원, 정선아리랑문화재단 등의 기관을 설립하여 운영하고 있으며 이를 정선군 차원에서 지원하고 있다.

5) 정선아리랑특구

정선군에서는 2006년부터 정선아리랑특구 지정을 위한 기본전략을 구축하고 정선아 리랑을 데이터베이스화하는 한편 군립예술단을 창당하는 등 특구기반을 조성하기 위해 노력해 왔다. 결국 2012년 5월 18일 정선아리랑 관련 콘텐츠와 문화상품을 개발한다는 취지하에 정부로부터 정선아리랑특구를 인정받았다. 이를 통해 정선아리랑을 중심으로 한 문화관광 콘텐츠 개발을 진행하고, 지역의 신성장동력을 확보함으로써 아리랑 중심의 문화거점 도시 이미지를 확립해 나가고 있다.

정선아리랑특구의 면적은 9개 읍·면 일원 97만 5,075㎡이며, 브랜드 재정립·지역산 업 연계·문화산업화 기반 마련을 축으로 아리랑테마열차 운행 등 정선아리랑 창조 공간 조성사업, 정선아리랑축제 명품 글로벌화 등 정선아리랑 브랜드 강화 사업, 정선아 리랑특화상품 개발 사업, 정선아리랑 생활화를 위한 문화콘텐츠 사업 등 4개의 특화분야 11개 세부사업으로 구성되어 있다. 특구는 2015년까지 총 453억 원의 예산이 투입될 예정이다.

4. 정선아리랑의 발전방향

2012년 12월 6일 특정지역의 아리랑이 아닌, 후렴구가 '아리랑, 아리랑, 아라리요'로 끝나는 노래를 모두 포함하여 유네스코 인류무형유산에 아리랑이 등재되었다.[8]

2009년부터 정선군과 강원도가 함께 문화재청에 등재신청을 요청하였고, 2011년 문화재청에서 아리랑으로 등재신청 결정을 하였으며, 이후 2012년에 외교통상부, 유네스코 등에 차례로 등재신청을 진행하였다. 이처럼 아리랑의 메카인 강원도 정선은 아리랑의 중요성을 전국에서 가장 먼저 인식하고 아리랑을 유네스코에 등재하기 위하여 노력해 왔다.

그러나 이제는 발생지에 대한 논의보다는 아리랑이라는 콘텐츠를 어느 시도단체에서 얼마나 더 잘 활용할 수 있느냐가 중요한 관건이다. 정선아리랑을 발전시킬 수 있는 방향을 몇 가지로 정리하면 다음과 같다.

1) 국내 사례

전국에서 아리랑의 고장이라 할 수 있는 곳은 정선, 밀양, 진도 등 총 3곳이다. 이러한 상황 속에서 문경은 국립아리랑박물관을, 밀양은 밀양아리랑테마파크를, 진도는 진도아리랑 글로벌 프런티어사업 등의 사업을 진행하고자 각종 청사진을 내놓고 있다. 이젠 아리랑을 선점하는 것은 무의미하며, 어느 시도단체가 더 많은 콘텐츠를 바탕으로 대중과 호흡할 수 있는가가 더욱 중요한 시점이다.

---

8 UNESCO 지정 한국의 무형유산은 다음과 같다. 종묘제례악(2001), 판소리(2003), 강릉 단오제(2005), 강강술래(2009), 남사당놀이(2009), 영산재(2009), 제주 칠머리당 영등굿(2009), 처용무(2009), 가곡(2010), 대목장(2010), 매사냥술(2010), 택견(2011), 줄타기(2011), 한산 모시짜기(2011), 아리랑(2012) 등 총 15개이다. 가장 최근에 등재된 아리랑의 경우에는 남한에서 불리는 서정적인 민요(Arirang, Lyrical folk song in the Republic of Korea)로 등재되었기 때문에 국제적으로 중국, 북한과의 경쟁이 불가피한 상황이다.

(1) 문 경

미국인 헐버트(Homer Bezaleel Hulbert)가 1896년 아리랑을 역사상 최초로 서양식 악보로 채보했을 때 문경새재아리랑을 소개하였기 때문에 문경은 아리랑에 대한 상징성이 있는 도시이다.

이를 바탕으로 경북 문경시청은 국립아리랑박물관을 건립하기 위하여 노력하고 있다.[9] 각 지역을 대표하는 아리랑전수회관은 일부 존재하고 있지만 아리랑박물관이 뚜렷하게 없는 현실에서 문경새재아리랑의 원조 지역인 문경에서 박물관 부지를 마련하고, 국가에서 이를 건립할 수 있도록 해야 한다고 주장하고 있다.

국립아리랑박물관의 사업비는 1,200억 원 규모이고, 면적은 13,584㎡로 대공연장, 소공연장, 전수실, 상설전시관, 수장고, 연습실 등의 시설을 포함하고 있다. 여기에서는 각 지역 아리랑의 전수와 감상이 이루어질 것이며, 북한, 중국, 일본, 미국 등에서 불리는 아리랑의 컨트롤 타워 역할을 할 것이다. 더불어 국립아리랑박물관을 건립하여 국제아리랑학술대회도 개최하고, 아리랑투어의 중심거점으로 문경투어를 실시하여 숙박시설과 연계한 체류형 아리랑 관광상품을 개발할 예정이다.

(2) 밀 양

밀양은 공연을 가장 큰 핵심 사업으로 진행하고자 한다. 첫 번째로 2015년까지 지상 4층 연건평 9,812㎡ 규모로 아리랑전수관과 야외공연장이 포함된 밀양아리랑파크의 건립을 추진하고 있다. 상시 공연을 할 수 있는 공연콘텐츠의 개발을 통해 기존의 지역별 아리랑 콘텐츠를 넘어선 차별화된 콘텐츠를 제공하고자 한다. 그 일환으로 아리랑작품을 만들어 개관 기념으로 공연할 예정이며, 동시에 전국 대도시를 투어하며 공연을 진행할 수 있도록 추진할 예정이다.

---

9 국립아리랑박물관의 건립은 시도단체 간의 경쟁이 치열하게 이루어지다 보니 아직 확정된 것은 아니다. 문화재청은 문경 이외에도 진도, 밀양, 정선 등과 더불어 서울도 유치될 수 있다고 밝히고 있다.

두 번째로 밀양아리랑대축제행사를 더욱 활성화시키기 위해 노력하고 있으며,[10] 여름 휴가철에는 영남루에서 밀양아리랑을 공연하고 있다.

세 번째로 밀양아리랑 보존회를 결성한다. 밀양아리랑 보존회는 2013년 3월 28일 발기인 대회를 개최하였고, 앞으로 중요문화제 지정, 밀양아리랑 상설공연 자료 발굴을 통한 학술연구 아리랑 가사집 발간, 아리랑 노래 부르기 대회 등을 활동을 진행할 예정이라고 한다. 보존회는 더불어 밀양문화원, 밀양예총, 밀양아리랑 문화포럼, 밀양 민속예술 보존회 등과의 인적네트워크를 구성하고자 한다.

네 번째로 밀양아리랑의 정체성을 확립하기 위하여 2014년 이후 격년제로 전국단위의 학술세미나를 개최하여 학술연구의 발판을 마련하려고 한다.

이 밖에 밀양은 15km의 문화와 유적을 체험할 수 있는 친환경 둘레길인 밀양아리랑길을 조성하였으며, 밀양아리랑 마라톤대회도 진행하고 있다.

(3) 진 도

전남 진도군에서는 남도의 진도아리랑을 발전시키기 위한 취지에서 진도아리랑을 2001년 향토무형유산 제1호로 지정하였다. 또한 진도아리랑예술제를 통해 남도민요 경창대회, 강강술래, 가장행렬, 체육대회 등의 무형문화재 시연을 진행하고 있다.

특히, 2013년에는 진도군에서 민속문화예술특구로 지정신청을 하였다. 이를 통해 특구로 지정되면 진도의 민속문화의 클러스터 거점화와 진도아리랑 글로벌 프런티어 사업 및 민속문화공감 프로젝트사업 등을 추진할 수 있는 원동력을 얻게 될 것이다.

---

10 1957년 11월에 제1회 밀양문화제를 개최하였고, 1963년 5월에는 제1회 아랑제를, 10월에는 제7회 밀양문화제를 개최하였다. 1968년 5월에는 제11회 밀양문화제와 아랑제를 통합하여 밀양아랑제로 개최하였다. 이후 밀양문화제로 개칭되었다가 2004년 5월에는 제47회 밀양아리랑대축제로 개칭하여 경상남도 우수문화축제로 두 번 지정되었다. 밀양아리랑대축제는 주요행사로 고유제, 아리랑공연, 길놀이, 아랑규수 선발대회, 아랑제향 등의 행사를 진행하고 있다. 이는 기존축제를 리모델링하여 축제를 재구성하기 위한 '밀양 대표 축제 개발연구'라는 용역사업을 통해 변화시킨 결과이다.

더불어 진도군 임회면에 진도아리랑 체험관을 확충하고, 진도읍 아리랑 거리 조성사업을 진행할 예정이다. 뿐만 아니라 진도아리랑의 학술적인 발전을 위하여 '진도아리랑의 보존과 진흥'이라는 주제로 국제학술세미나도 진행하였다.[11]

(4) 서 울

서울도 경복궁 중수 당시 사당패가 부른 아리랑과 1926년 단성사에서 개봉한 나운규 영화 아리랑을 통해 아리랑의 원류임을 주장하고 있다. 바로 본조아리랑의 시발은 서울이라고 하며, 아리랑축제도 진행하고 있다.[12]

2) 발전방향

(1) 정선아리랑을 위한 인력 양성

정선아리랑은 현재 수많은 연구업적이 남아 있는 문화유산이다. 그렇기 때문에 지속적인 연구활동보다는 앞으로 대중과 호흡할 수 있는 길을 찾는 것이 가장 중요하다.

정선아리랑은 고급예술이 아닌 대중[13]예술이라는 인식이 필요하다. 즉, 대중예술은 시장 적응력을 바탕으로 많은 사람들이 즐길 수 있는 생명력과 변화성을 갖고 있어야

---

11 2013년 3월 28일부터 29일까지 진도의 국립남도국악원에서는 진도아리랑의 보존과 진흥이라는 주제로 학술세미나가 열렸다. 28일에는 무형문화유산 아리랑의 가치와 정책, 진도아리랑의 전통 문화적 의미와 가치, 진도아리랑의 민속·예술적 의미와 가치, 외국인이 느낀 아리랑의 흥과 멋 등 4개 섹션으로 나눠 10개 주제가 발표되었고, 29일에는 진도아리랑의 진흥과 활성화를 주제로 6개 주제가 발표되었다. 이때 임돈희 중앙문화재위원회 무형분과 위원장, 나경수 전남대 교수, 이보형 한국고음박협회장, 서연호 고려대 명예교수 등 국내외 학자 40여 명이 발표자와 토론자로 참여하였다.

12 서울시 성북구에서는 성북아리랑축제를 1997년부터 개최해오고 있다. 나운규의 아리랑 촬영지인 성북구에서는 영화의 거리로 아리랑길을 조성하고 지역 내 소재하고 있는 8개 대학과 문화예술인을 참여시켜 독창적이고 질 높은 문화예술축제로 성장시켜 나가고 있다. 행사는 성북구민의 날인 5월 7일 전후로 개최하고 있으며 행사로 신춘음악회, 선잠왕비 공주 퍼레이드 및 선잠제향, 노래자랑 및 체육대회 등이 이루어지고 있다.

13 대중성은 일반 대중이 친숙하게 느끼고 즐기며 좋아하는 성질을 말한다.

한다. 노랫말인 가사를 지켜나가는 것은 무형문화재인 전문가가 해야 될 일이고, 청소년들을 위해서는 아리랑을 재창작하여야 하며, 이에 대한 두려움부터 없애야 한다.

현재 지역마다 아리랑을 선점하기 위하여 아리랑연구소를 비롯한 아리랑박물관, 아리랑축제, 아리랑길, 아리랑공연 등을 선보이고 있다. 이 중에서 박물관과 같은 시설에서는 1920~30년대 녹음한 아리랑 음반의 전시가 이루어질 텐데 아무래도 상태가 좋지 않기 때문에 청소년이나 일반인들에게는 아리랑에 대한 긍정적인 학습의 효과를 이끌어 내기가 쉽지 않다.

즉, 하드웨어인 아리랑 관련 건물이나 센터를 건립하는 것보다 정선아리랑을 알릴 수 있는 스타성을 가진 인력을 양성하는 것이 선행되어야 한다. 정선아리랑을 즐겨 부를 수 있도록 정선아리랑을 부르는 공연자가 회당 700~800만 원 정도를 받을 수 있는 스타성 있는 인력을 키울 수 있도록 한다. 이를 위해 정선아리랑을 전문기획사에서 발굴하여 지속적으로 성장할 수 있는 시스템 구조를 구축한다. 결국 정선아리랑은 대중예술이기 때문에 스타가 없으면 전국적인 붐을 일으킬 수 없으며, 그 음악이 가진 생명력도 지속시킬 수도 없다. 음원으로 돈이 될 수 있는 구조를 만든다면 정선아리랑에 대한 각종 캐릭터 상품이 만들어질 수 있고, 상업적으로 이를 발전시킬 수 있다.

마지막으로 정선아리랑은 과거의 것이 아닌 새로운 것이고 재생산성을 지니고 있으며, 일반적인 것이 아니라 파격적인 요소를 갖고 있어야만 더 많은 관심을 유발시킬 수 있다. 새로운 것을 생산할 수 있는 인력을 키울 수 있도록 학술적인 연구가 아니라 대중문화의 본질을 이해하여 깊이 있게 들어가는 것보다 채록된 자료를 묶어서 재생산할 수 있는 인력이 필요하다.[14]

---

14 일례로 MBC 프로그램 중 '나는 가수다'에서 같은 노래지만 다른 가수들이 편곡해서 부름으로써 음원차트에서 상위권을 차지하는 경우가 있다. 이는 같은 음악이지만 재생산이라는 구조를 통해 새롭게 조명을 받은 것이다. 아리랑도 이런 구조가 필요하다.

(2) 대학과 연계한 소리연구

정선아리랑의 질을 높이기 위해서 대학과 연계하여 전문소리꾼과 이론연구자를 양성한다.

정선아리랑 분야의 전문 음악인 양성을 위하여 정선 인근 대학교인 세경대, 강원관광대 등과 연계하여 정선아리랑학과를 개설하는 것이다. 대중적인 감각을 요구하는 현대사회의 음악세계에 부응할 수 있도록 정선아리랑에 관한 일반이론과 실습 및 현장교육을 통해 독창적이고 창의적인 표현을 할 수 있는 종합예술인을 양성하는 것이다. 이는 이론적·실무적 주제를 모두 다룸으로써 현실적인 실무와 이론을 겸비한 인력을 배출하기 위한 교육이 주가 될 것이다. 졸업 후 정선아리랑 소리꾼, 정선아리랑 교사 및 강사, 정선아리랑 창작(편곡), 영상, 감독, 음악치료사 등으로 진출할 수 있도록 한다.

뿐만 아니라 전국에 있는 대학교 동아리 중 풍물동아리활동을 하는 이들에게 정기적으로 정선아리랑을 교육시키고, 가을 축제기간 동안 이를 공연을 할 수 있도록 한다. 이러한 방법을 통해 보다 젊은 세대가 정선아리랑을 이해할 수 있는 기틀을 마련한다.

(3) 정선아리랑의 학점인정제 도입

우리나라는 학점인정 등에 관한 법률에 따라 중요무형문화재의 보유자로 인정된 자와 그 문하생으로 일정한 전수교육(傳授敎育)을 받은 자는 그에 상당하는 학점을 인정하고 있다.[15]

정선아리랑전수회관 혹은 정선아리랑연구소가 주축이 되어 학점을 인정해줌으로써 학위취득의 기회를 부여할 수 있다. 이는 정선아리랑을 체계적으로 발전시킬 수 있는 밑거름으로 평생교육의 이념을 구현하고 개인의 자아실현과 국가사회 발전에

---

15 「학점인정 등에 관한 법률」 [제11690호] 제7조(학점인정)

이바지할 수 있다. 정선아리랑의 주체 기관에서는 교육부와 한국교육개발원에서 평가 인정된 학습과정을 마친 학력소지자에 한하여 대학 학위를 수여하기 때문에 정선아리랑 연구자에게는 폭넓은 연구의 길을 열어줄 수 있다.

학점인정제의 도입은 결국 정선아리랑 창작활동의 밑거름이 될 수 있고, 이를 통해 정선아리랑문화의 창의적인 전승발전을 이룰 수 있다.

(4) 정선아리랑 교육사 양성

정선아리랑 교육사제도를 시행한다. 정선아리랑에 대한 전반적인 이해를 바탕으로 대중이 원하는 요구를 분석하여 정선아리랑의 교육프로그램을 기획하고, 이를 진행하여 각종 타당성을 검토한다. 지속적으로 정선아리랑이 대중예술로 가기 위해서는 대중에게 친숙한 교육프로그램이 필요하며, 이를 위하여 강사섭외, 시설 및 매체확보 등 프로그램 운영을 책임질 수 있는 정선아리랑 교육사를 양성하여 정선아리랑 관련기관에 배치한다. 이들 교육사는 학사과정에서 전통음악학과를 전공하여 학문적 기반을 마련하고, 석사과정에서 교육학을 전공한 맞춤형 인재를 채용한다. 하지만 예산상의 문제로 교육사를 채용하지 못할 경우에는 정선의 초 · 중 · 고등학교 선생님을 일정기간 교육시켜 교육사로 활용하는 것도 좋은 방안이 될 수 있다.

(5) 학술연구 진행

정선아리랑의 정체성을 확립하기 위해서는 지속적으로 연구를 진행해야 한다. 이미 정선아리랑연구소 진용선소장은 25년 동안 정선아리랑을 연구해온 전문가로서 정선 일대의 거의 모든 아리랑을 채록하여 상당한 연구 성과를 이룩하였다. 하지만 분명 아직도 남아 있고 재창조되고 있는 아리랑이 있기 때문에 지금이라도 관 · 산 · 학 연구가 폭넓게 이루어져야 한다.

또한 학술연구 성과를 어떻게 풀어낼지도 상당히 중요하다. 정선아리랑과 관련된 단행본 및 보고서 등은 상당히 많고, 웹사이트를 통해서도 확인할 수 있다. 그러나

아리랑 자료와 기록물 등을 보다 많은 이들이 효율적으로 접할 수 있는 공간을 마련해야 한다. 이러한 상황 속에 정선아리랑의 아카이브를 공유할 수 있도록 정선이라는 지리적 공간도 좋지만 서울의 인사동이나 대학로 등을 중심으로 정선 아카이브 공간을 마련한다면 보다 많은 사람들이 언제라도 정선아리랑의 연구성과를 확인해 볼 수 있다.

(6) 다양한 기구 설립

정선군에서는 아리랑을 단위로 묶어 하나의 상태로 결합하여 체계적인 자료관리 및 전시와 교육 등을 할 수 있는 국립아리랑연구센터(가칭)의 유치를 위해 노력하고 있다. 이 기관은 정선아리랑뿐만 아니라 전국의 아리랑을 연구하여 공연할 수 있는 허브 역할이 가능하다. 더불어 정선아리랑박물관을 건립하여 정선아리랑 자료의 수집, 보존, 연구, 전시, 교육 등의 기능을 담당할 수 있는 기관도 필요하다.

그러나 가장 중요한 기구는 정선아리랑을 새롭게 할 수 있는 기구이다. 이는 단순한 전수회가 아니라 청소년이 쉽게 접할 수 있고 마을주민들의 쉼터와도 같은 공간을 정선의 전 지역에 고루 위치시켜 일정한 시간 누구나 정선아리랑을 정선에 와서 즐길 수 있도록 하는 것이다. 이때 이 기관은 큰 규모가 아닌 소규모로 작은 사랑방 같은 분위기로 조성한다.

(7) 원소스멀티유즈

원소스멀티유즈(One Source Multi Use)는 하나의 콘텐츠를 영화, 게임, 음반, 애니메이션, 캐릭터상품, 장난감, 출판 등의 다양한 방식으로 판매해 부가가치를 극대화는 방식이다. 하나의 인기 소재만 있으며 추가적인 비용부담을 최소화하면서 다른 상품으로 전환해 높은 부가가치를 얻을 수 있으며 문화상품 매출에도 영향을 미치는 시너지효과를 낸다. 정선아리랑도 잘 만들어진 하나의 콘텐츠를 통해서 다양한 아웃풋(output)을 만들어낼 수 있다.

정선아리랑은 가사가 가장 많은 아리랑으로 워낙 다양한 상황에 대한 묘사가 이루어져 있기 때문에 이러한 요소들을 한곳에 묶어 웹툰(만화, 애니메이션), 영화, 드라마, 뮤지컬, 연극 등의 창작공연으로 제작하는 것이다.

이미 정선아리랑문화재단에서는 유옥재창작무용단과 함께 창작한 정선아리랑 춤사위를 초등학생과 일반인에게 보급하고 있다. 이러한 노력이 일정한 성과를 나타낸다면 아트상품의 개발도 진행될 수 있다. 이는 아리랑의 상징적 의미를 활용한 로고와 이미지의 개발을 통해 아리랑의 구체적인 실체를 형성하여 청각브랜드화함으로써 언제 어디서나 친숙하고 다양하게 활용될 수 있다. 즉, 아리랑과 관련된 로고를 디자인하여 각종 상품을 제작하는 것이다. 보석, 시계, 책, 포스터, 판화, 조각, 문구, 게임, 가구, 조명, 홈액세서리, 주방용품, 책상, 아동용품, 스카프, 넥타이, 티셔츠, 모자, 신발 등이다.16, 17 앞으로 이와 같은 상품의 개발을 통해 경제 활성화와 정선아리랑의 이미지 제고가 이루어질 것이다.

(8) 유관기관과 네트워크 구축

이미 정선군에서는 국립국악원과 MOU 체결을 통해 정선아리랑 전승보급을 위해 최선의 노력을 다할 것을 다짐하고 있다. 국립국악원의 인적 네트워크를 동원하여 정선아리랑의 세계화를 이룰 수 있는 방안을 모색하고자 한다.

이 밖에 정선군에서는 한국국악협회, 한국문화예술위원회, 국립국악관현악단, 국립무용단, 국립창극단, 밀양민속예술보존협회, 아리랑보존회, 한국박물관협회 등의 기관과 MOU 체결을 진행하여 공연 및 전시를 위한 교류를 진행해야 하며, 전북대학교 예술대학 한국음악학과, 전남대학교 예술대학 국악과, 한양대학교 국악학과, 추계예

---

16 현재 유럽과 미국 등의 박물관에서 아트상품으로 제작하여 판매 중인 상품들이다.
17 정선을 방문하는 사람들의 소비 수요를 예견하고 이에 대응하여 다양한 계층의 여행자 욕구를 충족시킬 수 있는 속성을 갖춘 제품이면 어떤 것이든 관광기념품으로 인정할 수 있다. 결국 정선아리랑의 특성을 염두한 기획 및 생산이 필요하다.

술대학교 국악전공, 용인대학교 국악과, 서울예술대학교 국악과 등의 대학교와 산학연
계하여 학술적인 연구 토대를 마련해야 한다.

(9) 찾아가는 정선아리랑 교육

정선아리랑을 찾아가는 교육 프로그램으로 만들어 진행한다. 정선아리랑은 이동이
가능하여 세계 어느 곳과도 자유롭게 공유할 수 있는 문화이다. 이러한 특성을 바탕으
로 문화소외지역인 농촌지역의 보건소, 마을회관 등에서 정선아리랑과 관련된 물품들
을 관람하게 하고, 직접 만져보며 정선아리랑 시연의 기회를 제공함으로써 문화향수
증진에 이바지한다.

(10) 전수관 강화[18]

정선아리랑은 특성상 기량을 연습하고 후학을 교육하기 위한 공간인 전수관을
확보해야 한다. 전수관은 작업실, 전승교육 장소, 일반 강습장, 작품 전시실로 활용할
수 있는 다목적 문화공간이다.[19]

현재 정선아리랑문화재단은 정선아리랑전수관에서 정선아리랑 전수강사인 유영란
예능보유자가 초청강연 및 교수이론을 교육할 수 있도록 진행하고 있다. 그러나
향후 전수관은 아리랑자료의 수집, 보존, 연구, 전시, 교육 등을 총괄할 수 있는 기구로
확대해야 한다. 정선아리랑전수관을 발전시켜나가는 것은 곧 정선아리랑박물관을
건립하여 운영하는 것과 그 맥을 같이한다.

---

[18] 정선아리랑전수관은 2013년 3월 23일부터 5월 31일까지 리모델링을 진행하고 있다. 인류무형문화유산인
아리랑의 본고장으로서 시설개선을 통해 보다 많이 이들이 전수관을 찾을 수 있도록 생활관동과
관리실동을 모두 리모델링한다.
[19] 임돈희, 자넬리 로저 L, 「무형문화재의 전승실태와 개선방안」, 「비교민속학 比較民俗學 第28輯」,
비교민속학회, 2005, 448쪽.

(11) 정선아리랑 향토음식 개발

향토음식은 특정지역에서 생산하는 특산물로 그 지역의 전통적인 조리법을 활용하여 요리한 음식이다. 교통망의 발달로 그동안 특정지역에서 먹었던 향토음식은 전국으로 널리 전파되었고 각 시도단체에서도 각종 요리 경연대회를 통해 향토음식을 발전시켜 나가고 있다.

정선지역에서도 정선아리랑의 이미지를 연상시킬 수 있는 향토음식을 개발하여 보급한다면 문화관광산업의 발전을 이룰 수 있고, 정선아리랑도 자연스레 홍보할 수 있을 것이다. 현재 정선에는 감자떡, 곤드레밥, 메밀국, 보리개떡, 감자옹심이, 메밀부침개, 코등치기 등의 음식이 있다. 앞으로 정선아리랑묵, 정선아리랑장아찌, 정선아리랑김밥, 정선아리랑국수 등 새로운 특산품의 개발이 필요하다. 하지만 무엇보다 필요한 것은 음식을 담아내는 그릇인 포장 디자인의 개발로, 맞춤형 작업을 통해 정선아리랑의 특색을 나타낼 수 있는 브랜드, 포장, 디자인의 개발이 요구된다.

(12) 정선아리랑 사이버박물관 조성

사이버박물관은 새로운 테크놀로지와 문화콘텐츠를 결합하여 박물관을 알리는 중요한 방법으로 각 박물관이 보유하고 있는 홈페이지를 통해 다양한 서비스를 제공하는 것이다.

현재 정선아리랑은 정선아리랑학교와 정선아리랑연구소 등에서 소개하고 있지만 민간부분이 아닌 관 위주로 역사와 문화적 물적 토대를 바탕으로 유무형의 문화유산을 홈페이지, 모바일 어플, 이북(E-book) 카탈로그, 카페, 블로그 등의 형태로 제작하여 가상체험과 인터랙티브가 가능하도록 유도한다.

제 8 부

슬로시티 활성화 방안

 2012년 10월 20일 이탈리아 산타마리아 노벨라라에서 열린 국제슬로시티연맹 총회에서 영월군 김삿갓면이 슬로시티 국제인증을 받았다. 이에 따라 영월군에서는 11월 2일 영월군 스포츠파크 실내체육관에서 김삿갓면 슬로시티 선포식을 개최하였다.

 이젠 영월도 명실공히 국제적인 인지도를 쌓은 만큼 그동안 추진해온 다양한 문화관광 사업이 더욱 탄력을 받을 것으로 예상된다. 이는 영월이 가지고 있는 자산을 전 세계인들과 공유할 수 있는 기회이며, 동시에 영월군민의 결속력과 자긍심을 높일 수 있는 계기이기도 하다.

 이 장에서는 슬로시티의 이론적 고찰을 통해 슬로시티를 이해하고, 향후 영월군 김삿갓면의 슬로시티 사업이 발전할 수 있는 방안을 모색해보고자 한다.

1. 슬로시티의 개념

슬로푸드[1]연맹이 1998년 이탈리아 그레베 인 키안티(Greve in Chiantti), 오르비에토(Orvieto), 브라(Bra), 포지타노(Positano) 등 4개의 시에 슬로시티 국제네트워크 결성을 제안하였다. 이를 계기로 지역 발전을 고민하던 그레베 인 키안티의 시장 파올로 사투르니니(Paolo Saturnini)를 중심으로 1999년 10월 슬로시티운동이 전개되었다. 슬로시티운동은 슬로푸드운동의 연장으로, 지역민과 지방정부에 슬로푸드의 철학을 접목시킬 것을 목표로 하고 있다.[2]

슬로시티(Slowcity)는 이탈리아어 치따슬로(cittaslow)의 영어식 표현으로, 산업화와 대도시화로 물질만을 추구하며 인간 본연의 모습을 잃어버린 현대인들에게 자연과 전통문화를 통해 힐링(healing)을 즐길 수 있도록 유도하며, 지역이 스스로 자생할 수 있는 기반인 공동체를 구축하는 것을 의미한다. 이는 단순히 반현대적인 개념이 아니라 지역의 고유성을 유지하면서도 현대적 기술을 활용하는 것을 권장하고 있다.

이러한 슬로시티의 특징은 세 가지로 정의할 수 있다.[3]

첫 번째, 지역의 환경, 식문화, 생산기술, 커뮤니케이션 등이 연결되어 시너지효과를 가져올 수 있다. 슬로시티는 기본적으로 환경과 도시 구조의 질적 향상을 도모하고, 지역특성을 나타내는 특산품과 고유기술을 보호·육성하며, 행동주체인 지방자치단체와 지역민 간의 커뮤니케이션을 촉진할 수 있다. 이를 통해 지역경제의 활성화가 이루어

---

[1] 슬로푸드는 1986년 이탈리아 로마의 스페인광장 주변에 맥도날드가 입점하자 이에 반대하여 북부 도시인 브라에서 미국형 효율지상주의와 패스트푸드에 기초한 패스트라이프(Fastlife)에 반대하며 등장한 문화운동이다. 슬로푸드운동의 3대 방침은 소멸위기에 처한 음식, 식료 등 전통문화의 보전, 우수한 품질의 재료를 공급하는 소규모 생산자보호, 소비자와 미래의 주인공인 어린이와 청소년을 대상으로 한 음식교육 등으로 이루어져 있다.(위군, 「중국형 슬로시티 조성방안」, 한국외국어대학교 석사학위논문, 2010, 11쪽.)

[2] 배정훈, 「한국형 슬로시티 평가지표 개선방안에 관한 연구」, 한양대학교 석사학위논문, 2011, 6쪽.

[3] 홍정의, 「한국형 슬로시티의 바람직한 전개 방향에 관한 연구」, 서울시립대학교 석사학위논문, 2009, 17~18쪽.

질 수 있으며, 궁극적으로는 지속 가능한 지역발전과 주민들의 삶의 질이 향상될 수 있다.

두 번째, 자율적인 지역 공동체 활동을 영위할 수 있다. 슬로시티는 행정구역단위인 지방자치단체의 제도적 틀에 얽매이지 않고, 개별적으로 동일한 문화권에 속한 주민들이 자발적으로 활동단위를 만들어낼 수 있다.

세 번째, 주민참여를 용이하게 하는 일상적인 접근방식이 가능하다. 슬로시티는 생활의 풍요로움을 위해 주민들의 참여를 기초로 하고 있기에 모든 일에 전문적인 접근보다는 일상생활에서 출발하고 있어 주민들의 공감대 형성이 용이하다. 뿐만 아니라 주민들이 부담 없이 여러 프로젝트에 참여할 수 있는 열린 장이 마련될 것이다.

슬로시티의 특징은 이탈리아의 국제슬로시티연맹에서 정한 슬로시티 가입 기준을 보면 더욱 자세히 알 수 있다.

〈국제슬로시티 가입을 위한 평가기준[4]〉

주요항목	필수 세부항목
환경정책	① 법률에 의거한 물, 토양의 질적 수준관리를 위한 정책과 정기점검 관련 정책 ② 도시 고체 폐기물(쓰레기) 및 특수 폐기물의 분리수거에 대한 장려 및 확산 계획 ③ 기업 및 가정의 퇴비생산 장려 및 확산 ④ 지역 또는 도시의 하수정화시설 존재 ⑤ 에너지 절약과 대체 에너지원(풍력, 수력)의 활용에 관한 계획, 고체 폐기물 이용한 연료화 ⑥ 농업에서 유전자 변형물질 사용금지 ⑦ 포스터 광고 및 교통표지의 규제 계획 ⑧ 전자파 및 전기에 의한 공해 관리시스템 ⑨ 소음공해 억제 및 규제 프로그램 ⑩ 광해(光害) 규제 프로그램 및 시스템 ⑪ 환경 관리 시스템의 도입

---

4 한국슬로시티본부(http://www.cittaslow.co.kr/new/sub01_04_01.asp)

주요항목	필수 세부항목
기반시설 정책	① 유적지 및 또는 문화적·역사적 가치가 있는 예술 및 유적물들의 복원 계획 ② 청소년, 장애인, 노인 등의 안전한 이동 및 통행을 위한 계획 ③ 학교 및 공기업 건물들의 연결되는 자전거 도로망 ④ 개인 교통수단을 대체하는 이동 수단 장려 계획과 대중교통 및 보행 구역들을 연결하는 종합적 교통체계(대중교통으로 갈아타기 위한 주차시설, 에스컬레이터, 자동보도, 레일 또는 케이블을 이용한 시설, 자전거 전용도로, 학교 및 직장으로 이어지는 보행로 등) ⑤ 공공장소 및 공익 관련 장소를 장애인들이 이용할 수 있게 하고 장애인의 건축물 내에서의 접근성 장애와 자유로운 과학시설의 이용을 보장하는 법적 근거 및 정책 ⑥ 가정생활 편의 프로그램 및 지역 활동 장려(레크리에이션 활동, 스포츠 활동, 학교와 가정을 연결하는 연계활동, 노인 및 만성 환자들을 포함하는 가정방문 지원활동, 사회복지센터, 건강을 위한 적정 노동시간관리, 공중화장실 등) ⑦ 의료지원 센터 ⑧ 양질의 녹색지대 및 서비스 인프라(상호 연결되는 녹색지대, 놀이기구 등) ⑨ 지역특산품의 유통 및 "천연산물 판매중심지" 구축 계획 ⑩ 지역의 영세상인을 보호하기 위한 소매상인들과의 협약 및 정책 ⑪ 도시의 쇠퇴지역 재개발 및 도시 재활용 프로젝트들 ⑫ 도시 계획적 재개발 및 리스타일링 프로그램 ⑬ 민원실 기능과 슬로시티 인포메이션 창구의 통합
도시의 품질을 높이는 기술과 설비	① 친환경 구축을 위한 창구, 직원연수 프로그램, 바이오 건축 장려를 위한 홍보 계획 ② 전자기파 공해를 줄이기 위한 무선 시스템 및 광섬유 설치 망 작업 ③ 전자기장 모니터링 시스템 채택 ④ 쓰레기수거함의 환경적 도시미관적 정돈과 관리시간표 계획 ⑤ 공공장소 및 사유지에 환경적 장점을 지닌 식물들 이식 장려 및 그 프로그램. 자연 환경적 건축 기준에 따른 토속 식물 장려정책 ⑥ 시민에게 지식 정보화 서비스를 공급하기 위한 계획(웹 망을 통한 도시 서비스의 보급과 컴퓨터 인터넷 망 사용에 대한 시민들의 인식확대를 위한 프로그램) ⑦ 소음지역의 방음 계획 ⑧ 도시경관 및 전체적 미관 색상에 대한 계획 ⑨ 재택근무의 장려

주요항목	필수 세부항목
지역전통 산업과 슬로푸드	① 유기농 재배 개발계획 ② 수공예품 및 장인들의 예술품들의 품질 인증 ③ 소멸 위기에 처한 장인적·예술적 제품 및 수공예품의 보호 프로그램 ④ 소멸 위기에 처한 직종 및 전통적 작업 방식의 가치 함양 ⑥ 유기농 제품 그리고 또는 지역토산품의 활용과 학교 급식에 있어서의 전통 음식 유지(보호구조물, 학교식당 등) ⑦ 슬로푸드와 협력하여 의무교육 대상학년 및 고등학교를 위한 영양 및 미각 교육 프로그램 ⑧ 소멸 위기에 처한 식물의 종(種) 또는 전통 작업들을 위한 슬로푸드의 주류 및 미식 보호(Slow Food Presidia) 활동 지원 ⑨ 지역 특유의 생산품 조사관리 및 상업화 지원(지역 생산품 시장의 활성화와 가치를 인정받을 수 있는 공간 창출) ⑩ 도시의 식생조사 및 대형 수종(수령이 오래 된 나무들) 또는 "역사적 나무들"의 가치 함양 ⑪ 지역의 문화 행사 보존 및 그 가치를 드높이는 활동들 ⑫ 전통적 방식을 사용한 토착종 재배를 위한 "도시정원" 및 학교 정원 장려
방문객 환대 능력	① 관광정보 및 방문객 환대를 위한 연수 프로그램 ② 가이드 동반 관광코스가 있는 역사적 유적지의 관광 표지판에 국제 표지판을 사용하는 계획 ③ 방문객 환대에 관한 정책, 방문객의 편리한 도시 접근성과 행사가 있는 경우 주의 깊은 서비스 제공(주차장, 관공서 근무시간의 확대운영/탄력적 운영 등) 및 정보 입수의 편의를 제공하기 위한 계획 ④ 도시의 "슬로"관광지 준비(브로슈어, 웹, 홈페이지 등) ⑤ 공정가격 정찰제를 위한 요금표시 등에 대한 상인 및 관광사업자들의 인식
주민들의 의식수준	① 슬로시티 가입에 대한 지자체의 취지, 슬로시티의 목적과 방법에 대한 정보를 시민들에게 제공하는 캠페인 ② "슬로"의 철학을 습득하고 슬로시티의 프로젝트들을 적용하는 데 사회 조직을 참여시키기 위한 프로그램 ③ 슬로시티와 슬로푸드 활동들의 확산 프로그램

이처럼 국제슬로시티에 도시가 가입하기 위해서는 아래 그림과 같은 절차를 따른다.[5]

국제슬로시티가입 요건을 충족하는 도시는 2012년 11월 25일 기준으로 25개국 152개 도시이다. 가입국가의 현황을 살펴보면 이탈리아가 69개로 가장 많고, 이외에 독일, 스페인, 폴란드, 영국, 포르투갈 등의 유럽 도시들이 대부분을 차지하고 있다. 유럽을 제외하면 한국이 전 세계에서 가장 많은 슬로시티를 보유하고 있는 나라이다. 한국은 자연과 문화가 자연스럽게 공존하는 도시가 많으며, 또한 느림의 미학을 실천하고 있음을 보여주는 대목이다.

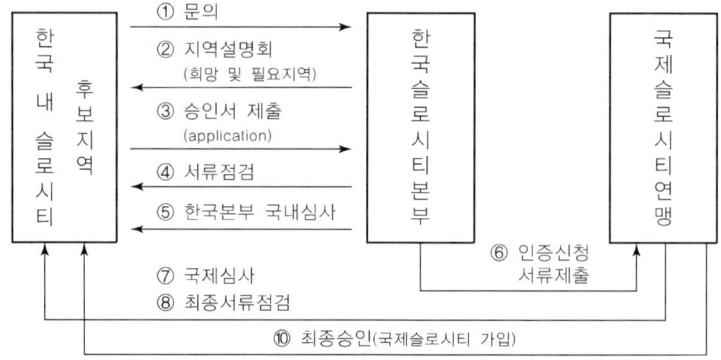

[국제슬로시티 가입 절차]

〈전 세계 슬로시티 현황6)〉

국 가		개 수
유럽	이탈리아	69
	독일	10
	스페인	6
	폴란드	6
	영국	5
	포르투갈	5
	벨기에	4
	네덜란드	4
	노르웨이	3
	오스트리아	3
	프랑스	3
	덴마크	1
	아일랜드	1
	스웨덴	1
	핀란드	1
	헝가리	1
	스위스	1
오세아니아	호주	3
	뉴질랜드	1
북아메리카	미국	3
	캐나다	2
아시아	한국	12
	중국	1
	터키	5
아프리카	남아프리카공화국	1
총		152

---

6 한국슬로시티본부(http://www.cittaslow.co.kr/new/sub01_03_01.asp)

2. 국내 슬로시티의 현황

2005년 9월 학자와 기업가 등을 중심으로 결성된 한국슬로시티추진위원회(위원장 손대현)는 한국슬로시티 지정을 위한 논의를 시작하였다. 이후 2007년 12월에는 전남의 신안, 완도, 장흥, 담양 등 4개 군이 아시아 최초로 슬로시티 국제인증을 받았다. 2009년 2월에는 경남 하동, 2009년 9월에는 충남 예산, 2010년 11월에는 경기 남양주와 전북 전주, 2011년 6월에는 경북 상주와 청송, 2012년 10월에는 강원 영월과 충북 제천이 차례로 슬로시티 국제인증을 받았다.

1) 전남 신안군 증도면

전남 신안군 증도면은 우리나라 최대의 갯벌염전이 있는 곳으로 국내에서 유일한 소금힐링센터인 소금동굴, 소금레스토랑, 소금박물관이 자리하고 있다. 전국 갯벌의 50%가 경제적 논리로 사라진 지금 갯벌과 염전 그리고 습지가 잘 어우러진 증도면은 자연의 생명을 담은 도시이다.

2) 전남 완도군 청산도

전남 완도군은 201개의 섬으로 이루어져 있는데, 그중 하나인 청산도는 인구가 3천여 명 이하인 작은 도시이다. 청동기시대 고인돌과 당리 민속가옥 등 섬 특유의 민속문화를 잘 지키고 있는 곳으로 많은 영화와 드라마의 촬영지였다. 더불어 해녀들이 전복과 해삼을 직접 채취하며, 소를 이용한 우경(牛耕)과 전통적인 장례풍습을 그대로 유지하고 있는 도시이다.

3) 전남 장흥군 유치면 · 장평면

전남 장흥군 유치면과 장평면은 자연휴양림, 장수풍뎅이마을, 지렁이마을 등 자연생태계가 사람과 공존하고 있는 곳으로, '느린 세상 영농조합법인' 등을 출범시키는 등 지역 전체를 유기농 농장(Organic Farm)화하고 있는 도시이다.

4) 전남 담양군 창평면

전남 담양군 창평면은 창평국밥, 국수, 떡갈비, 한과 등의 전통 먹을거리와 삼지천마을의 고택, 한옥마을 등이 두루 위치한 도시 인근의 농촌으로 전통과 현대문화가 함께 존재하는 전통문화체험장을 이루고 있는 도시이다.

5) 경남 하동군 악양면

경남 하동군 악양면은 다향(茶香), 문향(文香), 도향(都香)의 3가지 향기가 머무는 곳으로 헌다례의 차예절과 녹차밭이 잘 조성되어 있다. 일부러 인위적으로 만든 예절과 시설이 아닌 자연 그대로의 모습을 담아내고 있는 도시이다.

6) 충남 예산군 대흥면 · 응봉면

충남 예산군 대흥면과 응봉면은 1968년 준공한 국내 최대 규모의 저수지인 예당저수지가 자리하고 있다. 또한, 의좋은 형제공원, 예당호 조각공원 같은 명소와 붕어찜, 민물어죽, 예산사과 등의 슬로푸드가 있는 도시이다.

7) 경기 남양주시 조안면

경기도 남양주시 조안면은 서울과 연결된 동북부의 관문으로, 배산임수 지형에 산세와 풍광이 좋고 공기가 맑아 전원마을, 장수마을, 연꽃마을, 전원일기마을 등이 위치하고 있는 도시이다.

8) 전북 전주한옥마을

전북 전주한옥마을은 전주시 풍납동과 교동 일대이다. 이곳은 태조의 어진을 모신 경기전(慶基殿)이 있는 곳으로 우리나라 전통 한옥이 온전하게 보존되어 있으며, 최명희 길, 향교길, 민속길 등의 명품길도 자리한 도시이다.

9) 경북 상주시 함창읍 · 이안면 · 공검면

경북 상주시 함창읍, 이안면, 공검면 등은 2천 년의 역사를 지닌 곳으로 다른 슬로시티에 비하여 많은 명인들이 있다. 정대희 옹기장, 허호 비단장, 이학천 도예장, 김묘순 명창, 유종구 구들장 등의 명인이 슬로라이프를 실천하고 있으며, 속리산 문장대, 명주마을, 공검지, 오태저수지 등의 명소를 간직한 도시이다.

10) 경북 청송시 부동면 · 파천면

경북 청송시 부동면과 파천면은 청송 심씨 집성촌으로 송소고택을 비롯하여 주산지와 주왕산, 학소대, 급수대, 주왕굴 등의 자연환경을 그대로 보존하고 있어 각종 희귀한 동식물들이 대거 서식하고 있는 도시이다.

11) 강원 영월군 김삿갓면

강원도 영월군 김삿갓면은 조선시대 시인인 김삿갓의 유적지와 김삿갓계곡 등이 아름답게 꾸며져 있으며, 국내 유일의 박물관고을특구로 민화, 한국화, 판화, 미디어, 동굴, 아프리카 등의 이색박물관이 자리한 도시이다.

12) 충북 제천시 수산면

충북 제천시 수산면은 자연, 한방, 사람을 연대한 몸과 마음의 건강을 누릴 수 있는 감성치유의 리조트를 지향하고 있는 곳으로 제천약초웰빙특구인 만큼 우수하고 뛰어난 약초의 도시이다.

3. 영월군 김삿갓면의 슬로시티 발전방안

국내 슬로시티는 친환경적인 자연경관과 그 지역의 전통문화인 풍속 그리고 각종 유적지를 최대한 보호하여 관람객들이 꾸준히 방문할 수 있도록 많은 노력을 하고 있다. 강원도 영월군 김삿갓면 슬로시티의 향후 발전방안을 몇 가지로 정리해 보면 다음과 같다.

1) 슬로시티를 위한 내부 강점 강화

영월군 김삿갓면의 슬로시티 발전을 위해서는 이곳의 자산들을 체계적으로 분류하고 이를 개발할 필요가 있다.

〈영월군 김삿갓면의 자산[7]〉

관광지	모운동, 고씨동굴, 대야굴, 용담굴, 내리계곡, 와석리 노루골, 김삿갓 유적지, 난고문학관, 조선민화박물관, 묵산미술박물관, 호안다구박물관, 동강소사이어티박물관, 양씨판화미술관, 영월아프리카박물관, 영월동굴생태관, 만봉불화박물관
음 식	포도, 메밀전병, 칡국수, 두부, 다슬기, 고추, 마늘
술	동강막걸리
사 찰	만봉사, 만경사
축 제	김삿갓문화제, 포도축제

---

7 필자가 임의로 정리해 본 '김삿갓면의 자산'이다. 이 중에는 빠진 부분이 분명히 존재할 것이다. 이를 보완하고 앞으로 지속적으로 김삿갓면의 자산을 발굴하기 위해서는 영월군민을 대상으로 시민공청회를 개최하여 모든 군민의 의견을 수렴해야 한다.

김삿갓면은 탄광촌으로 유명하던 모운동 지역을 잘 보존하여 과거 탄광문화의 흔적을 엿볼 수 있으며, 동시에 문화예술행사를 이곳에서 꾸준히 진행하고 있다. 뿐만 아니라 천연기념물인 고씨동굴과 대야굴, 용담굴, 내리계곡, 와석리 노루목 등의 자연환경이 아름다운 비경을 만들어내고 있다. 이처럼 김삿갓면은 근현대시기의 탄광문화와 천혜의 자연환경이 서로 조화롭게 관광명소를 이루고 있다.

이러한 김삿갓면의 관광자원을 이용하여 현재 '김삿갓문화제'와 '김삿갓문학길' 등을 시행하고 있다. 이와 연계하여 향후 슬로시티 영월여행 1박 2일 상품을 개발한다면 자연의 훼손을 최소화하고 힐링의 개념을 도입하여 김삿갓이라는 시인을 매개로 관람객의 오감을 만족시킬 수 있는 기회도 제공할 수 있다.

또한, 김삿갓면은 당도가 높은 포도를 대량생산하여 '포도축제'를 진행하고 있는데, 앞으로는 타 지역에서 시도하고 있는 것처럼 포도국수나 포도장아찌 등의 새로운 특산품을 개발하는 것도 좋은 방법이다.[8] 전통적으로 만들어온 잡곡류인 메밀과 수수 등을 이용한 메밀전병과 구황작물인 칡을 이용한 칡국수 등을 세계인들의 입맛에 맞게 변화하는 작업도 필요하다. 하지만 무엇보다 중요한 것은 음식을 담아내는 그릇인 포장 디자인의 개발이다.[9] 일괄적인 적용이 아닌 맞춤형의 다변화를 통해 김삿갓면의 특색을 나타낼 수 있는 브랜드, 포장, 디자인의 개발이 요구된다.

마지막으로 김삿갓면의 슬로시티에서 가장 중요한 것은 앞서 밝힌 자산을 이용하여 관람객을 모을 수 있는 유인력을 갖추는 것과 홍보이다. 이를 위해 선결해야 할 과제는 체류형 관광이다. 김삿갓면에 오랫동안 머물다 돌아갈 수 있는 1관광지, 1음식제, 1숙박시설 등을 패키지로 만들 수 있는 방안을 모색한다.

---

8 거창 웅양포도축제에서는 포도막걸리, 포도국수, 포도김밥 등을, 충북 영동포도축제에서는 포도빙수, 포도주먹밥, 포도묵, 포도떡, 포도커피 등을, 김포 5일장에서는 포도수제비, 포도부꾸미 등을 만들어 판매하고 있다.
9 세경대학교 호텔조리과 이상아 교수 인터뷰(2012년 11월 12일 10 : 00)

2) 에코뮤지엄 도입

에코뮤지엄(Eco - museum)은 지역에 살고 있는 사람과 이들을 둘러싸고 있는 환경과의 관계에서 생겨난 통합적인 개념으로 살아 있는 박물관, 지붕 없는 박물관, 지역 공생박물관, 주민이 모두 학예사인 박물관, 생태 박물관 등으로 지칭할 수 있다. 즉, 에코뮤지엄은 일정한 지역에서 존재하는 문화를 지역주민들이 주체가 되어 스스로 보존하며, 자신들의 정체성을 확보해 나가는 열린 박물관을 지향한다.

또한, 에코뮤지엄은 보존과 개발 사이의 갈등을 해결할 수 있는 수단으로 자연, 문화, 사회 환경을 원래 상태로 유지하고 이를 존속·보존하면서 발전을 이루는 중요한 개념이다.

그렇기 때문에 영월군 김삿갓면 전체를 에코뮤지엄단지로 조성하여 3개의 공간을 구성하는 것이다. 첫 번째, 김삿갓생가를 중심으로 문화체험공간을 만들고 김삿갓과 관련된 여러 문화행사를 진행한다. 두 번째, 내륙형 지형인 김삿갓면을 통해 농사체험공간을 조성하여 고구마 캐기, 포도 따기, 마늘 캐기 등의 유기농법 체험을 진행한다. 세 번째, 자연경관을 활용하여 생태체험공간을 형성하고 캠프, 송어 잡기, 등산, 삼림욕 등의 자연치유과정을 진행한다.

영월군 김삿갓면을 에코뮤지엄으로 만든다면 김삿갓면 자체의 자연환경을 그대로 유지할 수 있으며, 주민이 주인이 되는 환경을 조성하여 영월의 문화 경쟁력을 확보할 수 있고, 진정한 의미의 슬로시티를 완성할 수 있다.

3) 김삿갓면 박물관 투어

영월은 국내 유일의 박물관고을특구로 지역문화기반시설인 박물관을 활용하여 지역경제의 활성화와 지역민의 화합에 크게 이바지하고 있다. 이에 영월의 특성을 반영한 전문박물관들이 김삿갓면 전역에 위치하고 있기 때문에 김삿갓계곡 지구와 고씨동굴 지구로 나눠 박물관 투어 프로그램을 진행해야 한다.

첫 번째, 김삿갓계곡 지구에 위치하고 있는 난고문학관10, 조선민화박물관11, 묵산미술박물관12, 동강소사이어티박물관13, 호안다구박물관14, 양씨판화미술관15, 만봉불화박물관16 등을 하나의 코스로 개발한다.17

두 번째, 고씨동굴 지구에 위치하고 있는 영월아프리카박물관18과 영월동굴생태관19을 하나의 코스로 개발한다.

이들 박물관들을 서로 연계하여 공동입장권의 발매, 연합전시 및 체험교실 등을 지속적으로 시행하여 김삿갓면에 관람객이 꾸준히 방문할 수 있도록 유도한다.

---

10 난고문학관은 강원의 얼 선양사업의 일환으로 2003년 10월 난고 김병연의 생애와 문학을 한눈에 감상할 수 있도록 개관한 김삿갓전문박물관이다.
11 조선민화박물관은 민화수집가인 오석환관장이 수집한 민화를 바탕으로 2000년 7월에 개관한 민화전문박물관이다.
12 묵산미술박물관은 김삿갓계곡 입구 장군봉과 세종대왕바위가 병풍처럼 두르고 있는 곳에 자리하고 있으며, 한국화가인 임상빈관장의 작품 활동 공간인 동시에 예술작품 감상 및 휴식공간으로 2001년 10월에 개관하였다.
13 동강디지털소사이어티박물관은 디지털기술을 통해 전문지식을 대중에게 효과적으로 전달하는 것을 목적으로 2012년 5월 개관한 박물관이다.
14 호안다구박물관은 우리차문화원 차영미부회장이 내리분교를 활용하여 차와 관련된 각종 도구를 전시하는 박물관으로 2007년 12월에 개관하였다.
15 양씨판화미술관은 판화를 전공한 양태수 작가의 작품을 전시하기 위하여 모운동에 2012년 8월에 개관하였다.
16 만봉불화박물관은 중요무형문화재 제48호 단청장 예능보유자인 만봉스님의 작품을 전시하기 위하여 2013년 5월 28일 개관하였다.
17 지역적으로 사실 호안다구박물관은 다른 김삿갓계곡 내에 있는 박물관과 비교적 멀리 떨어져 있지만 김삿갓계곡으로 가는 길에 위치하고 있어 김삿갓계곡지구의 박물관으로 선정하였다.
18 영월아프리카박물관은 아프리카 16개국의 주한 대사를 역임한 조명행관장이 아프리카 생활 중 수집한 부족사회 전통조각품, 미술품, 생활용품 등을 모아 2009년 5월에 개관한 아프리카전문박물관이다.
19 영월동굴생태관은 동물 관련 자료를 수집·보존·연구하여 전시하는 우리나라 최초의 동굴전문박물관으로 2010년 5월에 개관하였다.

4) 김삿갓면의 스토리텔링기법 도입

김삿갓면의 자산에 스토리텔링기법을 동원하여 '이야기'와 '이야기하기' 구조를 만들어야 한다.[20]

스토리텔링(storytelling)은 스토리에 해당하는 이야기의 내용과 텔링에 해당하는 이야기 표현을 일체화한 구조체이다. 이러한 구조를 지닌 스토리텔링은 모든 정보가 구전되어 전해지던 과거시대부터 존재하여 역사의 흐름 속에서 끊임없이 새로운 스토리를 재창조하며 텔링의 기법을 세분화하였다. 또한 새로운 정보를 체계적으로 분류하여 전달함으로써 누구나 정보와 지식을 쉽게 습득할 수 있도록 만들었다.

김삿갓면이 가진 자산은 그 자체가 이야기 덩어리로서 스토리텔링의 좋은 요소를 가지고 있다. 예를 들어, 김삿갓면이 위치한 모운동을 소개하면서 1960~70년대 산업의 역군으로서 고생한 광부들의 삶도 같이 설명한다면 관람객들은 모운동의 벽화를 관람하는 것에서 끝나는 것이 아니라 그 속에 얽힌 이야기도 받아들여 기억할 것이다. 더불어 이전에 강원탄광문화촌을 관람해 보았다면 이미 기억된 그때의 경험 정보와 함께 새로운 정보를 구조화하여 김삿갓면을 보다 잘 기억할 것이다. 이처럼 스토리텔링으로 김삿갓면의 모든 자산을 서로 연관 지어 짜임새 있는 이야기 구조를 만든다면 관람객과의 상호교류작용을 더욱 강화할 수 있다.

여기에 문화체험적인 요소를 통해 이야기를 다시 재확인하는 과정을 만든다면 단기기억은 무한한 저장고를 가진 장기기억으로 전환될 수 있다. 이러한 관계의 조직과 압축의 기능을 통해 김삿갓면의 문화를 더욱 탄탄하게 만들 수 있다.

---

20 스토리텔링의 구조는 다음과 같다.

서사물	이야기	이야기내용 : 내용요소 story	스토리텔링	무엇을
	서술, 담론	서술방식 : 표현양식 telling		어떻게

부록

향교건물 분석표

[표 1] 전국 향교 수 현황

구분	서울 경기	강원	대전 충남	충북	부산 경남	대구 경북	광주 전남	전북	제주	합계
향교 수	31	16	38	18	30	43	29	26	3	234

[표 2] 지역별 향교 분포현황

서울/경기	강원	충북
성균관, 양천, 인천, 부평, 수원, 남양, 강화교동, 진위, 광주, 파주, 평택, 고양, 시흥, 교하, 적성, 양지, 양주, 여주, 이천, 용인, 연천, 포천, 가평, 양근, 죽산, 양성, 김포, 지평, 안성, 통진	강릉, 원주, 춘천, 삼척, 홍천, 횡성, 양양, 영월, 정선, 평창, 철원, 화천, 양구, 간성, 인제, 동해	청주, 충주, 제천, 청풍, 청산, 옥천, 문의, 보은, 회인, 진천, 괴산, 영동, 황간, 청안, 음성, 연풍, 단양, 영춘

충남		대구/경북
천안, 회덕, 진잠, 직산, 목천, 아산, 온양, 신창, 공주, 보령, 남포, 오천, 노성, 연산, 진산, 은진, 금산, 서산, 해미, 연기, 전의, 부여, 홍산, 서천, 임천, 석성, 청양, 비안, 한산, 대흥, 덕산, 정산, 홍주, 결성, 예산, 태안, 당진, 면천		대구, 칠곡, 현풍, 영일, 경주, 김산, 개령, 청하, 장기, 흥해, 영주, 풍기, 순흥, 지례, 안동, 예안, 인동, 선산, 상주, 함창, 문경, 경산, 영천, 신령, 하양, 자인, 군위, 의흥, 의성, 청송, 비안, 진보, 영양, 영덕, 영해, 청도, 고령, 성주, 봉화, 울진, 평해, 예천, 용궁

전북	전남/제주	부산/경남
전주, 옥구, 임피, 정읍, 고부, 태인, 남원, 익산, 함열, 용안, 여산, 운봉, 김제, 금구, 만경, 고산, 장수, 임실, 순창, 고창, 무장, 흥덕, 부안, 진안, 용담, 무주	광주, 여수, 돌산, 순천, 담양, 창평, 곡성, 옥과, 동복, 구례, 고흥, 보성, 낙안, 나주, 남평, 광양, 장흥, 강진, 해남, 영암, 무안, 함평, 영광, 화순, 능주, 장성, 완도, 진도, 지도, 제주, 정의, 대정	동래, 진주, 통영, 언양, 기장, 울산, 창원, 사천, 곤양, 의령, 함안, 칠원, 김해, 밀양, 거제, 양산, 영산, 고성, 남해, 하동, 산청, 단성, 창녕, 거창, 합천, 삼가, 초계, 함양, 안의, 강양

[표 3] 지원공간의 건물 배치현황

구분		향교명	비고
문묘 공간 구역/ 인접 지역	제기고	교동, 정선, 화천, 금산, 한산, 홍주, 당진, 통영, 곤양, 게제, 자인, 성주, 울진, 돌산, 순천, 해남, 익산, 성균관	
	전사청	양천, 고양, 경주, 예안, 영천, 봉화, 곡성, 영광, 성균관	
	기타 건물	삼척(장경실), 연기(고직사), 영동(노후사), 거제(증반실), 함양(장경각, 전직사), 경주(존경각), 낙안(고직사), 남평(고직사), 해남(증반실), 전주(만화루), 정읍(양재사), 남원(사마재), 장수(사마재), 고창(사마재), 진안(사마재)	
강학 공간 구역/ 인접 지역	고직사	인천, 부평, 화천, 남포, 금산, 석성, 청양, 한산, 청풍, 문의, 동래, 거제, 고성, 초계, 여수, 곡성, 나주, 장흥, 강진, 해남, 화순, 임피, 성균관	
	루	안성, 통진, 춘천, 홍천, 영월, 평창, 인제, 정산, 진천, 단양, 동래, 진주, 통영, 기장, 울산, 창원, 사천, 곤양, 의령, 함안, 김해, 밀양, 양산, 고성, 하동, 산청, 창녕, 거창, 합천, 삼가, 초계, 함양, 안의, 흥해, 영주, 순흥, 지례, 안동, 선산, 영천, 자인, 군위, 의흥, 의성, 청송, 비안, 영해, 청도, 봉화, 평해, 용궁, 돌산, 순천, 광양, 화순, 태인, 남원, 김제, 금구, 부안,	
	기타 건물	인천(재실), 김포(재실), 강릉(재방), 평창(장실), 회덕(재실), 아산(수직사), 공주(존경각), 연산(재임실), 석성(재실), 홍주(전사청), 태안(제기고), 청풍(제기고), 문의(제기고), 울산(전사청), 고성(전사당), 거창(제기고), 삼가(전사청), 안의(제기고), 광양(재실, 제기고), 전주(장판각), 용안(전사재), 운봉(양사재), 부안(진덕재, 종의재), 제주(전사청), 정의(수호사), 성균관(존경각)	

[표 4] 전묘후당의 지형별 배치현황

구분	향교명	향교 수	비율(%)
평지	경주, 경산(분리형), 나주, 함평, 영광, 전주, 정읍, 성균관	8	89
경사지	의성(분리형)	1	11

[표 5] 전당후묘의 지형별 배치현황

구분	향교명	향교 수	비율(%)
평지	경광주, 청산, 통영, 언양, 거제, 안의, 낙안, 금구, 장수,	9	5
완경사지	수원, 평택, 가평, 영월, 남포, 홍주, 창원, 현풍, 신령, 진보, 순천, 남평, 해남, 지도, 옥구, 함열, 진안, 용담	18	10
경사지	양천, 인천, 부평, 교동, 진위, 파주, 시흥, 교하, 적성, 양지, 양주, 여주, 용인, 연천, 포천, 양근, 죽산, 양성, 김포, 지평, 안성, 통진, 강릉, 원주, 춘천, 삼척, 홍천, 횡성, 양양, 정선, 화천, 양구, 간성, 인제, 천안, 회덕, 진잠, 직산, 목천, 아산, 온양, 신창, 공주, 보령, 오천, 노성, 연산, 진산, 은진, 금산, 서산, 해미, 연기, 전의, 부여, 홍산, 서천, 임천, 석성, 청양, 비인, 한산, 대흥, 덕산, 정산, 결성, 예산, 태안, 당진, 면천, 충주, 제천, 청풍, 옥천, 문의, 보은, 회인, 괴산, 영동, 황간, 청안, 음성, 연풍, 울산, 함안, 칠원, 김해, 영산, 고성, 남해, 단성, 창녕, 삼가, 초계, 영일, 김산, 개령, 흥해, 영주, 순흥, 지례, 안동, 인동, 선산, 상주, 함창, 문경, 영천, 하양, 자인, 군위, 영양, 영덕, 영해, 고령, 봉화, 울진, 평해, 예천, 용궁, 전광주, 담양, 창평, 곡성, 옥과, 동복, 구례, 고흥, 보성, 장흥, 강진, 무안, 화순, 능주, 장성, 완도, 진도, 임피, 고부, 태인, 남원, 여산, 운봉, 김제, 만경, 고산, 임실, 순창, 고창, 무장, 흥덕, 무주, 대정	153	80
급경사지	고양, 이천, 청주, 기장, 의령, 양산, 산청, 함양, 여수,	9	5

[표 6] 좌묘우당, 좌당우묘의 지형별 배치현황

구분		향교명	향교 수	비율(%)
좌묘우당	평지	영춘, 돌산, 정의	3	21
	완경사지	칠곡	1	7
	경사지	강화, 단양, 동래, 사천, 곤양, 예안, 의흥, 비안, 성주, 제주	10	72
좌당우묘	평지	합천, 장기, 풍기, 청송, 청도, 영암	6	30
	완경사지	거창,	1	5
	경사지	남양, 평창, 철원, 진천, 밀양, 대구, 청하, 광양, 익산, 용안, 부안	11	55
	급경사지	진주, 하동	2	10

[표 7] 축 구성에 의한 배치현황

( ) : 형식별 비율%

구분		향교명	향교수	비율(%)
전묘후당	일축선	경주, 나주, 함평, 영광, 전주, 정읍, 성균관	7	3(78)
	병렬축	경산(분리형), 의성(분리형)	2	1(22)
전당후묘	일축선	양천, 인천, 부평, 수원, 진위, 경광주, 파주, 평택, 고양, 교하, 적성, 양주, 여주, 용인, 연천, 포천, 양근, 죽산, 양성, 김포, 지평, 안성, 통진, 강릉, 원주, 춘천, 삼척, 홍천, 횡성, 양양, 영월, 정선, 화천, 양구, 간성, 인제, 천안, 회덕, 진잠, 직산, 목천, 온양, 신창, 공주, 보령, 오천, 노성, 연산, 진산, 은진, 서산, 해미, 연기, 전의, 부여, 홍산, 서천, 임천, 석성, 청양, 비인, 한산, 대흥, 덕산, 정산, 홍주, 결성, 예산, 태안, 당진, 면천, 청주, 충주, 제천, 청풍, 청산, 옥천, 문의, 회인, 괴산, 영동, 황간, 청안, 음성, 연풍, 통영, 기장, 울산, 창원, 의령, 김해, 거제, 양산, 영산, 고성, 남해, 단성, 창녕, 삼가, 초계, 함양, 안의, 현풍, 영일, 김산, 흥해, 영주, 순흥, 안동, 인동, 선산, 상주, 문경, 영천, 신령, 하양, 자인, 군위, 진보, 영양, 영덕, 영해, 고령, 평해, 예천, 용궁, 광주, 여수, 순청, 담양, 창평, 곡성, 옥과, 동복, 구례, 고흥, 보성, 낙안, 남평, 강진, 해남, 무안, 화순, 능주, 장성, 진도, 옥구, 임피, 태인, 남원, 함열, 여산, 김제, 금구, 만경, 고산, 장수, 임실, 순창, 고창, 무장, 흥덕, 진안, 용담, 대정	165	71(87)
	절축선	교동, 시흥, 양지, 이천, 가평, 아산, 남포, 금산, 보은, 언양, 함안, 칠원, 산청, 개령, 지례, 함창, 봉화, 울진, 장흥, 완도, 지도, 고부, 운봉, 무주	24	10(13)
좌당우묘	병렬축	남양, 철원, 진주, 밀양, 하동, 거창, 합천, 대구, 청하, 장기, 풍기, 청송, 청도, 광양, 영암, 익산, 용안, 부안	18	8(90)
	직교축	평창, 진천	2	1(10)
좌묘우당	병렬축	강화, 영춘, 동래, 사천, 곤양, 칠곡, 예안, 의흥, 비안, 성주, 돌산, 제주, 정의	13	5.5(93)
	직교축	단양	1	0.5(7)

[표 8] 대성전의 평면형식

구분	향교명	향교 수	비율(%)
개방형	파주, 남양, 김포, 포천, 연천, 인천, 광주, 고양, 양지, 교하, 용인, 통진, 죽산, 진위, 양주, 양성, 부평, 평택, 성균관, 안성, 수원, 강화, 교동, 가평, 인제, 화천, 양구, 평창, 홍천, 원주, 정선, 양양, 춘천, 삼척, 강릉, 영월, 횡성, 간성, 청안, 진천, 음성, 단양, 청주, 옥천, 청산, 황간, 괴산, 연풍, 청풍, 영동, 충주, 금산, 서천, 태안, 온양, 목천, 석성, 진잠, 공주, 노성, 은진, 홍산, 오천, 청양, 서산, 천안, 연산, 당진, 부여, 홍주, 예산, 한산, 비안, 남포, 결성, 회덕, 정산, 아산, 진산, 임척, 직산, 신창, 전의, 해미, 부안, 고산, 진안, 무장, 만경, 익산, 용안, 여산, 장수, 운봉, 정읍, 함열, 흥덕, 김제, 고창, 용담, 광주, 보성, 해남, 창평, 동복, 영광, 광양, 강진, 여수, 화순, 능주, 순천, 나주, 장흥, 지도, 의흥, 예안, 함창, 영주, 봉화, 풍기, 순흥, 개령, 군위, 인동, 영양, 울진, 선산, 의성, 비안, 상주, 진주, 고성, 남해, 산청, 함양, 안의, 거창, 삼가, 곤양, 하동, 의령, 단성, 창원, 거제, 사천, 대정, 제주, 정의	149	66
폐쇄형	시흥, 지평, 양근, 이천, 여주, 철원, 영춘, 문의, 회인, 제천, 보은, 덕산, 연기, 금구, 전주, 임피, 무주, 남원, 태인, 임실, 순창, 옥구, 고부, 낙안, 돌산, 무안, 담양, 옥과, 함평, 고흥, 장성, 완도, 진도, 구례, 영암, 곡성, 남평, 청송, 영일, 청도, 고령, 문경, 장기, 경산, 진보, 청하, 흥해, 경주, 신령, 하양, 김산, 예천, 용궁, 성주, 대구, 현풍, 안동, 자인, 칠곡, 지례, 영덕, 영해, 영천, 평해, 창녕, 밀양, 함안, 영산, 울산, 언양, 김해, 초계, 통영, 합천, 양산, 기장, 동래	77	34

[표 9] 대성전의 평면규모

구분		향교명	향교 수	비율(%)
3칸	3×1	철원	1	79
	3×2	파주, 청안, 금산, 고양, 양지, 평창, 함열, 시흥, 지평, 양근, 영춘, 금구, 청송, 영일, 청도, 고령, 문경, 장기, 경산, 창녕, 밀양, 함안	22	
	3×3	남양, 김포, 포천, 연천, 인천, 인제, 화천, 양구, 진천, 음성, 단양, 청주, 옥천, 청산, 황간, 괴산, 서천, 태안, 온양, 목천, 석성, 진잠, 공주, 노성, 은진, 홍산, 오천, 청양, 서산, 천안, 연산, 부안, 고산, 진안, 무장, 만경, 익산, 용안, 여산, 광주, 보성, 해남, 창평, 동복, 영광, 광양, 의흥, 예안, 함창, 영주, 봉화, 풍기, 진주, 고성, 남해, 산청, 함양, 안의, 거창, 삼가, 곤양, 교하, 용인, 통진, 죽산, 진위, 양주, 양성, 홍천, 원주, 정선, 양양, 연풍, 부여, 홍주, 예산, 한산, 비인, 남포, 결성, 홍덕, 김제, 강진, 군위, 인동, 영동, 회덕, 정산, 아산, 진산, 용담, 이천, 여주, 문의, 회인, 제천, 덕산, 전주, 임피, 무주, 남원, 태인, 임실, 순창, 옥구, 낙안, 돌산, 무안, 담양, 옥과, 함평, 고흥, 장성, 완도, 진도, 구례, 영암, 진보, 청하, 흥해, 경주, 신령, 하양, 김산, 예천, 용궁, 성주, 대구, 현풍, 안동, 자인, 칠곡, 지례, 영산, 울산, 언양, 김해, 초계, 통영, 합천, 양산, 기장	142	
	3×4	광주, 당진, 장수, 운봉, 정읍, 순흥, 개경, 하동, 의령, 단성, 부평, 청풍, 고창, 창원	14	
5칸	5×2	보은, 영덕, 영해	3	21
	5×3	평택, 춘천, 삼척, 강릉, 충주, 임천, 직산, 여수, 화순, 능주, 순천, 영양, 울진, 선산, 거제, 안성, 수원, 강화, 교동, 가평, 영월, 신창, 지도, 의성, 비안, 상주, 해미, 연기, 고부, 곡성, 남평, 영천, 평해, 동래	34	
	5×4	성균관, 나주, 장흥, 사천, 횡성, 간성, 전의, 대정, 제주, 정의	10	

[표 10] 동·서무의 평면형식

구분	향교명	향교 수	비율(%)
개방형	성균관, 부평, 정선, 경광주, 전광주, 여산, 간성, 옥천, 목천, 공주, 능주, 영주, 순흥, 게제, 양주, 수원, 안양, 순천, 고성, 통영, 함양, 전주	22	28
폐쇄형	평창, 단성, 인천, 교하, 이천, 낙안, 진도, 비안, 문경, 고양, 여주, 양근, 안성, 삼척, 죽산, 춘천, 단양, 서천, 서산, 무주, 남원, 남해, 김제, 순창, 고부, 담양, 영광, 고흥, 장성, 보성, 현풍, 성주, 칠곡, 풍기, 평해, 흥해, 동래, 하동, 함안, 밀양, 교동, 홍주, 고령, 금산, 창녕, 합천, 울산, 나주, 청도, 김해, 강릉, 청주, 원주, 충주, 상주, 경주	56	72

[표 11] 동·서무의 평면규모

구분		향교명	향교 수	비율(%)
2칸	2×1	평창, 단성, 낙안, 진도, 비안, 문경	6	12
	2×2	부평, 정선, 전광주	3	
3칸	3×1	인천, 교하, 이천, 고양, 여주, 양근, 안성, 삼척, 죽산, 춘천, 단양, 서천, 서산, 무주, 남원, 남해, 김제, 순창, 고부, 담양, 영광, 고흥, 장성, 보성, 현풍, 성주, 칠곡, 풍기, 평해, 흥해, 동래, 하동, 함안, 밀양, 울산, 나주, 청도	37	70
	3×2	경광주, 여산, 간성, 옥천, 목천, 공주, 능주, 영주, 순흥, 거제, 수원, 양양, 순천, 고성, 통영, 교동, 홍주, 고령	18	
4칸	4×1	금산, 창녕, 합천	3	18
	4×2	양주, 함양, 김해	3	
5칸	5×1	강릉, 청주	2	
7칸	7×1	원주	1	
	7×2	충주	1	
9칸	9×2	전주	1	
10칸	10×2	상주	1	
11칸	11×2	성균관	1	
12칸	12×1	경주	1	

[표 12] 명륜당의 평면형식

구분	향교명	향교 수	비율(%)
마루형	이천, 용인, 인천, 김포, 홍성, 간성, 횡성, 양양, 은진, 홍주, 예산, 당진, 아산, 진산, 청양, 서산, 신창, 보령, 부안, 익산, 함열, 홍덕, 곡성, 광양, 창평, 영암, 무안, 옥과	28	14
방 + 마루형	교하, 죽산, 적성, 포천, 양근, 부평, 파주, 삼척, 진천, 괴산, 영춘, 진잠, 서천, 덕산, 진안, 임실, 김제, 완도, 예안, 풍기, 봉화, 지례, 안의, 강릉, 단양, 정산, 결성, 강진, 광주, 고흥	30	15
방 + 마루 + 방형	교동, 진위, 시흥, 고양, 양주, 지평, 양지, 안성, 평택, 양성, 수원, 화천, 원주, 영월, 정선, 양구, 영동, 청풍, 문의, 보은, 회인, 황간, 음성, 충주, 연풍, 회덕, 임천, 해미, 온양, 직산, 금산, 용담, 여수, 돌산, 화순, 영광, 구례, 장성, 담양, 능주, 보성, 비안, 청하, 경산, 문경, 의흥, 영덕, 흥해, 영천, 예천, 용궁, 군위, 사천, 의령, 칠원, 창원, 함양, 초계, 대정, 정의, 양구, 목천, 고산, 금구, 영양, 함창, 춘천, 여주, 상주, 강화, 광주, 연천, 청안, 옥천, 태안, 전주, 무주, 정읍, 고부, 태인, 무장, 순창, 지도, 남평, 낙안, 함평, 장흥, 순천, 진도, 장기, 순흥, 울진, 현풍, 의성, 안동, 진보, 영해, 영일, 경주, 신령, 하양, 자인, 청도, 고령, 성주, 칠곡, 인동, 선산, 김산, 개령, 평해, 영주, 진주, 남해, 동래, 창녕, 영산, 밀양, 양산, 울산, 언양, 기장, 김해, 거제, 곤양, 하동, 산청, 단성, 거창, 합천, 삼가, 통영, 고성, 청주, 함안, 노성, 장수, 남원	138	69
기타형 (부가)	성균관, 고창, 나주, 제주	4	2

※ 마루형 14%(28개소), 방+마루형 84%(168개소), 기타형 2%(4개소)

[표 13] 명륜당의 평면규모

구분		향교명	향교 수	비율(%)
3칸	3×2	교하, 이천, 죽산, 적성, 홍천, 인제, 진천, 연풍, 제천, 단양, 진잠, 은진, 보령, 홍주, 면천, 부안, 익산, 안의	18	12
	3×3	연기, 노성, 정산, 예안, 당진, 아산, 진산, 곡성, 광양	9	
4칸	4×1	경산	1	18
	4×2	교동, 포천, 양근, 용인, 진위, 평창, 간성, 화천, 영동, 청풍, 영춘, 서천, 결성, 천안, 진안, 용담, 함열, 창평, 완도, 비안, 청송, 청하, 장기, 문경, 봉화, 사천, 남해	27	
	4×3	강화, 석성, 장수, 임실, 용안, 지도, 영암, 예안, 풍기, 순흥, 울진, 진주	12	
5칸	5×1	덕산	1	61
	5×2	양천, 인천, 부평, 수원, 시흥, 김포, 통진, 고양, 파주, 양주, 지평, 광주, 양지, 안성, 양성, 평택, 횡성, 원주, 영월, 정선, 양구, 문의, 보은, 회인, 청산, 황간, 음성, 괴산, 충주, 회덕, 전의, 공주, 부여, 임천, 비인, 청양, 서산, 해미, 태안, 온양, 신창, 직산, 금산, 고산, 무주, 운봉, 흥덕, 만경, 옥구, 임피, 남평, 여수, 해남, 화순, 영광, 옥과, 강진, 고흥, 구례, 현풍, 의성, 영양, 영덕, 영일, 흥해, 자인, 청도, 개령, 지례, 함창, 예천, 용궁, 평해, 영주, 의령, 함안, 칠원, 영산, 밀양, 양산, 울산, 기장, 창원, 곤양, 하동, 단성, 함양, 합천, 초계, 거제	90	
	5×3	여주, 연천, 청주, 옥천, 청안, 목천, 전주, 남원, 정읍, 고부, 태인, 무장, 김제, 금구, 여산, 낙안, 돌산, 무안, 함평, 장흥, 의흥, 안동, 진보, 영해, 경주, 영천, 신령, 하양, 고령, 성주, 칠곡, 인동, 선산, 금산, 상주, 동래, 창녕, 언양, 김해, 통영, 고성, 산청, 거창, 삼가	44	
6칸	6×2	가평, 장성, 군위	3	9
7칸	7×1	삼척, 순창	2	
	7×2	춘천, 양양, 순천, 능주, 보성, 진도	6	
	7×3	담양	1	
	7×4	대정, 정의	2	
8칸	8×2	광주	1	
11칸	11×2	강릉	1	
부가형	–	성균관, 고창, 나주, 제주	4	

[표 14] 동·서재의 평면규모

구분		향교명				향교 수	비율(%)
툇마루 (무)	방형	교하 온양(동) 구례 의흥(동) 하양(서)	연천 남원(서) 진도(동) 의성(동) 동래	삼척(동) 무안(동) 광양(서) 청하(동)	영춘(동) 옥과(동) 현풍(서) 영덕(서)	18	30
	마루형	강릉(서)	광양(서)	대정(서)		3	
	방+마루형	직산 풍기(동)	고창(서)	자인(동)	문경(서)	5	
	기타형 (방+부엌)	양근(서) 아산(동) 장기(동)	정선(동) 해미(동)	삼척(동) 금구	괴산(동) 현풍(동)	9	
	방+마루+방형	청도	창녕	사천	단성(서)	4	
툇마루 (유)	방형	성균관 청풍(동) 진안 익산(동) 화순 강진(서) 봉화 경주 양산 하동(서) 운봉(동) 흥해(동) 하동(동)	남양 공주(동) 장수 전광주(서) 능주 장흥 군위(서) 함창(동) 울산 산청 김제(동) 진주	홍천(서) 석성(동) 남원(동) 낙산(서) 곡성 장성 안동(서) 영주 기장 함양 여수(서) 의령	원주(동) 서천(동) 김제(서) 남평 옥과(서) 완도(동) 예안 순흥(동) 김해 부여(동) 완도(서) 함안	49	70
	마루형	없음				–	
	방+마루형	인제 흥덕(동) 창평(서) 광양(동) 통영	용담 나주 영광(동) 신령 고성	운봉(서) 해남(동) 고흥 함창(서)	고창(동) 여수(동) 강진(동) 문경(동)	18	
	기타형 (방+부엌)	인천(동) 음성(서) 해미(서) 무안(서)	파주(동) 진잠 홍덕(서) 보성(서)	평택 정산(서) 익산(서) 풍기(서)	간성(서) 결성(동) 함열(서)	15	
	방+마루+방형	부평(서) 상주 안의(동)	경광주(서) 창원(동)	부안(서) 곤양	안동(동) 거창	9	

※ 방형 52%(67개소), 마루형 2%(3개소), 방+마루형 28%(36개소), 기타형 18%(24개소)

[표 15] 동 · 서재의 평면규모

구분		향교명							항교 수	비율 (%)
2칸	2×2	순흥(동) 봉화(서)							2	1
3칸	3×1	고양 직산(동) 지례(서)	포천 고창(서) 진보(서)	연천 구례 문경(서)	영월 광양(서) 자인(동)	정선(서) 진도(동) 동래	영산 현풍	덕산(서) 의흥(동)	19	43
	3×2	남하 삼척(동) 서천(동) 용담 함열(서) 완도 상주 양산 하동(서)	교하 양구(동) 해미(동) 장수 능주 낙안(서) 함창 기장 사천(서)	평택 연풍 태안(서) 운봉 동복 여수(서) 영주 고성	춘천 청풍 공주(동) 김제 곡성 보성(동) 군위(서) 곤양	홍천 제천 정산(서) 익산 고흥 영광(동) 봉화(동) 산청	인제 음성(서) 결성(동) 흥덕(서) 장성 예안 진주 함양	정선(동) 진잠 진안 만경(서) 장흥 신령 의령 통영(동)	58	
	3×3	안성 부안(서) 금산							3	
	3×4	게제(동)							1	
4칸	4×1	양근 남원(서) 창녕	양양 영천 영산	괴산 하양 단성(서)	제천(서) 청도 언양(동)	영춘(동) 영덕(서)	금산(서) 청하(동)	아산(동) 장기(동)	18	32
	4×2	인천 청양(동) 함열(동) 창평(서) 함안 남해	파주(동) 정산(동) 무주(동) 옥과(서) 울산 거제(서)	원주 당진(동) 광주 광양(동) 김해	횡성(동) 결성(동) 여수(동) 보성(서) 창원	간성(서) 임실(서) 나주 영덕(동) 통영(서)	음성(동) 고창(동) 무안(서) 군위(서) 하동(동)	서천(서) 만경(동) 남평 의성(동) 안의(서)	37	
	4×3	간성(동) 옥천(서) 화순 함평 강진(서)							5	
5칸	5×1	금구 무안(동) 진도(서) 당성(동)							4	16
	5×2	부평 당진(서) 남원 용궁(동)	경광주(서) 신창(서) 낙안(동) 기장	강릉 금산(동) 해남(서) 안의(동)	횡성(서) 임천(서) 창평(동)	덕산(동) 홍주(동) 안동	해미(서) 임피 영해	태안(동) 임실(동) 경주	24	
	5×3	무장 순천							2	
6칸	6×1	온양(동)							1	8
	6×2	예산 신창(동) 전주 해남(동) 밀양							5	
7칸	7×2	부평(동)							1	
20칸	20×3	성균관							1	
기타	ㄱ자형	교동(동) 김포 단양(동) 목천(동) 서산 청양(서) 태안(동)							7	

[표 16] 누각의 설치 위치

구분	향교명	향교 수	비율(%)
문루형	안성, 단양, 의성, 선산, 밀양, 태인, 춘천, 홍천, 평창, 영월, 진천, 진잠, 남원, 금구, 광양, 영천, 자인, 청도, 지례, 봉화, 동래, 진주, 의령, 함안, 양산, 울산, 창원, 통영, 고성, 곤양, 하동, 산청, 함안, 안의, 거창, 합천, 삼가, 초계, 김해, 정산, 여수	41	74
내부형	부안, 순천, 군위, 청송, 의흥, 비안, 용궁, 영주, 순흥, 평해, 기장, 사천	12	22
외부형	영광, 화순	2	4

[표 17] 누각의 평면규모

구분		향교명	향교 수	비율(%)
3칸	3×1	산청, 진잠	2	64
	3×2	홍천, 영월, 광양, 군위, 비안, 영천, 자인, 청도, 지례, 밀양, 양산, 통영, 고성, 곤양, 안의, 합천, 초계, 돌산, 김해, 평창, 금구, 화순, 동래, 의령, 기장, 사천, 거창, 삼가, 함안	29	
	3×3	남원, 영광, 순천, 부안	4	
4칸	4×2	태인, 의흥, 여수	3	5
5칸	5×1	영주, 봉화, 정산	3	22
	5×2	춘천, 단양, 안동, 청송, 울산, 순흥	6	
	5×3	의성, 평해, 김제	3	
6칸	6×2	영해	1	9
7칸	7×2	용궁, 진천, 선산	3	
11칸	11×1	안성	1	

[표 18] 내·외삼문, 문의 위치에 따른 평면형식

구분		향교명	개소	비율(%)
전면형	내삼문 :	교하, 진위, 홍천, 평창, 양양, 횡성, 삼척, 춘천, 보은, 청풍, 충주, 제천, 청주, 단양, 당진, 직산, 목천, 덕산, 장수, 익산, 화순, 해남, 옥과, 강진, 함창, 거창, 평택, 함평, 지도, 영광, 능주, 비안, 청도, 안동, 영양, 문경, 군위, 연일, 선산, 진보, 울진, 장기, 의령, 안의, 합천, 삼가, 칠원, 초계, 단성, 함안, 양산, 함양, 산청, 지례, 고령, 인동, 평해, 강릉, 의흥, 영주(60)	91	29
	외삼문 :	안성, 화천, 청주, 보은, 공주, 천안, 석성, 보령, 청양, 순창, 용담, 장수, 해남, 보성, 옥과, 강진, 완도, 현풍, 비안, 문경, 함창, 하양, 평해, 거창, 영산, 평택, 진잠, 회인, 음성, 오천, 면천(31)		
중앙형	내삼문 :	성균관, 양근, 여주, 이천, 통진, 죽산, 고양, 양천, 남양, 교동, 용인, 김포, 포천, 연천, 강화, 지평, 파주, 양성, 수원, 부평, 경광주, 시흥, 화천, 인제, 영월, 회인, 영동, 청안, 충주, 황간, 진천, 제천, 연풍, 문의, 공주, 예산, 노성, 임천, 홍산, 청양, 서산, 회덕, 해미, 신창, 홍주, 아산, 온양, 금산, 서천, 정산, 전의, 부여, 남포, 전주, 김제, 순창, 만경, 고부, 임피, 용안, 고산, 임실, 무장, 흥덕, 고창, 진안, 함열, 용담, 무주, 남원, 여산, 태인, 남평, 여수, 돌산, 나주, 낙안, 전광주, 완도, 담양, 진도, 무안, 영암, 장흥, 고흥, 구례, 동복, 경주, 예안, 상주, 대구, 영천, 자인, 풍기, 현풍, 칠곡, 청하, 경산, 하양, 동래, 기장, 사천, 진주, 언양, 울산, 창녕, 남해, 정의, 대정, 곤양, 봉화, 순흥, 용궁(113)	193	60
	외삼문 :	양근, 인천, 이천, 양천, 양지, 남양, 교동, 연천, 지평, 파주, 양주, 양성, 수원, 교하, 부평, 경광주, 적성, 원주, 청산, 황간, 연풍, 문의, 청풍, 노성, 홍산, 전의, 서산, 홍주, 온양, 금산, 임천, 전주, 고부, 임피, 고산, 임실, 흥덕, 고창, 무장, 익산, 운봉, 진안, 함열, 무주, 남원, 여산, 정읍, 남평, 나주, 낙안, 장성, 전광주, 담양, 진도, 무안, 영암, 함평, 장흥, 화순, 고흥, 구례, 순천, 경주, 고령, 김산, 개령, 예천, 예안, 상주, 진보, 신령, 기장, 사천, 언양, 창녕, 거제, 남해, 정의, 당진, 지도(80)		
후면형	내삼문 :	장수, 괴산, 예천, 장성	4	1
일주문형	내삼문 :	가평, 청산, 금산, 순천, 곡성, 광양, 청송, 신령, 영산, 김해, 통영, 거제, 고성	13	4
방+문 +방형	내삼문 :	하동, 양지, 양양, 개령, 간성, 밀양(1방)	21	6
	외삼문 :	능주, 영광, 청하, 영일, 장기, 인동, 영덕, 칠원, 시흥, 서천, 비인, 김해, 포천, 단성, 회덕		

[표 19] 내·외삼문의 평면규모

구분		향교명	개소	비율(%)
1칸	1×1	내삼문 : 의흥, 영주, 용궁(협) 외삼문 : 회인, 음성, 오천, 면천, 양근, 당진, 지도, 예안	11	4
	1×2	내삼문 : 순흥	1	
3칸	3×1	내삼문 : 교하, 진위, 홍천, 평창, 양양, 횡성, 삼척, 춘천, 보은, 청풍, 충주, 제천, 단양, 당진, 직산, 목천, 덕산, 장수, 익산, 화순, 옥과, 함평, 지도, 해남, 영광, 능주, 강진, 비안, 청도, 안동, 영양, 문경, 군위, 연일, 선산, 진보, 울진, 장기, 의령, 안의, 합천, 삼가, 칠원, 초계, 단성, 함안, 양산, 함양, 산청, 장수, 함창, 지례, 괴산, 예천, 인동, 평택, 고령, 거창, 장성, 평해(60) 외삼문 : 안성, 화천, 청주, 청풍, 보은, 공주, 천안, 석성, 보령, 청양, 순창, 용담, 장수, 해남, 보성, 옥과, 강진, 완도, 능주, 영광, 현풍, 비안, 문경, 함창, 하양, 평해, 청하, 영일, 장기, 인동, 영덕, 거창, 영산, 칠원, 진잠, 평택(36)	96	87
	3×2	내삼문 : 성균관, 양근, 여주, 통진, 죽산, 고양, 이천, 남양, 교동, 용인, 김포, 포천, 연천, 강화, 지평, 양천, 양성, 수원, 파주, 부평, 경광주, 시흥, 화천, 인제, 영월, 회인, 영동, 청안, 충주, 황간, 진천, 제천, 문의, 연풍, 공주, 예산, 노성, 임천, 홍산, 청양, 회덕, 해미, 신창, 홍주, 아산, 서산, 온양, 서천, 정산, 전의, 부여, 남포, 전주, 김제, 순창, 만경, 고부, 임피, 용안, 무장, 고산, 흥덕, 임실, 진안, 함열, 용담, 무주, 남원, 고창, 여산, 태인, 남평, 여수, 돌산, 전광주, 완도, 나주, 장흥, 무안, 진도, 영암, 낙안, 고흥, 담양, 구례, 동복, 경주, 예안, 상주, 대구, 영천, 자인, 풍기, 현풍, 칠곡, 청하, 경산, 하양, 동래, 기장, 진주, 언양, 울산, 정의, 대정, 창녕, 사천, 남해, 금산, 봉화, 곤양(111) 외삼문 : 인천, 이천, 양천, 양지, 남양, 파주, 김포, 지평, 교동, 연천, 양주, 수원, 교하, 양성, 적성, 원주, 청산, 황간, 연풍, 전의, 서산, 노성, 홍산, 온양, 금산, 임천, 홍주, 직산, 고산, 임피, 임실, 고부, 고창, 무장, 익산, 운봉, 전주, 진안, 함열, 무주, 남원, 정읍, 흥덕, 나주, 낙안, 장성, 담양, 진도, 무안, 영암, 함평, 전광주, 남평, 화순, 장흥, 순천, 구례, 고흥, 고령, 김산, 개령, 예천, 진보, 신령, 사천, 기장, 창녕, 언양, 거제, 남해, 정의, 부평, 문의, 경주, 경광주(75)	186	
5칸	5×1	내삼문 : 양양, 양지, 하동, 개령 외삼문 : 시흥, 서천, 비인, 김해, 포천	9	5
7칸	7×1	내삼문 : 청주, 간성 외삼문 : 단성, 회덕	4	
9칸	9×1	내삼문 : 강릉, 밀양	2	
기타	일주문	내삼문 : 금산, 가평, 청산, 순천, 곡성, 광양, 청송, 신령, 영산, 김해, 통영, 거제, 고성	13	4

[표 20] 대성전의 기단형식

구분	향교명	향교 수	비율(%)
막 돌기단	교동, 포천, 가평, 용인, 양성, 평택, 연천, 적성, 철원, 양구, 청양, 예산, 태안, 온양, 임천, 진산, 서산, 아산, 해미, 신창, 회인, 영동, 음성, 연풍, 제천, 단양, 영춘, 창영, 영산, 울산, 게제, 남해, 하동, 거창, 삼가, 군위, 의흥, 비안, 홍해, 장기, 신령, 자인, 청도, 인동, 금산, 지례, 함창, 순흥, 예안, 청송, 울진, 남평, 여수, 돌산, 무안, 담양, 화순, 능주, 동복, 함평, 장흥, 진도, 지도, 용암, 고부, 고창, 부안, 금구, 옥구, 임피	70	35
다듬 돌기단	1단 : 강화, 여주, 양근, 횡성, 원주, 은진, 보은, 영주, 　　　언양, 함안, 고령, 진주, 전광주, 곡성, 장수, 순창, 　　　무장, 익산, 전주, 정읍, 장성, 제주(22개소) 2단 : 인천, 남양, 시흥, 고양, 양주, 지평, 이천, 경광주, 　　　죽산, 홍천, 강릉, 간성, 인제, 진잠, 당진, 천안, 　　　직산, 한산, 연산, 옥천, 청안, 동래, 함양, 영양, 　　　진보, 영일, 청하, 영천, 문경, 예천, 영해, 봉화, 　　　순천, 옥과, 고산, 운봉(36개소) 3단 : 통진, 진위, 삼척, 양양, 화천, 평창, 부여, 공주, 　　　청주, 충주, 진천, 황간, 단성, 고성, 대구, 의성, 　　　경주, 경산, 성주, 선산, 나주, 영광, 만경(23개소) 4단 : 정선, 결성, 서천, 금산, 김해, 창원, 통영, 안의, 　　　상주, 김제(10개소) 5단 : 성균관, 수원, 안성, 춘천, 홍주, 밀양, 산청, 남원 　　　(8개소)	99	49
막돌＋다듬 돌기단	(전면 : 장대+측, 후면 : 막돌) 부평, 김포, 양지, 영월, 정산, 문의, 청풍, 양산, 초계, 하양, 낙안, 해남, 광양, 고흥, 구례, 흥덕, 함열, 대정, 정의(19개소) (상 : 장대갑석+하 : 막돌) 교하, 파주, 괴산, 기장, 합천, 안동, 칠곡, 용궁, 보성 (9개소)	28	14
기타기단 (탑재)	청산, 창평, 현풍, 풍기	4	2

[표 21] 동·서무의 기단형식

구분	향교명	향교 수	비율(%)
막 돌기단	인천, 부평, 교동, 교하, 양근, 경광주, 원주, 평창, 정선, 강릉, 삼척, 양양, 간성, 괴산, 충주, 청풍, 단양, 홍성, 목천, 함안, 밀양, 고성, 울산, 김해, 남해, 거제, 하동, 단성, 합천, 초계, 대구, 비안, 홍해, 영천, 하양, 청도, 성주, 칠곡, 상주, 영주, 평해, 낙안, 담양, 능주, 진도, 전주, 남원, 고부, 김제, 익산	50	69
다듬 돌기단	성균관, 수원, 고양, 양주, 이천, 안성, 죽산, 춘천, 청주, 진천, 동래, 진주, 경주, 현풍, 전광주, 나주, 순천, 보성, 장성	19	26
막돌＋다듬 돌기단	옥천, 순창, 함양, 보성	4	5
기타기단	없음	–	–

[표 22] 명륜당의 기단형식

구분	향교명	향교 수	비율(%)
막 돌기단	김포, 통진, 강화, 교동, 파주, 교하, 양주, 양근, 지평, 경광주, 용인, 죽산, 양성, 평택, 연천, 적성, 춘천, 홍천, 횡성, 원주, 평창, 영월, 정선, 인제, 화천, 진잠, 부여, 청양, 정산, 예산, 서산, 해미, 당진, 아산, 온양, 신창, 직산, 금산, 진산, 문의, 보은, 회인, 옥천, 청산, 영동, 황간, 진천, 음성, 연풍, 제천, 청풍, 단양, 동래, 창녕, 영산, 밀양, 양산, 울산, 기장, 김해, 창원, 남해, 하동, 산청, 단성, 거창, 협천, 삼가, 초계, 고성, 군위, 의흥, 비안, 예안, 영양, 진보, 홍해, 장기, 영천, 신령, 하양, 자인, 성주, 칠곡, 지례, 상주, 함창, 문경, 예천, 용궁, 울진, 평해, 남평, 순천, 낙안, 여수, 돌산, 해남, 무안, 지도, 담양, 창평, 화순, 능주, 영광, 옥과, 광양, 보성, 강진, 함평, 장흥, 완도, 진도, 구례, 영암, 전주, 고산, 무주, 임실, 남원, 순창, 고부, 태인, 고창, 무장, 홍덕, 금구	127	79
다듬 돌기단	성균관, 양천, 인천, 부평, 수원, 시흥, 고양, 여주, 이천, 양지, 진위, 강릉, 양양, 공주, 괴산, 청안, 충주, 진주, 의성, 선산, 경주, 전광주, 나주, 제주, 정의	25	15
막돌＋다듬 돌기단	안성, 목천, 김제, 익산	4	2
기타 기단	자연석위장대갑석 : 회덕, 홍성, 청주, 통영, 고흥 탑재 : 현풍	6	4

[표 23] 동 · 서재의 기단형식

구분	향교명	향교 수	비율(%)
막 돌기단	인천, 부평, 남양, 교동, 고양, 교하, 파주, 양근, 경광주, 평택, 연천, 춘천, 홍천, 원주, 평창, 정선, 강릉, 삼척, 양양, 인제, 진잠, 홍성, 예산, 당진, 아산, 온양, 신창, 목천, 옥천, 음성, 청풍, 단양, 밀양, 울산, 고성, 곤양, 남해, 단성, 함양, 거창, 현풍, 의성, 예안, 진보, 영천, 신령, 하양, 청도, 지례, 상주, 함창, 문경, 영주, 남평, 순천, 낙안, 해남, 무안, 창평, 화순, 능주, 동복, 영광, 곡성, 광양, 보성, 강진, 함평, 고흥, 장흥, 장성, 완도, 진도, 구례, 용담, 장수, 남원, 운봉, 고창, 흥덕, 김제, 금구, 익산, 대정	84	91
다듬 돌기단	횡성, 간성, 직산, 동래, 경주, 전광주, 나주, 부안	8	9

[표 24] 누각의 기단형식

구분	향교명	향교 수	비율(%)
막 돌기단	평창, 정산, 남원, 금구, 여수, 돌산, 화순, 영광, 광양, 청송, 영천, 청도, 평해, 동래, 밀양, 울산, 기장, 통영, 고성, 곤양, 초계	21	91
다듬 돌기단	춘천, 태인	2	9

[표 25] 내 · 외삼문의 기단형식

구분		향교명	향교 수	비율(%)
막 돌기단	내삼문 :	부평, 김포, 포천, 용인, 평택, 진위, 평창, 인제, 화천, 서산, 아산, 신창, 목천, 문의, 청산, 동래, 김해, 사천, 거창, 합천, 초계, 대구, 의흥, 예안, 청도, 성주, 칠곡, 인동, 평해, 나주, 남평, 낙안, 담양, 옥과, 고흥, 완도, 구례, 임실, 순창, 정읍, 태인, 고창, 흥덕, 김제(44개소)	69	63
	외삼문 :	수원, 김포, 강화, 파주, 양주, 포천, 양성, 평택, 적성, 화천, 아산, 청안, 제천, 동래, 진보, 인동, 문경, 남평, 담양, 강진, 고흥, 구례, 고산, 진안, 고창(25개소)		
다듬 돌기단	내삼문 :	성균관, 수원, 남양, 통진, 고양, 지평, 여주, 이천, 경광주, 지도, 연천, 춘천, 횡성, 강릉, 양양, 간성, 밀양, 통영, 진보, 영일, 경주, 하양, 전광주, 순천, 보성, 고산, 대정, 정의(27개소(1))	40	37
	외삼문 :	인천, 부평, 시흥, 경광주, 지도, 고령, 예천, 전광주, 나주, 낙안, 보성, 진도, 임실(13개소)		

[표 26] 대성전의 초석형식

구분		향교명	향교 수	비율(%)
덤벙	자연형	파주, 양근, 이천, 경광주, 양성, 평택, 진위, 연천, 횡성, 영월, 정선, 강릉, 양양, 남포, 정산, 당진, 보은, 회인, 음성, 제천, 영산, 밀양, 양산, 울산, 거제, 남해, 산청, 함양, 거창, 동래, 대구, 의흥, 의성, 예안, 영양, 청송, 흥해, 장기, 영천, 신령, 경산, 자인, 청도, 칠곡, 인동, 금산, 지례, 함창, 문경, 예천, 용궁, 봉화, 전광주, 남평, 돌산, 해남, 무안, 담양, 화순, 능주, 동복, 곡성, 옥과, 영암, 함평, 고흥, 완도, 진도, 진안, 고부, 고창, 금구, 임피	73	39
정평	원형	수원, 시흥, 김포, 고양, 교하, 양주, 포천, 지평, 적성, 평창, 간성, 회덕, 진잠, 공주, 신창, 청주, 문의, 괴산, 충주, 영춘, 청산, 청안, 언양, 김해, 창원, 단성, 합천, 삼가, 초계, 의령, 군위, 영일, 성주, 상주, 평해, 순천, 낙안, 광양, 전주, 장수, 정읍, 태인, 무장, 만경, 운봉, 순창	46	51 (95개소)
	방형	가평, 용인, 인제, 철원, 옥천, 통영, 용안	7	
	원형+방형	죽산, 목천	2	
	방형(원형)위 원형주좌	화천, 아산, 은진, 비안, 청하, 경주, 영광, 성균관	8	
	원형장초석	여주, 서산, 태안, 사천, 여수, 익산, 제주, 정의	8	
	방형장 초석	남양, 강화, 직산	3	
	8각장 초석	통진, 교동, 해미, 고성, 보성, 남원	6	
	연화문, 탑재 등	부여, 영동, 황간, 연풍, 창녕, 안의, 현풍, 하양, 고령, 개령, 풍기, 순흥, 나주, 창평, 흥덕	15	
덤벙+ 정평	원형+자연	인천, 안성, 부평, 청양, 예산, 온양, 단양, 진보, 선산, 영주, 울진, 지도, 구례, 부안	14	10 (18개소)
	방형+자연	함열	1	
	원형+방형+자연	양지, 춘천	2	
	팔각+방형+자연	청풍	1	

[표 27] 동 · 서무의 초석형식

구분		향교명	향교 수	비율(%)
덤벙	자연형	부평, 교동, 교하, 양근, 이천, 안성, 평창, 정선, 강릉, 삼척, 양양, 간성, 홍성, 서산, 목천, 진천, 괴산, 충주, 청풍, 단양, 동래, 함안, 밀양, 울산, 거제, 고성, 남해, 하동, 단성, 함양, 합천, 초계, 창녕, 영천, 청도, 성주, 칠곡, 상주, 평해, 전광주, 낙안, 능주, 고흥, 장성, 진도, 전주, 남원, 순창, 고부, 김제, 익산	51	75
정평	원형	수원, 고양, 김해, 순천, 보성	5	21 (14개소)
	방형	인천, 양주, 경광주, 죽산, 춘천, 공주, 청주, 경주, 영광(원형주좌)	9	
덤벙 + 정평	원형 + 자연	옥천, 나주, 담양	3	4

[표 28] 명륜당의 초석형식

구분		향교명	향교 수	비율(%)
덤벙	자연형	인천, 부평, 시흥, 김포, 강화, 교동, 파주, 양주, 양근, 지평, 경광주, 여주, 안성, 평택, 연천, 적성, 홍천, 영월, 정선, 강릉, 양양, 간성, 회덕, 진잠, 부여, 청양, 정산, 홍성, 예산, 서산, 당진, 아산, 온양, 목천, 금산, 청주, 문의, 보은, 회인, 옥천, 청산, 영동, 황간, 진천, 음성, 괴산, 연풍, 청풍, 단양, 영춘, 청안, 동래, 영산, 양산, 울산, 기장, 김해, 통영, 산청, 현풍, 예안, 영양, 진보, 흥해, 장기, 하양, 성주, 칠곡, 인동, 지례, 상주, 함창, 문경, 예천, 용궁, 평해, 전광주, 나주, 남평, 순천, 낙안, 여수, 돌산, 해남, 지도, 담양, 화순, 능주, 영광, 곡성, 옥과, 광양, 강진, 함평, 고흥, 장흥, 장성, 완도, 진도, 전주, 고산, 무주, 장수, 임실, 고부, 태인, 김제, 금구, 만경, 익산, 함열	111	76
정평	원형	포천, 화천, 공주, 서천(호로형), 충주, 제천, 곤양, 단성, 합천, 삼가, 경주, 순창, 정읍, 성균관	14	24 (35개소)
	방형	남양, 통진, 이천, 양지, 신창, 고성, 영암	7	
	원형 + 방형	수원	1	
	방형위 원형 주좌	죽산	1	
	원형장초석	태안, 정의, 창녕, 흥덕	4	
	방형장초석	무안, 보성, 남원, 고창, 무장, 부안	6	
	팔각장초석	구례(4각 혼용)	1	
	탑부재	창평	1	

[표 29] 동 · 서재의 초석형식

구분		향교명	향교 수	비율(%)
덤벙	자연형	부평 남양 교동 고양 교하 포천 양근 경광주 안성 평택 연천 춘천 홍천 횡성 평창 정선 강릉 삼척 양양 인제 진잠 서천 청양 서산 당진 아산 온양 목천 옥천 음성 괴산 청풍 단양 밀양 울산 통영 고성 남해 단성 함양 거창 현풍 예안 진보 영천 신령 하양 청도 지례 상주 함창 문경 영주 남평 순천 낙안 여수 창평 능주 영광 옥과(동) 광양 보성 강진 함평 고흥(동) 장흥 장성 완도 진도 구례 운봉 흥덕 금구 만경 함열	76	82
정평	원형	부여 화순 나주 장수	4	16 (15개소)
	방형	인천 원주 신창 직산 해남(서) 옥과(서)	6	
	기타	김제(방형＋원형) 익산(방형위 원형주좌) 경주(원형＋방형＋팔각운두) 무안(방형장초석) 고흥(원형장초석)	5	
덤벙 ＋ 정평	원형 ＋ 자연	해남 곡성	2	2

[표 30] 누각의 초석형식

구분		향교명	향교 수	비율(%)
덤벙	자연형	안성 단양 정산 태인 금구 여수 돌산 화순 영광 의흥 의성 영천 자인 평해 울산 기장 고성 등 높게 설치함	17	47
정평	단초석	남원 부안 곤양 합천 삼가 평창	6	17
	장초석	김제 순천 광양 밀양 춘천 홍천 김해 창원 통영 거창 청송(8각) 동래(8각) 초계(8각)	13	

[표 31] 내 · 외삼문의 초석형식

구분		향교명	향교 수	비율(%)
덤벙	자연형	내삼문 : 부평, 강화, 용인, 강릉, 삼척, 양양, 인제, 홍천, 횡성, 영월, 평창, 철원, 간성, 아산, 온양, 목천, 천안, 회덕, 진잠, 직산, 신창, 공주, 보령, 임천, 대흥, 당진, 덕산, 면천, 제천, 청풍, 청산, 옥천, 문의, 보은, 회인, 진천, 영동, 황간, 청안, 음성, 연풍, 단양, 영춘, 밀양, 양산, 울산, 통영, 언양, 기장, 사천, 곤양, 의령, 함안, 칠원, 김해, 거제, 영산, 고성, 하동, 산청, 단성, 창녕, 합천, 삼가, 초계, 함양, 안의대구, 청하, 청도, 성주, 칠곡, 인동, 문경, 평해, 전광주, 나주, 남평, 순천, 돌산, 지도, 능주, 동복, 영광, 옥과, 강진, 완도, 고산, 임실, 순창, 정읍, 태인, 김제, 함열(94개소)	141	71
		외삼문 : 부평, 포천, 평창, 원주, 정선, 간성, 아산, 온양, 회덕, 진잠, 직산, 공주, 보령, 임천, 대흥, 면천, 청주, 제천, 청풍, 청산, 문의, 보은, 황간, 청안, 연풍, 영춘, 밀양, 언양, 기장, 사천, 칠원, 거제, 영산, 단성, 장기, 인동, 문경, 나주, 낙안, 순천, 담양, 영광, 옥과, 강진, 고흥, 고산, 함열(47개소)		
정평	원형	내삼문 : 김포, 연천, 괴산, 남해, 거창, 진보, 경산, 고령, 여수, 화순, 대정, 정의(12개소)	23	12
		외삼문 : 인천, 화천, 충주, 진보, 고령, 예천, 화순, 보성, 완도, 임실, 정의(11개소)		
	방형	내삼문 : 수원, 통진, 고양, 지평, 여주, 이천, 경광주, 양지, 평택, 진위, 춘천, 홍주, 청주, 충주, 연일, 영천, 담양, 보성, 성균관(19개소)	25	12
		외삼문 : 수원, 김포, 경광주, 양지, 평택, 직산(6개소)		
	장초석	내삼문 : 죽산, 예천, 무안, 영암, 진도, 고흥, 흥덕, 부안(8개소)	9	4
		외삼문 : 홍주(방형위 원형주초)(1개소)		
기타	팔각형	내삼문 : 태안, 동래 : 2개소	2	1

[표 32] 대성전의 기둥형식

구분	향교명	향교 수	비율(%)
방형주	사용한 곳이 나타나지 않음	–	–
원주	인천, 수원, 남양, 시흥, 김포, 통진, 고양, 파주, 교하, 양주, 포천, 양근, 지평, 여주, 이천, 경광주, 용인, 안성, 죽산, 평택, 진위, 연천, 춘천, 홍천, 횡성, 원주, 평창, 영월, 정선, 강릉, 삼척, 양양, 간성, 인제, 철원, 화천, 청주, 문의, 보은, 회인, 옥천, 청산, 영동, 황간, 진천, 음성, 괴산, 청안, 연풍, 충주, 제천, 청풍, 단양, 영춘, 회덕, 진잠, 공주, 노성, 연산, 은진, 부여, 임천, 석성, 비인, 청양, 정산, 결성, 예산, 서산, 해미, 태안, 당진, 아산, 온양, 신창, 천안, 직산, 목천, 금산, 진산, 전주, 고산, 진안, 용담, 장수, 임실, 남원, 운봉, 순창, 정읍, 고부, 태인, 고창, 무장, 흥덕, 부안, 김제, 금구, 만경, 옥구, 임피, 익산, 함열, 용안, 여산, 전광주, 나주, 남평, 순천, 낙안, 돌산, 남해, 무안, 담양, 창평, 화순, 능주, 동복, 영광, 곡성, 옥과, 광양, 보성, 영암, 강진, 함평, 고흥, 장흥, 장성, 완도, 진도, 구례, 대구, 현풍, 군위, 의흥, 의성, 비안, 안동, 영양, 청송, 영해, 영일, 청하, 흥해, 장기, 경주, 영천, 신령, 경산, 자인, 고령, 성주, 칠곡, 인동, 선산, 김산, 개령, 지례, 상주, 함창, 문경, 예천, 용궁, 영주, 풍기, 순흥, 봉화, 울진, 평해, 동래, 전주, 함안, 영산, 밀양, 양산, 울산, 언양, 기장, 김해, 창원, 통영, 거제, 고성, 사천, 남해, 하동, 산청, 단성, 함양, 안의, 거창, 합천, 삼가, 초계, 제주, 대정, 정의, (성균관)	198	93
방형 + 원기둥	부평, 교동, 강화, 가평, 양성, 적성, 홍주, 창녕, 예안, 진보, 영덕, 하양, 여수, 지도	14	6
기타 기둥	양지(8각주)	1	1

[표 33] 동·서무의 기둥형식

구분	향교명	향교 수	비율(%)
방형주	인천, 부평, 교동, 고양, 교하, 양주, 이천, 경광주, 죽산, 정선, 삼척, 간성, 공주, 임천, 서산, 청주, 충주, 청풍, 단양, 통영, 남해, 하동, 단성, 합천, 상주, 문경, 고부	27	36
원주	수원, 양근, 춘천, 평창, 강릉, 양양, 홍성, 옥천, 진천, 괴산, 동래, 함안, 밀양, 울산, 김해, 초계, 대구, 현풍, 흥해, 경주, 영천, 청도, 성주, 칠곡, 평해, 전광주, 낙안, 담양, 영광, 보성, 장성, 진도, 전주, 남원, 순창, 김제, 성균관	37	49
방형 + 원기둥	안성, 서천, 목천, 거제, 고성, 함양, 창녕, 순천, 능주, 고흥, 익산	11	15

[표 34] 명륜당의 기둥형식

구분	향교명	향교 수	비율(%)
방형주	양천, 강화, 교동, 파주, 양주, 용인, 양지, 진위, 적성, 양양, 간성, 양구, 문의, 거창, 청송, 영암	16	9
원주	인천, 수원, 김포, 통진, 고양, 교하, 포천, 가평, 양근, 지평, 죽산, 양성, 춘천, 홍천, 강릉, 삼척, 화천, 진잠, 공주, 은진, 부여, 임천, 서천, 청양, 홍성, 예산, 서산, 태안, 당진, 아산, 온양, 신창, 목천, 진산, 회인, 옥천, 청산, 영동, 황간, 진천, 음성, 괴산, 청안, 연풍, 충주, 제천, 단양, 영춘, 진주, 밀양, 양산, 김해, 통영, 하동, 단성, 안의, 합천, 삼가, 초계, 창녕, 현풍, 군위, 의흥, 흥해, 장기, 경주, 영천, 하양, 자인, 고령, 성주, 칠곡, 인동, 선산, 개령, 지례, 상주, 함창, 문경, 예천, 용궁, 울진, 평해, 전광주, 남평, 순천, 낙안, 여수, 돌산, 해남, 무안, 담양, 창평, 화순, 능주, 영광, 곡성, 옥과, 광양, 보성, 강진, 장흥, 장성, 완도, 진도, 구례, 전주, 고산, 무주, 장수, 임실, 남원, 순창, 정읍, 고창, 흥덕, 부안, 김제, 만경, 함열, 대정, 성균관	122	70
방형 + 원기둥	부흥, 시흥, 여주, 이천, 경광주, 안성, 평택, 연천, 영월, 정선, 회덕, 정산, 청주, 보은, 청풍, 동래, 함안, 영산, 울산, 산청, 군위, 의성, 예안, 영암, 진보, 신령, 나주, 지도, 함평, 고흥, 고부, 태인, 무장, 금구, 익산, 정의	36	21
기타 기둥	–	–	–

[표 35] 동·서재의 기둥형식

구분	향교명						향교 수	비율(%)
방형주	인천 포천 춘천 삼척 청양 온양 청풍 단성 상주 옥과(서) 운봉	부평 양근 홍천 양양 홍성 신창 단양 거창 영주 장성 금구	남양 경광주 횡성 간성 예산 직산 영춘 현풍 순천 진도 익산(서)	교동 안성 원주 부여 서산 금산 영산 군위 낙안 진안 함열	파주 평택 평창 임천 당진 진잠 고성 예안 무안 용담 대정	교하 연천 정선 서천 아산 음성 남해 지례 해남(서) 남원(서) 성균관	66	61
원주	강릉 경주 창평 장수	인제 영천 능주 남원(동)	괴산 하양 곡성 홍덕	동래 남평 옥과(동) 김제	통영(서) 여수 완도 만경	곤양 해남(동) 구례 익산(동)	24	22
방형 + 원기둥	옥천 전광주 강진	밀양 나주 함평	함양 화순 고흥	진보 영광 장흥	청도 광양 부안	문경 보성	17	16
기타 기둥	함창(8각)						1	1

[표 36] 누각의 기둥형식

구분	향교명						향교 수	비율(%)
방형주	안성(상)	선산(상)외 방형주	없음				2	5
원주	안성(하) 남원 여수 의흥 지례 기장통영 초계	춘천 태인 돌산 의성 순흥 고성	홍천 부안 화순 청송(상) 봉화평해 사천	평창 김제 영광 영천 밀양 곤양	단양 금구 광양 자인청도 양산 거창합천	정산 순천 군위 선산(하) 울산 삼가	41	93
방형 + 원기둥	-						-	-
기타 기둥	청송(하 : 8각)						1	2

[표 37] 내 · 외삼문의 기둥형식

구분	향교명		향교 수	비율(%)
방형주	내삼문 :	이천, 부평, 시흥, 강화, 교동, 고양, 파주, 포천, 가평, 지평, 여주, 양지, 평택, 춘천, 횡성, 평창, 양양, 공주, 비인, 남포, 신창, 홍성, 목천, 문의, 회인, 영동, 충주, 청풍, 영춘, 사천, 산청, 군위, 예안, 영양, 지례, 함창, 평해, 지도, 동복, 곡성, 함평, 고산, 정읍, 고부(44개소)	70	34
	외삼문 :	인천, 남양, 시흥, 김포, 교동, 파주, 양주, 포천, 양지, 평택, 원주, 공주, 비인, 홍성, 아산, 온양, 문의, 단성, 장기, 개령, 함창, 영광, 강진, 용담, 고부, 고창(26개소)		
원주	내삼문 :	김포, 광주, 용인, 안성, 죽산, 진위, 연천, 강릉, 삼척, 인제, 화천, 서천, 아산, 온양, 청산, 괴산, 동래, 양산, 울산, 김해, 통영, 고성, 곤양, 남해, 거창, 초계, 대구, 청송, 진보, 영일, 청하, 장기, 경주, 영천, 경산, 하양, 청도, 고령, 성주, 칠곡, 인동, 선산, 상주, 문경, 예천, 전광주, 나주, 함평, 낙안, 여수, 돌산, 무안, 담양, 화순, 능주, 영광, 옥과, 보성, 강진, 고흥, 장흥, 장성, 진도, 장수, 임실, 남원, 순창, 태인, 고창, 무장, 홍덕, 부안, 김제, 만경, 함열, 대정, 정의(77개소)	123	60
	외삼문 :	양천, 수원, 경광주, 양성, 적성, 간성, 화천, 임천, 태안, 직산, 청주, 청안, 충주, 제천, 영춘, 기장, 사천, 진보, 고령, 인동, 문경, 예천, 전광주, 나주, 함평, 순천, 낙안, 해남, 무안, 담양, 화순, 능주, 옥과, 보성, 함평, 고흥, 장흥, 구례, 고산, 진안, 임실, 남원, 운봉, 무장, 함열, 여산(46개소)		
방형 + 원기둥	내삼문 :	수원, 남양, 간성, 정산, 밀양, 완도, 구례, 성균관(8개소)	11	5
	외삼문 :	부평, 서천, 완도(3개소)		
기타 기둥	내삼문 :	이천(8각), 태안(8각)	2	1

[표 38] 대성전의 공포형식

구분	향교명						향교 수	비율(%)
민도리식	부평 지도 봉화	가평 능주 칠원	정산 동복	고부 장흥	여수 예안	돌산 영덕	14	7
무출목초익 공식	수원 시흥(민) 양성(민) 화천 충주 온양 낙안(민) 울산	고양 김포(민) 춘천 횡성(민) 제천 고창(민) 청송 대정(민)	포천 통진(민) 홍천 보은 회덕 흥덕(민) 영해	양근 교동(민) 원주 청산 서산 담양 고령	지평 양주(민) 간성 영동 당진 영광 용궁(민)	용인 이천(민) 철원 청안 아산 고흥 풍기(민)	44	22
무출목이익 공식	남양 파주(민) 청주 괴산 공주 전주 영암 청도 순흥 통영	여주 교하(민) 문의 연풍 부여 진안 완도 인동 개령(초) 산청	양지 진위(민) 회인 단양 서천 부안 곡성(초) 상주 문경(민) 창녕(민)	죽산 연천(민) 황간 영춘 청양 만경 남평(민) 함창 울진(민) 정의	인천(초) 정선 진천 옥천(민) 해미 함열(민) 의성 예천 함안	강화(민) 양양 음성 진잠 태안 보성 비안 영주 기장	58	28
1출목초익 공식	안성(초) 석성(초) 동래(삼)	평택(초) 전광주(민) 거제(삼)	영월(민) 영천	목천 평해(삼)	금산 고성(초)	신창(민) 함양(초)	14	7
1출목이익 공식	청풍 정읍 화순 진도 청하 금산 양산 거창	남포 김제 옥과 구례 흥해 지례 언양 합천	홍주 임피 광양 현풍 장기 하양 사천 삼가	예산 여산 강진 군위 신령 영일 곤양 초계	직산 무주 함평 영양 자인 진주 단성 제주	남원 무안 장성 진보 선산 밀양 안의	47	23
2출목초익 공식	장수	의령	남해(초)				3	2
2출목삼익 공식	경광주 의흥	고산 경산	용담 김해	순창 하동	순천	해남	10	5
다포식	대구	성주	익산	성균관			4	2
주심포식	강릉 창평	영산 나주	창원	경주	안동	칠곡	8	4

※ ( )는 후면공포, 주심포식 4%, 다포식 2%, 익공식 87%, 민도리식 7%

[표 39] 동 · 서무의 공포형식

구분	향교명	향교 수	비율(%)
민도리	인천, 부평, 수원, 교동, 고양, 교하, 양주, 양근, 경광주, 안성, 죽산, 춘천, 원주, 정선, 양양, 간성, 공주, 서천, 목천, 청주, 옥천, 괴산, 충주, 청풍, 단양, 함안, 창녕, 울산, 창원, 통영, 남해, 하동, 단성, 힙천, 영천, 칠곡, 상주, 순천, 담양, 능주, 보성, 전주, 남원, 순창, 고부, 김제, 익산	47	70
초익공	강릉, 홍성, 진천, 동래, 진주, 밀양, 고성, 함양, 초계, 김해, 경주, 청도, 성주, 평해, 낙안, 영광, 장성, 진도, 성균관	19	28
이익공	거제	1	2

※ 익공식 30%, 민도리식 70%

[표 40] 명륜당의 공포형식

구분	향교명							향교 수	비율(%)
민도리식 (무공아)	부평 교하 진위 서산 고성 진보 돌산 완도 정의	수원 양주 적성 문의 사천 영덕 무안 태인	김포 가평 정선 청풍 곤양 칠곡 지도 흥덕	통진 여주 양양 함양 산청 지례 능주 김제	강화 이천 온양 창녕 의흥 평해 영광 금구	교동 용인 정산 통영 예안 전광주 옥과 정읍	파주 양지 홍성 거제 영양 여수 고흥 대정	57	33
초익 공식	인천 양성 강릉 홍성 청주 청안 영산 거창 상주 담양 함평(무) 고창	고양 시흥 삼척 예산 회인 연풍 울산 삼가 함창 화순 고산	포천 평택 화천 해미 옥천 단양 남해 초계 울진 곡성 무주	양근 연천(무) 회덕 태안 청산 영춘 하동 군위 성주(무) 보성 장수	지평 춘천 진잠 당진 영동 보은 단성 의성 남평 장흥 남원	경광주 홍천 부여 아산 진천 진주 함양 선산 낙안 구례 순창	안성 횡성 청양 목천 음성 칠원 안의 개령 해남 광양(무) 고부	78	46
이익 공식	죽산 양산 김해 용궁 임실	영월 언양 현풍 풍기 부안	황간 기장 장기 강진 함열	괴산 창원 신령 장성 순천	충주 합천 청도 진도 익산	제천 동래 문경 나주 성균관	의령 밀양 예천 전주	34	20
다포식	사용하지 않음							–	–
주심포식	창평, 경주							2	1

※ ( )는 후면공포, 주심포식 1%, 익공식 66%, 민도리식 33%

[표 41] 동 · 서재의 공포형식

구분	향교명						향교 수	비율(%)
민도리식	인천	부평	남양	교동	고양	파주	105	95
	교하	포천	양근	경광주	평택	연천		
	춘천	홍천	횡성	원주	평창	정선		
	강릉	삼척	양양	인제	진잠	공주		
	부여	청양	홍성	예산	서산	당진		
	아산	목천	옥천	음성	청풍	단양		
	동래	진주	의령	함안	창녕	영산		
	밀양(서)	양산	울산	언양	기장	창원		
	통영	거제	고성	사천	곤양	남해		
	하동	산청	단성	함양	안의	현풍		
	예안	진보	경주	영천	하양	청도		
	지례	상주	함창	문경	영주	전광주		
	나주	남평	순천	낙안	여수	해남		
	무안	창평	능주	영광	곡성	옥과		
	광양	보성	강진(서)	함평	고흥	장흥		
	장성	진도	구례	전주	용담	남원		
	운봉	흥덕	김제	금구	익산(서)	함열		
	거창	대정	(성균관)					
초익공식	괴산, 밀양(동), 강진(동)						3	3
이익공식	부안, 익산(동)						2	2

※ 익공식 5%, 민도리식 95%

[표 42] 누각의 공포형식

구분	향교명						향교 수	비율(%)
민도리식	안성	여수	봉화	의령	사천	춘천	16	30
	정산	순천	영광	군위	영해	선산		
	용궁	함안	양산	산청				
초익공식	홍천	화순	광양	청송	영천	지례	16	30
	영주(무)	함양	평창	인제	단양	돌산		
	순흥(무)	진주	안의	합천				
이익공식	남원(2출)	부안	금구	의흥	의성	비안	22	40
	청도	동래(1출)	밀양	울산	거창	삼가		
	태인	김제	안동	자인(1출)	평해	기장(1출)		
	창원	고성	곤양	초계				

※ 익공식 70%, 민도리식 30%

[표 43] 내·외삼문의 공포형식

구분		향교명	향교 수	비율(%)
민도리식	내삼문	부평, 수원, 김포, 강화, 고양, 파주, 포천, 지평, 안성, 죽산, 평택, 진위, 춘천, 횡성, 양양, 화천, 청산, 충주, 정산, 홍주, 온양, 목천, 남원, 정읍, 김제, 함열, 운봉, 장수, 나주, 낙안, 여수, 돌산, 담양, 능주, 보성, 강진, 완도, 진도, 현풍, 의흥, 예안, 진보, 영천, 성주, 인동, 선산, 문경, 예천, 평해, 동래, 의령, 창녕, 언양, 사천, 곤양, 남해, 하동, 산청, 단성, 함양, 합천, 함안, 대정	63	41
민도리식	외삼문	인천, 부평, 수원, 시흥, 김포, 교동, 파주, 포천, 광주, 평택, 원주, 화천, 충주, 공주, 아산, 온양, 진안, 임실, 남원, 운봉, 고창, 함열, 나주, 남평, 순천, 낙안, 담양, 옥과, 영암, 강진, 인동, 개령, 문경, 진보, 칠원, 창녕, 영산, 언양, 김해, 거제, 사천, 남해, 단성	43	28
초익공식	내삼문	성균관, 양지, 용인, 연천, 여주, 간성, 삼척, 예산, 일심, 남평, 옥과, 대구, 자인, 청도, 칠곡, 진주, 울산, 안의, 거창, 삼가, 초계	21	14
초익공식	외삼문	양지, 양주, 이천, 간성, 청안, 고산, 보성, 고령, 예천	9	6
이익공식	내삼문	괴산 곡성 장성 전광주 경산(1출) 거제(3출) 고성(3출) 거창(1출) 동래(1출) 영산(2출) 김해(2출) 창원(3출)	12	8
이익공식	외삼문	없음	–	–
혼용형	내삼문	경광주(초+이) 태인(초+민) 밀양(초+민) 양산(초+민)	4	3

※ 익공식 31%, 민도리식 69%

[표 44] 대성전의 가구형식

구분		향교명	향교 수	비율(%)
5량	평주 5량	인천, 청안, 시흥, 양근, 지평, 이천, 보은, 영춘, 전주, 남원, 고부, 함평, 낙안, 옥과, 담양, 무주, 구례, 진도, 장성, 고흥, 영천, 신령, 흥해, 영일, 진보, 현풍, 용궁, 예천, 문경, 칠곡, 성주, 동래, 양산, 밀양, 창녕, 함안, 초계, 통영, 언양, 합천, 무주, 평해	42	35
	1고주 5량	통진, 진위, 남양, 교하, 고양, 포천, 양지, 평택, 부평, 강화, 파주, 연천, 강릉, 화천, 간성, 진천, 괴산, 단양, 청산, 옥천, 연풍, 부여, 석성, 서산, 홍주, 예산, 신창, 진잠, 정산, 목천, 김제, 함열, 여산, 익산, 부안, 광주, 순천, 보성, 능주, 창평, 해남, 예안, 풍기, 선산, 안동, 거창, 산청, 문의	48	40
	전퇴 5량	영월, 운봉, 흥덕, 영양, 의흥, 고성, 함양, 남해, 거제, 삼가	10	8
6량	전퇴 6량	양주, 김포, 당진	3	3
7량	1고주 7량	양성, 죽산, 교동, 안성, 광주, 충주, 음성, 청풍, 여주	9	8
	2고주 7량	성균관, 수원, 나주, 제주, 정의	5	4
	전퇴 7량	광양, 사천	2	2

※ 5량 83%, 6량 3%, 7량 14%

[표 45] 동·서무의 가구형식

구분		향교명	향교 수	비율(%)
3량	평주 3량	인천, 고양, 이천, 안성, 죽산, 양근, 교하, 여주, 원주, 평창, 정선, 강릉, 삼척, 임천, 홍성, 서천, 서산, 금산, 대흥, 청주, 진천, 청풍, 단양, 괴산, 동래, 함안, 하동, 밀양, 남해, 단성, 창녕, 울산, 창원, 합천, 초계, 대구, 현풍, 영천, 성주, 청도, 칠곡, 평해, 비안, 흥해, 경주, 김산, 문경, 풍기, 낙안, 담양, 영광, 보성, 고흥, 장성, 완도, 진도, 남원, 순창, 고부, 김제, 익산, 무주	62	77
	퇴주형 3량	고성, 통영, 함양 순천, 능주, 거제	6	8
4량	1퇴주 4량	목천	1	1
	1고주 4량	경광주, 옥천	2	3
5량	평주 5량	춘천, 교동, 진주	3	4
	1고주 5량	부평, 수원, 김해, 상주, 영주, 성균관	6	7

※ 3량 85%, 4량 4%, 5량 11%

[표 46] 명륜당의 가구형식

구분		향교명	향교 수	비율(%)
3량	평주 3량	순창	1	1
5량	평주 5량	인천, 부평, 김포, 파주, 양주, 포천, 양근, 지평, 이천, 양지, 안성, 평택, 진위, 적성, 횡성, 화천, 영월, 정선, 강릉, 삼척, 양양, 화천, 문의, 황간, 결성, 회덕, 청양, 보령, 신창, 목천, 고산, 임실, 장수, 고부, 태인, 고창, 부안, 김제, 금구, 용담, 광주, 나주, 순천, 낙안, 무안, 담양, 곡성, 옥과, 광양, 강진, 함평, 구례, 군위, 지례, 의흥, 문경, 예안, 예천, 영양, 용궁, 성주, 인동, 동래, 영산, 산청, 단성, 거제, 성균관	68	83
	1고주 5량	강화, 여주, 연천, 정산, 아산, 청주, 칠곡(평주+동자주 : 고주형식 취함), 흥덕	8	10
	기타 5량	합천(중앙내평주 1), 무주(양측내평주 2), 진보(중앙+측면내평주 2)	3	4
6량	기타 6량	통영(내평주 1, 퇴주 1)	1	1
	7량	정의(2고주7량)	1	1

※ 3량 1%, 5량 97%, 6량 1%, 7량 1%

[표 47] 동·서재의 가구형식

구분		향교명					향교 수	비율(%)
3량	평주 3량	연천 지례(서) 직산 포천 청하 진도 정선 장기	삼척 동래 남평 괴산 거창 영천 연산 사천	아산 창녕 현풍 목천 원주(서) 자인 금구	남원(서) 고양 문경(서) 옥과 영춘 언양 구례	영산 영월 단성 의흥 고창(서) 양근 청도	37	44
	1퇴주 3량	양양 문경(동) 함양	김제 원주(동) 거제(서)	익산 용담	진보 보성	상주 예안	12	14
4량	1퇴주 4량	평창(서)	정산	낙안	신령	영광	5	6
	1고주 4량	평택	경광주	전광주	곡성(동)		4	4
5량	평주 5량	강릉 옥천	무안 순천	고흥	교하	횡성	7	8
	1고주 5량	인천 영주 춘천	교동 파주(동) 진잠	홍천 인제 나주	신창 결성 함창	장성 부평	14	17
	2고주 5량	안성	부안	화순	성균관		4	4
	1퇴주 5량	단양	운봉	대정			3	

※ 3량 58%, 4량 10%, 5량 32%

[표 48] 누각의 가구형식

구분		향교명	향교 수	비율(%)
3량	평주 3량	안성, 합천, 영천, 함안, 단양, 진잠, 산청	7	18
5량	평주 5량	인제, 흥해, 부안, 평해, 태인, 초계, 돌산, 청송, 화순, 진주, 광양, 의령, 영광, 양산, 밀양, 울산, 동래, 창원, 고성, 사천, 기장, 함양, 삼가, 안의, 곤양, 거창, 순천, 김해, 부안, 의성, 금구	31	79
	1고주 5량	김제	1	3

※ 3량 18%, 5량 82%

[표 49] 내·외삼문의 가구형식

구분		향교명	향교 수	비율(%)
3량	평주 3량	내삼문 : 부평, 수원, 김포, 강화, 고양, 파주, 지평, 여주, 이천, 경광주, 용인, 양지, 안성, 죽산, 평택, 진위, 연천, 홍주, 횡성, 평창, 강릉, 양양, 인제, 화천, 청주, 문의, 보은, 청산, 영동, 진천, 괴산, 청안, 충주, 청풍, 영춘, 회덕, 전의, 남포, 정산, 홍성, 결성, 해미, 아산, 온양, 신창, 직산, 목천, 고산, 진안, 무주, 임실, 남원, 순창, 정읍, 태인, 고창, 흥덕, 김제, 만경, 함열, 용안, 여산, 전광주, 나주, 남평, 낙안, 여수, 돌산, 지평, 담양, 화순, 능주, 동복, 영광, 옥과, 보성, 강진, 함평, 고흥, 장흥, 장성, 완도, 진도, 대구, 현풍, 예안, 영양, 청송, 진보, 영일, 청하, 경주, 영천, 하양, 자인, 청도, 고령, 성주, 칠곡, 인동, 선산, 개령, 지례, 상주, 함창, 문경, 예천, 순흥, 평해, 동래, 진주, 의령, 칠원, 밀양, 양산, 울산, 언양, 기장, 김해, 창원, 통영, 사천, 곤양, 남해, 하동, 산청, 단성, 함양, 안의, 거창, 합천, 삼가, 초계, 대정, 정의(135개소) 외삼문 : 인천, 부평, 수원, 시흥, 김포, 교하, 고양, 파주, 포천, 지평, 경광주, 양지, 평택, 원주, 화천, 문의, 보은, 황간, 청안, 충주, 제천, 청풍, 영춘, 공주, 노성, 임천, 홍성, 아산, 온양, 직산, 금산, 고산, 진안, 임실, 남원, 운봉, 고창, 흥덕, 만경, 옥구, 임피, 함열, 여산, 전광주, 나주, 남평, 순천, 낙안, 담양, 화순, 영광, 보성, 강진, 함평, 고흥, 장흥, 현풍, 진보, 영일, 청하, 하양, 고령, 인동, 김산, 개령, 함창, 문경, 예천, 동래, 칠원, 창녕, 영산, 밀양, 언양, 기장, 거제, 사천, 남해, 단성, 거창, 정의(81개소)	216	76
5량	평주 5량	내삼문 : 성균관	1	1
기타	협문, 일주문, 사주문, 누문	내삼문 : 양주, 가평, 정선, 양구, 옥천, 진잠, 부여, 오천, 창평, 곡성, 의성, 영주, 영산, 거제, 고성(15개소) 외삼문 : 양근, 안성, 춘천, 홍주, 횡성, 평창, 영월, 강릉, 양양, 인제, 회인, 옥천, 진천, 음성, 괴산, 단양, 정산, 당진, 면천, 태인, 김제, 금구, 여수, 돌산, 지도, 창평, 곡성, 광양, 의성, 안동, 예안, 흥해, 경산, 순흥, 진주, 의령, 함안, 밀양, 양산, 울산, 창원, 통영, 고성, 곤양, 하동, 산청, 함양, 안의, 합천, 삼가, 초계, 대정(52개소)	67	23

[표 50] 대성전의 지붕형식

구분	향교명	향교 수	비율(%)
팔작지붕	서산, 나주, 지도, 영덕, 진주, 산청, 칠원, 제주, 대정, 정의, 성균관	11	4.5
맞배지붕	팔작지붕외 모든향교에서 나타남	220	95
기타지붕	장흥(맞배+가적)	1	0.5

[표 51] 동·서무의 지붕형식

구분	향교명	향교 수	비율(%)
팔작지붕	없음	0	0
맞배지붕	인천, 부평, 수원 등 모든 조사향교에서 취하고 있음	87	100

[표 52] 명륜당의 지붕형식

구분	향교명	향교 수	비율(%)
팔작지붕	양천, 인천, 부평, 수원, 김포, 통진, 강화, 고양, 파주, 교하, 양주, 가평, 지평, 경광주, 용인, 양지, 죽산, 양성, 평택, 진위, 연천, 적성, 춘천, 홍천, 평창, 영월, 인제, 철원, 화천, 회덕, 진잠, 전의, 공주, 부여, 임천, 서천, 비안, 남포, 청양, 정산, 결성, 대흥, 해미, 태안, 면천, 온양, 신창, 직산, 금산, 문의, 보은, 회인, 옥천, 청산, 영동, 황간, 진천, 청안, 충주, 제천, 청풍, 단양, 의령, 함안, 칠원, 창녕, 영산, 양산, 울산, 언양, 창원, 통영, 남해, 하동, 산청, 함양, 합천, 고성, 삼가, 초계, 의성, 예안, 청송, 진보, 영덕, 흥해, 장기, 영천, 선산, 함창, 문경, 예천, 용궁, 풍기, 순흥, 봉화, 울진, 평해, 여수, 돌산, 해남, 지도, 능주, 영암, 강진, 함평, 장흥, 장성, 완도, 진도, 진안, 무주, 장수, 정읍, 무장, 흥덕, 부안, 금구, 만경, 옥구, 임피, 용안, 여산, 정의	124	57
맞배지붕	교동, 포천, 양근, 이천, 안성, 횡성, 원주, 정선, 강릉, 삼척, 양양, 간성, 연기, 노성, 은진, 석성, 홍산, 한산, 보령, 홍성, 예산, 서산, 당진, 아산, 목천, 진산, 음성, 괴산, 연풍, 영춘, 동래, 진주, 밀양, 기장, 김해, 거제, 사천, 곤양, 안의, 거창, 단성, 대구, 현풍, 의흥, 비안, 안동, 경주, 하양, 자인, 청도, 고령, 성주, 칠곡, 금산, 개령, 지례, 영양, 인동, 전광주, 남평, 순천, 낙안, 무안, 담양, 창평, 곡성, 옥과, 광양, 고흥, 구례, 고산, 용담, 임실, 남원, 운봉, 순창, 고부, 태인, 함열, 고창	80	37
팔작 + 맞배지붕	여주, 나주, 김제, 익산, 제주, 성균관	6	2
기타지붕	시흥(맞배+가적) 청주(맞배+가적) 전주(맞배+가적) 화순(맞배+가적) 영광(맞배형팔작) 군위(맞배형팔작) 신령(맞배형팔작) 대정(우진각)	8	4

[표 53] 동·서재의 지붕형식

구분	향교명					향교 수	비율(%)
팔작지붕	양천 함안 홍덕	부여 통영 부안	당진 순흥 만경	옥천 강진	의령 무장	13	9
맞배지붕	인천 교하 평택 원주 양양 홍성 직산 제천 창녕 언양 사천 안의 안동 신령 상주 전광주 무안 곡성 완도 진안 운봉 함열	부평 포천 연천 평창 인제 서산 목천 청풍 영산 김해 곤양 거창 예안 하양 함창 나주 창평 광양 진도 용담 고창 성균관	남양 양근 춘천 정선 진잠 해미 금산 영춘 밀양 창원 산청 현풍 진보 청도 용궁 남평(서) 화순 보성 구례 장수 김제	고양 경광주 홍천 강릉 공주 아산 음성 동래 양산 거제 단성 군위 경주 금산 영주 순천 능주 함평 전주 임실 금구	파주 안성 횡성 삼척 서천 온양 괴산 진주 울산 고성 함양 의성 영천 지례 봉화 낙안 영광 장성 고산 남원 익산	107	77
팔작+맞배지붕	기장	하동	신창	교동(서)	단양(동)	5	4
우진각지붕	대정	임피	남평(동/+맞)			3	2
양재가 다른 곳	팔/맞 : 간성 　　　여수 팔/우진 : 남해	청양 해남 문경	태안 고흥 옥과	면천 장흥		11	8

※ (동) : 동재, (서) : 서재

[표 54] 누각의 지붕형식

구분	향교명	향교 수	비율(%)
팔작지붕	춘천, 평창, 영월, 인제, 동래, 전주, 의령, 함안, 밀양, 양산, 울산, 기장, 김해, 창원, 통영, 고성, 사천, 곤양, 하동, 산청, 함양, 안의, 거창, 합천, 삼가, 초계, 군위, 비안, 안동, 자인, 청도, 선산, 지례, 순천, 여수, 돌산, 화순, 영광, 광양, 남원, 태인, 부안, 김제, 금구	44	73
맞배지붕	안성, 홍천, 정산, 단양, 의흥, 의성, 청송, 영해, 영천, 용궁, 영주, 순흥, 봉화, 평해	14	24
솟을지붕	진잠, 진천	2	3

[표 55] 내·외삼문의 지붕형식

구분		향교명	향교 수	비율(%)
팔작지붕	내삼문	춘천, 장성, 함안	3	1
	외삼문	간성, 무장, 완도, 영산, 평해, 김해	6	3
맞배지붕 (솟을삼문)	내삼문	수원, 남양, 교동, 고양, 파주, 포천, 지평, 경광주, 양지, 평택, 여주, 화천, 삼척, 문의, 보은, 청풍, 영춘, 회덕, 전의, 임천, 서천, 청양, 대흥, 온양, 진안, 용담, 장수, 임실, 운봉, 고부, 만경, 함열, 여산, 순천, 해남, 담양, 능주, 옥과, 보성, 영암, 강진, 고흥, 장흥, 진도, 구례, 금산, 개령, 문경, 칠원, 창녕, 영산, 밀양, 기장, 남해, 양천, 김포, 고산, 낙안, 완도, 연일, 정의, 간성, 무장, 완도, 영산,	65	29
	외삼문	수원, 남양, 교동, 고양, 파주, 포천, 지평, 경광주, 양지, 평택, 여주, 화천, 삼척, 문의, 보은, 청풍, 영춘, 회덕, 전의, 임천, 서천, 청양, 대흥, 온양, 진안, 용담, 장수, 임실, 운봉, 고부, 만경, 함열, 여산, 순천, 해남, 담양, 능주, 옥과, 보성, 영암, 강진, 고흥, 장흥, 진도, 구례, 금산, 개령, 문경, 칠원, 창녕, 영산, 밀양, 기장, 남해, 부흥, 시흥, 교하, 양성, 연풍, 충주, 아산, 직산, 남원, 순창, 임피, 무안, 장성, 비안, 영양, 진보, 신령, 하양, 고령, 함창, 장기, 언양, 사천, 단성	78	35
맞배지붕 (평삼문)	내삼문	부흥, 시흥, 교하, 양성, 연풍, 충주, 아산, 직산, 남원, 순창, 임피, 무안, 장성, 비안, 영양, 진보, 신령, 하양, 고령, 함창, 장기, 언양, 사천, 단성, 공주, 홍주, 고창, 흥덕, 옥구, 전광주, 나주, 남평, 화순, 영광, 함평, 현풍, 경주, 인동, 청하, 동래, 평해, 김해, 거제	44	20
	외삼문	양천, 김포, 고산, 낙안, 완도, 연일, 정의, 공주, 홍주, 고창, 흥덕, 옥구, 전광주, 나주, 남평, 화순, 영광, 함평, 현풍, 경주, 인동, 청하, 동래	23	10
기타지붕	내삼문	나주(우진각), 대정(우진각/협문)	2	1
	외삼문	청하(우진각), 거제(우진각)	2	1

※ 누각은 제외함

[표 56] 대성전의 처마형식

구분	향교명	향교 수	비율(%)
홑처마	강화, 포천, 가평, 양근, 양성, 횡성, 강릉, 원주, 평창, 양양, 간성, 서산, 결성, 해미, 당진, 온양, 금산, 충주, 울산, 예안, 용궁, 청송, 풍기, 봉화, 담양, 여수, 돌산, 동복, 고창, 고부, 태인	31	15
겹처마	고양, 교동, 지평, 경광주, 연천, 용인, 적성, 영월, 인제, 정선, 삼척, 양구, 철원, 회덕, 진잠, 연기, 전의, 공주, 은진, 석성, 서천, 한산, 비인, 보령, 남포, 천안, 직산, 진산, 청산, 청풍, 청안, 청주, 회인, 영동, 황간, 진천, 음성, 단양, 동래, 함안, 밀양, 양산, 거제, 고성, 사천, 남해, 거창, 삼가, 초계, 산청, 통영, 합천, 진주, 영산, 김해, 창원, 단성, 현풍, 의흥, 영양, 영일, 청하, 흥해, 신령, 하양, 성주, 칠곡, 인동, 개령, 상주, 선산, 영천, 진보, 대구, 의성, 안동, 영덕, 경주, 경산, 자인, 청도, 고령, 금산, 지례, 함창, 순흥, 울진, 나주, 순천, 낙안, 해남, 창평, 옥과, 광양, 보성, 함평, 고흥, 장흥, 장성, 구례, 무안, 남평, 지도, 화순, 영광, 곡성, 영암, 완도, 운봉, 익산, 흥덕, 전주, 고산, 진안, 무주, 임실, 순창, 무장, 김제, 금구, 만경, 옥구, 용안, 여산, 제주, 대정, 정의(성균관)	127	60
홑처마 + 겹처마	이천, 부평, 수원, 남양, 김포, 시흥, 통진, 파주, 교하, 양주, 여주, 이천, 양지, 안성, 죽산, 평택, 진위, 춘천, 홍천, 화천, 부여, 청양, 정산, 홍주, 예산, 아산, 신창, 목천, 태안, 문의, 보은, 옥천, 괴산, 창녕, 함양, 군위, 비안, 영해, 장기, 문경, 예천, 영주, 평해, 전광주, 능주, 강진, 진도, 용담, 장수, 남원, 부안, 임피, 함열	53	25

[표 57] 동·서무의 처마형식

구분	향교명						향교 수	비율(%)
홑처마	인천 양근 원주 서천 금산 청풍 창원 함양 흥해 상주 순천 진도 성균관	부평 여주 평창 홍성 청주 단양 거제 합천 경주 문경 낙안 남원	수원 경광주 정선 대흥 옥천 진주 고성 초계 영천 영주 담양 순찬	교동 안성 강릉 서산 진천 함안 남해 대구 성주 풍기 능주 고부	고양 죽산 양양 천안 괴산 울산 하동 현풍 칠곡 순흥 영광 김제	양주 춘천 간성(동) 목천 충주 김해 단성 비안 김산 평해 보성 익산	73	90
겹처마	이천	삼척	간성(서)	동래	청도	고흥	6	8
홑처마 + 겹처마	밀양	장성					2	2

[표 58] 명륜당의 처마형식

구분	향교명	향교 수	비율(%)
홑처마	부평, 수원, 김포, 통진, 강화, 고양, 파주, 교하, 지평, 양지, 양성, 평택, 진위, 연천, 적성, 포천, 양근, 이천, 안성, 시흥, 여주, 춘천, 평창, 영월, 인제, 화천, 횡성, 정선, 강릉, 양양, 간성, 진잠, 공주, 부여, 서천, 비인, 남포, 청양, 정산, 해미, 태안, 면천, 온양, 신창, 직산, 홍산, 서산, 당진, 아산, 목천, 문의, 보은, 옥천, 영동, 황간, 청풍, 음성, 연풍, 창녕, 양산, 울산, 통영, 산청, 예안, 청송, 흥해, 장기, 함창, 문경, 풍기, 평해, 의흥, 칠곡, 지례, 군위, 영양, 인동, 상주, 해남, 지도, 능주, 보성, 영암, 강진, 장흥, 장성, 완도, 진도, 전광주, 남평, 무안, 담양, 곡성, 광양, 고흥, 화순, 영광, 무주, 흥덕, 부안, 금구, 만경, 옥구, 임피, 여산, 고산, 용담, 남원, 고부, 태인, 고창, 김제, 제주, 대정	114	65
겹처마	양천, 인천, 양주, 가평, 죽산, 홍천, 철원, 원주, 삼척, 회덕, 연기, 은진, 예산, 진산, 진천, 충주, 괴산, 영산, 합천, 삼가, 동래, 진주, 밀양, 곤양, 의성, 진보, 영덕, 영천, 선산, 예천, 울진, 현풍, 비안, 경주, 성주, 하양, 자인, 청도, 고령, 김산, 개령, 신령, 여수, 돌산, 함평, 순천, 낙안, 옥과, 구례, 무장, 임실, 순창, 정의, 성균관	54	30
홑처마 + 겹처마	전광주, 홍성, 청주, 단성, 용궁, 창평, 나주, 함열, 익산	9	5

[표 59] 동·서재의 처마형식

구분	향교명						향교 수	비율(%)
홑처마	인천 교하 춘천 강릉 괴산 홍주 직산 운봉 만경 남평 창평 광양 장성 진보 지례 동래 곤양 성균관	부평 포천 홍천 삼척 청풍 해미 목천 고창 임피 순천 화순 보성 진도 경주 상주 진주 남해	남양 양근 횡성 양양 단양 태안 진안 홍덕 익산(서) 낙안 능주 강진 구례 영천 함창 밀양 단성	교동 경광주 원주 간성 영춘 아산 용담 부안 함열 여수 영광 함평 현풍 신령 문경 울산 함양	고양 평택 평창 인제 진잠 온양 임실 김제 전광주 해남 곡성 고흥 의흥 하양 용궁 통영 거창	파주 연천 정선 옥천 서천 신창 남원 금구 나주 무안 옥과 장흥 예안 청도 영주 고성 대정	103	98
겹처마	장수, 익산(동)						2	2
홑처마 + 겹처마	–						–	–

[표 60] 누각의 처마형식

구분	향교명	향교 수	비율(%)
홑처마	춘천, 평창, 김제, 금구, 여수, 화순, 영광, 군위, 선산, 함안, 사천, 삼가, 초계, 김해, 안성, 진잠, 단양, 진천, 의성, 영해, 영천, 용궁, 영주, 순흥, 봉화, 평해	26	48
겹처마	영월, 인제, 남원, 태인, 부안, 순천, 돌산, 광양, 비안, 안동, 자인, 청도, 기장, 통영, 고성, 지례, 동래, 밀양, 울산, 곤양, 하동, 안의, 합천, 홍천, 정산, 의흥, 청송, 흥해	28	52
홑처마 + 겹처마	–	–	–

[표 61] 내·외삼문의 처마형식

구분	향교명		향교 수	비율(%)
홑처마	내삼문 :	부평, 통진, 강화, 고양, 파주, 포천, 지평, 여주, 이천, 용인, 양지, 안성, 죽산, 평택, 진위, 연천, 춘천, 홍천, 횡성, 평창, 강릉, 양양, 간성, 인제, 화천, 문의, 보은, 청산, 영동, 진천, 괴산, 청안, 충주, 청풍, 영춘, 서천, 남포, 청양, 홍성, 서산, 해미, 아산, 온양, 신창, 직산, 목천, 전주, 고산, 용담, 장수, 임실, 남원, 순창, 정읍, 고부, 태인, 고창, 흥덕, 김제, 금구, 익산, 함열, 용안, 여산, 나주, 남평, 낙안, 여수, 돌산, 무안, 지도, 담양, 동복, 영광, 곡성, 옥과, 보성, 강진, 고흥, 장성, 완도, 진도, 구례, 대구, 현풍, 의흥, 예안, 영양, 진보, 영일, 청하, 경주, 영천, 하양, 청도, 고령, 성주, 칠곡, 인동, 선산, 개령, 지례, 상주, 함창, 문경, 예천, 풍기, 순흥, 울진, 평해, 동래, 밀양, 양산, 울산, 사천, 곤양, 남해, 하동, 함양, 합천, 초계, 대정, 정의(123개소)	201	86
	외삼문 :	인천, 부평, 수원, 시흥, 김포, 교하, 고양, 파주, 포천, 지평, 경광주, 양지, 안성, 평택, 적성, 원주, 정선, 화천, 문의, 보은, 황간, 충주, 제천, 청풍, 영춘, 공주, 임천, 홍산, 비인, 보령, 홍성, 태안, 당진, 아산, 온양, 직산, 고산, 진안, 임실, 남원, 운봉, 순창, 고창, 무장, 흥덕, 임피, 함열, 여산, 나주, 남평, 순천, 낙안, 무안, 담양, 옥과, 영암, 강진, 고흥, 완도, 구례, 진보, 영일, 청하, 장기, 신령, 하양, 고령, 인동, 김산, 개령, 함창, 문경, 예천, 평해, 밀양, 기장, 사천, 정의(78개소)		
겹처마	내삼문 :	수원, 김포, 정산, 예산, 무장, 전광주, 순천, 해남, 장흥, 청송, 신령, 자인, 김해, 통영, 고성, 거창 (16개소)	30	13
	외삼문 :	양주, 간성, 청주, 회인, 청안, 전광주, 해남, 화순, 영광, 보성, 함평, 장흥, 장성, 동래(14개소)		
홑처마 + 겹처마	내삼문 :	경광주, 삼척, 회인	3	1

[표 62] 문묘공간의 조영

구분	대성전	동·서무	내삼문
평면	3×4, 개방형(82.6㎡)	3×1, 폐쇄형(20.3㎡)	3×1, 전면형(8.9㎡)
기단	다듬돌장대석, 높이 90cm	자연석막돌, 15cm	자연석막돌, 10cm
초석	• 전면 : 팔각정평주초 • 후면 : 덤벙주초	덤벙주초	덤벙주초
기둥	• 툇간부 : 원형, 주경 38.5cm • 기타부 : 원형, 주경 33cm	방형, 9.5×19.5cm각	방형, 9.5×19.5cm각
공포	외1출목 이익공	민도리	민도리
가구	1고주 7량	평주 3량	평주 3량
지붕	맞배기와	맞배기와	맞배기와(솟을삼문)
처마	겹처마, 깊이 180cm	홑처마, 깊이 125cm	홑처마, 깊이 73cm

[표 63] 강학공간의 위계조영

구분	대성전	동·서무	내삼문
평면	4×2, 방+마루+방형(49.6㎡)	3×2, 툇마루방형(21.6㎡)	3×1, 중앙형(8.9㎡)
기단	자연석막돌, 높이 50cm	자연석막돌, 높이 17cm	자연석막돌, 높이 10cm
초석	덤벙주초	덤벙주초	덤벙주초
기둥	방형, 23×23cm각	방형, 19.5×19.5cm각	방형, 19.5×19.5cm각
공포	민도리	민도리	민도리
가구	평주 5량	1고주 5량(툇간의 결과)	평주 3량
지붕	팔작기와	맞배기와	맞배기와(솟을삼문)
처마	홑처마, 깊이 120cm	홑처마, 깊이 90cm	홑처마, 깊이 78cm

[표 64] 대성전과 명륜당의 위계조영

구분	대성전	동·서무	내삼문
평면	3×4, 개방형(82.6㎡)	4×2, +마루+방형(49.6㎡)	대성전>명륜당
기단	다듬돌장대석, 높이 90cm	자연석막돌, 높이 50cm	대성전>명륜당
초석	• 전면 : 팔각정평주초 • 후면 : 덤벙주초	덤벙주초	대성전>명륜당
기둥	• 툇간부 : 원형, 주경 38.5cm • 기타부 : 원형, 주경 33cm	방형, 23×23cm각	대성전>명륜당
공포	외1출목 이익공	민도리	대성전>명륜당
가구	1고주 7량	평주 5량	대성전>명륜당
지붕	맞배기와	팔작기와	대성전>명륜당
처마	겹처마, 깊이 180cm	홑처마, 깊이 120cm	대성전>명륜당

[표 65] 기타 지원건물의 위계조영

구분	대성전	동·서무	내삼문
평면	5×2	2×1, 통칸형(8.4㎡)	2×2
기단	토단, 50cm	자연석막돌, 10cm	자연석막돌, 20cm
초석	다듬돌정평주초	덤벙주초	덤벙주초
기둥	원형(42)+방형(20×20cm각)	방형, 16.5×16.5cm각	원형(21)+방형(20×20cm각)
공포	초익공	민도리	민도리
가구	평주 3량	평주 3량	평주 3량
지붕	맞배기와	맞배기와	맞배기와
처마	홑처마, 깊이 120cm	홑처마, 깊이 90cm	홑처마, 깊이 80cm

향교건물 현황

1) 경기 건물현황

향교명	건물현황					배치/지형	비고
1. 양천향교	대성전 서재	전사청 외삼문	내삼문	명륜당	동재	전당후묘/경사	
2. 인천향교	대성전 명륜당	동무 재실	서무 고직사	동재 외삼문	서재	전당후묘/경사	
3. 부평향교	대성전 서재	동무 명륜당	서무 고직사	내삼문 외삼문	동재	전당후묘/경사	
4. 수원향교	대성전 동재	동무 서재	서무 외삼문	내삼문	명륜당	전당후묘/완경	
5. 남양향교	대성전 외삼문	내삼문 협문	명륜당	동재	서재	좌당우묘/경사	병렬축
6. 강화향교	대성전	내삼문	명륜당			좌묘우당/경사	병렬축
7. 교동향교	대성전 명륜당	동무 동재	서무 서재	내삼문 외삼문	제기고	전당후묘/경사	절축선
8. 진위향교	대성전 외삼문	내삼문	명륜당	동재	서재	전당후묘/경사	
9. 광주향교	대성전 외삼문	동무 서재	서무 관리사	내삼문	명륜당	전당후묘/평지	
10. 파주향교	대성전	내삼문	명륜당	동재	외삼문	전당후묘/경사	
11. 평택향교	대성전	내삼문	동재	서재	외삼문	전당후묘/완경	
12. 고양향교	대성전 동재	동무 서재	서무 전사청	내삼문 외삼문	명륜당	전당후묘/급경	
13. 시흥향교	대성전	내삼문	협문	명륜당	외삼문	전당후묘/경사	절축선
14. 교하향교	대성전 동재	동무 서재	서무 외삼문	내삼문	명륜당	전당후묘/경사	
15. 적성향교	대성전	명륜당	외삼문			전당후묘/경사	

향교명	건물현황					배치/지형	비고
16. 양지향교	대성전	내삼문	명륜당	외삼문		전당후묘/경사	절축선
17. 양주향교	대성전 외삼문	동무	서무	내삼문	명륜당	전당후묘/경사	
18. 여주향교	대성전 외삼문	동무	서무	내삼문	명륜당	전당후묘/경사	
19. 이천향교	대성전	동무	서무	내삼문	명륜당	전당후묘/급경	절축선
20. 용인향교	대성전	내삼문	명륜당	외삼문		전당후묘/경사	
21. 연천향교	대성전 동재	동무 서재	서무 외삼문	내삼문	명륜당	전당후묘/경사	
22. 포천향교	대성전 외삼문	내삼문	명륜당	동재	서재	전당후묘/경사	
23. 가평향교	대성전	동무	내삼문	명륜당		전당후묘/완경	절축선
24. 양근향교	대성전 서재	동무 명륜당	서무 협문	내삼문	동재	전당후묘/경사	
25. 죽산향교	대성전 외삼문	동무	서무	내삼문	명륜당	전당후묘/경사	
26. 양성향교	대성전	내삼문	명륜당	외삼문		전당후묘/경사	
27. 김포향교	대성전	내삼문	명륜당	재실	외삼문	전당후묘/경사	
28. 지평향교	대성전	내삼문	명륜당	외삼문	협문	전당후묘/경사	
29. 안성향교	대성전 동재	동무 서재	서무 풍화루	내삼문 협문	명륜당	전당후묘/경사	
30. 통진향교	대성전 (외삼문)	내삼문	명륜당	동재	풍화루	전당후묘/경사	

2) 강원 건물현황

향교명	건물현황					배치/지형	비고
1.강릉향교	대성전 동재 외삼문	동무 서재 협문	서무 내삼문(회랑) 명륜당 재방			전당후묘/경사	
2.원주향교	대성전 동재	동무 서재	서무 외삼문	명륜당		전당후묘/경사	
3.춘천향교	대성전 명륜당	동무 동재	서무 서재	내삼문 장수루(외삼문)		전당후묘/경사	
4.삼척향교	대성전 내삼문 서재	동무 명륜당 숙정재	서무 동재 사주문	장경실 중재		전당후묘/경사	
5.홍천향교	대성전 서재	내삼문 석화루(외삼문)	명륜당	동재 사주문		전당후묘/경사	
6.횡성향교	대성전	내삼문	동재	서재	명륜당	전당후묘/경사	
7.양양향교	대성전 동재	동무 서재	서무 명륜당	내삼문 관리사		전당후묘/경사	
8.영월향교	대성전 명륜당 관리사	동무 동재	서무 서재	내삼문 풍화루(외삼문)		전당후묘/완경	
9.정선향교	대성전 숙청실 외삼문	동무 명륜당 관리사	서무 동재	제기고 서재		전당후묘/경사	
10.평창향교	대성전 풍화루(외삼문)	동무 장실	서무	내삼문 관리사	명륜당	좌당우묘/경사	직교축
11.철원향교	대성전	명륜당	내삼문			좌당우묘/경사	병렬축
12.화천향교	대성전 외삼문 고직사	제기고	내삼문	명륜당		전당후묘/경사	
13.양구향교	대성전	명륜당	동재	서재	관리사	전당후묘/경사	
14.간성향교	대성전 동재	동무 서재	서무 명륜당	내삼문 외삼문	협문	전당후묘/경사	
15.인제향교	대성전 서재	내삼문 영소루(외삼문)	명륜당	동재		전당후묘/경사	

3) 충남 건물현황

향교명	건물현황				배치/지형	비고
1.천안향교	대성전 명륜당	동무 동재	서무 서재	내삼문(제관실) 외삼문	전당후묘/경사	
2.회덕향교	대성전 외삼문	내삼문 관리사	명륜당	재실	전당후묘/경사	
3.진잠향교	대성전 서재	내삼문 외삼문	명륜당	동재	전당후묘/경사	
4.직산향교	대성전 외삼문	내삼문	명륜당	동재	전당후묘/경사	
5.목천향교	대성전 명륜당	동무 동재	서무	내삼문	전당후묘/경사	
6.아산향교	대성전 수직사(외삼문)	내삼문	명륜당	동재	전당후묘/경사	절축선
7.온양향교	대성전 외삼문	내삼문	명륜당	동재	전당후묘/경사	
8.신창향교	대성전 서재	내삼문 협문	명륜당	동재	전당후묘/경사	
9.공주향교	대성전 명륜당	동무 존경각	서무 외삼문	내삼문 관리사	전당후묘/경사	
10.보령향교	대성전 동재	동무 서재	내삼문 외삼문	명륜당 삼문	전당후묘/경사	
11.남포향교	대성전 외삼문	내삼문	명륜당	고직사	전당후묘/완경	절축선
12.오천향교	대성전	현관청	사주문		전당후묘/경사	명륜무
13.노성향교	대성전 외삼문	내삼문 관리사	명륜당	동재	전당후묘/경사	
14.연산향교	대성전 서재	내삼문 외삼문	명륜당 재임실	동재	전당후묘/경사	
15.진산향교	대성전	내삼문	명륜당	외삼문	전당후묘/경사	
16.은진향교	대성전 서재	내삼문 외삼문	명륜당	동재	전당후묘/경사	
17.금산향교	대성전 제기고 고직사	동무 명륜당 외삼문	서무 동재	내삼문 서재	전당후묘/경사	절축선
18.서산향교	대성전 명륜당	동무 동재	서무 서재	내삼문 외삼문	전당후묘/경사	

향교명	건물현황				배치/지형	비고
19. 해미향교	대성전 서재	내삼문	명륜당	동재	전당후묘/경사	
20. 연기향교	대성전 협문	내삼문	고직사	명륜당	전당후묘/경사	
21. 전의향교	대성전	내삼문	명륜당	외삼문	전당후묘/경사	
22. 부여향교	대성전 명륜당	내삼문 외삼문	동재(제관실) 수선재	관리사	전당후묘/경사	
23. 홍산향교	대성전 외삼문	내삼문	명륜당	협문	전당후묘/경사	
24. 서천향교	대성전 명륜당	동무 동재	서무 서재	내삼문 외삼문	전당후묘/경사	
25. 임천향교	대성전 명륜당	동무 서재	서무 외삼문	내삼문	전당후묘/경사	
26. 석성향교	대성전 외삼문	내삼문 고직사	명륜당	재실	전당후묘/경사	
27. 청양향교	대성전 서재	내삼문 외삼문	명륜당 고직사	동재	전당후묘/경사	
28. 비인향교	대성전	내삼문	명륜당	외삼문	전당후묘/경사	
29. 한산향교	대성전 동재	내삼문 외삼문	제기고 고직사	명륜당	전당후묘/경사	
30. 대흥향교	대성전 명륜당	동무 동재	서무 서재	내삼문 외삼문	전당후묘/경사	
31. 덕산향교	대성전 명륜당	내삼문	동재	서재	전당후묘/경사	
32. 정산향교	대성전 서재	내삼문 청아루(외삼문)	명륜당	동재	전당후묘/경사	
33. 홍주향교	대성전 내삼문	동무 명륜당	서무 전사청	제기고 외삼문	전당후묘/완경	
34. 결성향교	대성전 동재	재실	내삼문	명륜당	전당후묘/경사	
35. 예산향교	대성전 명륜당	내삼문	동재	서재	전당후묘/경사	
36. 태안향교	대성전 명륜당	내삼문 제기고	동재 외삼문	서재	전당후묘/경사	
37. 당진향교	대성전 동재	제기고 관리사	내삼문	명륜당	전당후묘/경사	
38. 면천향교	대성전 동재	동무 서재	서무 명륜당	내삼문 외삼문	전당후묘/경사	

4) 충북 건물현황

향교명	건물현황				배치/지형	비고
1.청주향교	대성전 명륜당	동무 외삼문	서무	내삼문	전당후묘/급경	
2.충주향교	대성전 명륜당	동무 외삼문	서무	내삼문	전당후묘/경사	
3.제천향교	대성전 외삼문	내삼문	동재	서재	전당후묘/경사	
4.청풍향교	대성전 명륜당 외삼문	동무 제기고 고직사	서무 동재	내삼문 서재	전당후묘/경사	
5.청산향교	대성전 외삼문	내삼문 협문	서재	명륜당	전당후묘/평지	
6.옥천향교	대성전 홍도당 관리사	동무 명륜당(외삼문)	서무	내삼문 동측문	전당후묘/경사	
7.문의향교	대성전 고직사	내삼문 제기고	명륜당 협문	외삼문	전당후묘/경사	
8.보은향교	대성전(동무 명륜당	외삼문	서무)	내삼문	전당후묘/경사	절축선
9.회인향교	대성전	내삼문	명륜당(외삼문)		전당후묘/경사	
10.진천향교	대성전 명륜당	동무 풍화루(외삼문)	서무	내삼문	좌당우묘/경사	직교축
11.괴산향교	대성전 동재	동무 서재	서무 명륜당	내삼문 협문	전당후묘/경사	
12.영동향교	대성전 협문	내삼문	노후사	명륜당	전당후묘/경사	
13.황간향교	대성전	내삼문	명륜당	외삼문	전당후묘/경사	
14.청안향교	대성전	내삼문	명륜당	외삼문	전당후묘/경사	
15.음성향교	대성전 서재	내삼문 사주문	명륜당	동재	전당후묘/경사	
16.연풍향교	대성전 명륜당	내삼문 외삼문	동재	서재	전당후묘/경사	절축선
17.단양향교	대성전 명륜당 관리사	동무 풍화루(외삼문)	서무	내삼문 수업재	좌묘우당/경사	직교축
18.영춘향교	대성전 외삼문	내삼문 관리사	명륜당 사주문	동재	좌묘우당/평지	병렬축

5) 경남 건물현황

향교명	건물현황				배치/지형	비고
1. 동래향교	대성전 사주문 외삼문	동무 명륜당 반화루	서무 동재 고직사	내삼문 서재 협문	좌묘우당/경사	병렬축
2. 진주향교	대성전 명륜당 사교당	동무 동재	서무 서재	내삼문 풍화루(외삼문)	좌당우묘/급경	병렬축
3. 통영향교	대성전 내삼문 풍화루(외삼문)	동무 명륜당	서무 동재 관리사	제기고 서재 협문	전당후묘/평지	
4. 언양향교	대성전 서재	내삼문 외삼문	명륜당	동재	전당후묘/평지	절축선
5. 기장향교	대성전 서재	내삼문 풍화루	명륜당 외삼문	동재	전당후묘/급경	
6. 울산향교	대성전 명륜당 전사청	동무 동재	서무 서재	내삼문 청원루(외삼문)	전당후묘/경사	
7. 창원향교	대성전 명륜당 관리사	동무 동재	서무 서재	사주문 풍화루(외삼문)	전당후묘/완경	
8. 사천향교	대성전 동재	내삼문 서재	명륜당 풍화루	치성재 외삼문	좌묘우당/경사	병렬축
9. 곤양향교	대성전 명륜당	제기고 동재	내삼문 서재	사주문 풍화루(외삼문)	좌묘우당/경사	병렬축
10. 의령향교	대성전 서재 협문	내삼문 수안루(외삼문) 관리사	명륜당	동재	전당후묘/급경	
11. 함안향교	대성전 명륜당	동무 동재	서무 서재	내삼문 풍화루(외삼문)	전당후묘/경사	절축선
12. 칠원향교	대성전	내삼문	명륜당	외삼문　협문	전당후묘/경사	절축선
13. 김해향교	대성전 명륜당	동무 동재	서무 서재	내삼문 풍화루(외삼문)	전당후묘/경사	
14. 밀양향교	대성전 명륜당	동무 동재	서무 서재	내삼문 풍화루(외삼문)	좌당우묘/경사	병렬축

향교명	건물현황				배치/지형	비고
15. 거제향교	대성전 증반실 서재	동무 내삼문 외삼문	서무 명륜당 고직사	제기고 동재	전당후묘/평지	
16. 양산향교	대성전 동재	내삼문 서재	명륜당 풍영루(외삼문)	청로당	전당후묘/급경	
17. 영산향교	대성전 서재	내삼문 외삼문	명륜당	동재	전당후묘/경사	
18. 고성향교	대성전 명륜당 풍화루(외삼문)	동무 동재	서무 서재 협문	내삼문 전사당 고직사	전당후묘/경사	
19. 남해향교	대성전 명륜당	동무 동재	서무 서재	내삼문 외삼문	전당후묘/경사	
20. 하동향교	대성전 명륜당 양사재	동무 동재	서무 서재	내삼문 풍화루(외삼문)	좌당우묘/급경	병렬축
21. 산청향교	대성전 서재 관리사	내삼문 욕	명륜당 욕기루(외삼문)	동재	전당후묘/급경	절축선
22. 단성향교	대성전 동재	동무 서재	서무 명륜당	내삼문 외삼문	전당후묘/경사	
23. 창녕향교	대성전 명륜당	동무 동재	서무 서재	내삼문 풍화루(외삼문)	전당후묘/경사	
24. 거창향교	대성전 동재 외삼문	내삼문 서재	명륜당 춘풍루	제기고 관리사	좌당우묘/완경	병렬축
25. 합천향교	대성전 명륜당	동무 영귀루(외삼문)	서무	내삼문 사당	좌당우묘/평지	병렬축
26. 삼가향교	대성전 전사청	내삼문 사마재	명륜당 협문	풍화루(외삼문)	전당후묘/경사	
27. 초계향교	대성전 명륜당 협문	동무	서무 고직사	내삼문 풍화루(외삼문)	전당후묘/경사	
28. 함양향교	대성전 전직사 서재	동무 내삼문 태극루(외삼문)	서무 명륜당	장경각 동재	전당후묘/급경	
29. 안의향교	대성전 동재	내삼문 서재	명륜당 재천루(외삼문)	제기고	전당후묘/평지	

6) 경북 건물현황

향교명	건물현황				배치/지형	비고
1.대구향교	대성전 협문 양사재	동무 명륜당 낙육재	서무 동재 외삼문	내삼문 서재	좌당우묘/경사	병렬축
2.칠곡향교	대성전 명륜당	동무	서무	내삼문	좌묘우당/완경	병렬축
3.현풍향교	대성전 명륜당	동무 동재	서무 서재	내삼문 외삼문	전당후묘/완경	
4.영일향교	대성전 외삼문	내삼문	명륜당	주사	전당후묘/경사	
5.경주향교	명륜당 대성전 외삼문	동재 동무 전사청	서재 서무	존경각 내삼문	전묘후당/평지	
6.김산향교	대성전 서재	동무 명륜당	내삼문 외삼문	동재	전당후묘/경사	
7.개령향교	대성전	내삼문	명륜당	외삼문	전당후묘/경사	절축선
8.청하향교	대성전 외삼문	내삼문	명륜당	동재	좌당우묘/경사	병렬축
9.장기향교	대성전 외삼문	내삼문	명륜당	동재	좌당우묘/평지	병렬축
10.흥해향교	대성전 명륜당 태화루(외삼문)	동무 동재	서무 협문	내삼문 사주문	전당후묘/경사	
11.영주향교	대성전 동재	동무 서재	서무 명륜당	사주문(내삼문) 영귀루	전당후묘/경사	
12.풍기향교	대성전 명륜당	동무 동재	서무 서재	내삼문 협문	좌당우묘/평지	병렬축
13.순흥향교	대성전 명륜당	동무 동재	서무 주사	내삼문 영귀루	전당후묘/경사	
14.지례향교	대성전 사반루	내삼문 사주문(외삼문)	명륜당	서재	전당후묘/경사	절축선
15.안동향교	대성전 서재	내삼문 청아루	명륜당 사주문(외삼문)	동재	전당후묘/경사	

향교명	건물현황				배치/지형	비고
16. 예안향교	대성전 명륜당 사주문(외삼문)	내삼문 동재	전사청 서재	주사 협문	좌묘우당/경사	병렬축
17. 인동향교	대성전	내삼문	명륜당	외삼문	전당후묘/경사	
18. 선산향교	대성전 사주문(외삼문)	내삼문	명륜당	청아루	전당후묘/경사	
19. 상주향교	대성전 동재	동무 서재	서무 명륜당	내삼문 외삼문	전당후묘/경사	
20. 함창향교	대성전 명륜당	내삼문 외삼문	동재	서재	전당후묘/경사	절축선
21. 문경향교	대성전 서재	동무 명륜당	내삼문 외삼문	동재	전당후묘/경사	
22. 경산향교	대성전 서재	내삼문 협문	사주문	명륜당	전묘후당/평지	병렬축
23. 영천향교	대성전 내삼문 유래루(외삼문)	동무 명륜당	서무 동재	전사청 서재	전당후묘/경사	
24. 신령향교	대성전 서재	내삼문 외삼문	명륜당	동재	전당후묘/완경	
25. 하양향교	대성전 동재	동무 서재	서무 명륜당	내삼문 외삼문	전당후묘/경사	
26. 자인향교	대성전 동재	제기고 모성루(외삼문)	내삼문	명륜당 관리사	전당후묘/경사	
27. 군위향교	대성전 서재	내삼문 광풍루	명륜당 협문(외삼문)	동재	전당후묘/경사	
28. 의흥향교	대성전 동재	사주문(내삼문) 광풍루	사주문(외삼문)	명륜당	좌묘우당/경사	병렬축
29. 의성향교	명륜당 대성전	동재 사주문(내삼문)	광풍루(외삼문)		전묘후당/경사	병렬축
30. 청송향교	대성전 청아루	내삼문 협문	명륜당	동재	좌당우묘/평지	병렬축
31. 비안향교	대성전 협문	동무 명륜당	서무 광풍루	내삼문 외삼문	좌묘우당/경사	병렬축

향교명	건물현황				배치/지형	비고
32. 진보향교	대성전 명륜당	내삼문 외삼문	동재	서재	전당후묘/완경	
33. 영양향교	대성전 문랑(외삼문)	내삼문	협문	명륜당	전당후묘/경사	
34. 영덕향교	대성전 문랑(외삼문)	명륜당	동재	서재	전당후묘/경사	
35. 영해향교	대성전 태화루	명륜당 관리사	동재 협문(외삼문)	서재	전당후묘/경사	
36. 청도향교	대성전 협문 사락루	동무 명륜당 사주문(외삼문)	서무 동재	내삼문 서재	좌당우묘/평지	병렬축
37. 고령향교	대성전 빈흥재	동무 협문	서무 명륜당	내삼문 외삼문	전당후묘/경사	
38. 성주향교	대성전 내삼문	동무 명륜당	서무 서재	제기고 사주문(외삼문)	좌묘우당/경사	병렬축
39. 봉화향교	대성전 동재	전사청 서재	내삼문 문루(외삼문)	명륜당	전당후묘/경사	절축선
40. 울진향교	대성전 서재	제기고 제물고	내삼문 관리사	명륜당 사주문(외삼문)	전당후묘/경사	절축선
41. 평해향교	대성전 협문	동무 명륜당	서무 태화루	내삼문 외삼문	전당후묘/경사	
42. 예천향교	대성전 외삼문	내삼문	명륜당	사주문	전당후묘/경사	

7) 전남 건물현황

향교명	건물현황				배치/지형	비고
1. 광주향교	대성전 동재	동무 서재	서무 명륜당	내삼문 외삼문	전당후묘/경사	
2. 여수향교	대성전 서재	내삼문 고직사	명륜당	동재	전당후묘/급경	
3. 돌산향교	대성전 협문 풍화루(외삼문)	제기고 사주문	내삼문 명륜당	서재	좌묘우당/평지	병렬축
4. 순천향교	대성전 내삼문 외삼문	제기고 동재 풍화루	동무 서재	서무 명륜당	전당후묘/완경	
5. 담양향교	대성전 서재	동무 명륜당	서무 외삼문	내삼문	전당후묘/경사	
6. 창평향교	대성전 명륜당	내삼문 협문(외삼문)	동재	서재	전당후묘/경사	
7. 곡성향교	대성전 서재	내삼문 명륜당	전사청 고직사	동재 외삼문	전당후묘/경사	
8. 옥과향교	대성전 명륜당	내삼문 외삼문	동재	서재	전당후묘/경사	
9. 동복향교	대성전 외삼문	내삼문	동재	서재	전당후묘/경사	명륜무
10. 구례향교	대성전 명륜당	내삼문 외삼문	동재	서재	전당후묘/경사	
11. 고흥향교	대성전 동재	동무 서재	서무 명륜당	내삼문 외삼문	전당후묘/경사	
12. 보성향교	대성전 동재	동무 서재	서무 명륜당	내삼문 외삼문	전당후묘/경사	
13. 낙안향교	대성전 동재 고직사	동무 서재 외삼문	서무 명륜당	내삼문 사주문	전당후묘/평지	
14. 나주향교	명륜당 고직사 내삼문	동재 대성전 외삼문	서재 동무	삼문 서무	전묘후당/평지	
15. 남평향교	대성전 서재	내삼문 명륜당	협문 고직사	동재 외삼문	전당후묘/완경	

향교명	건물현황				배치/지형	비고
16. 광양향교	대성전 상재 제기고	내삼문 동재 고직사	측문 서재 풍화루(외삼문)	명륜당 재실	좌당우묘/경사	병렬축
17. 장흥향교	대성전 서재 명륜당 외삼문	서무 	내삼문 고직사	동재 관리사	전당후묘/경사	절축선
18. 강진향교	대성전 서재	내삼문 명륜당	사주문 고직사	동재 외삼문	전당후묘/경사	
19. 해남향교	대성전 동재 고직사	제기고 서재	증반실 명륜당	내삼문 외삼문	전당후묘/완경	
20. 영암향교	대성전 동재	내삼문 외삼문	협문	명륜당	좌당우묘/평지	병렬축
21. 무안향교	대성전 서재	서재 명륜당	내삼문 외삼문	동재 사주문	전당후묘/경사	
22. 함평향교	명륜당 협문	동재 대성전	서재 내삼문	양사재 외삼문	전묘후당/평지	
23. 영광향교	명륜당 관리사 서무	동재 전사고 외삼문	측문(내삼문) 대성전 만화루	동무	전묘후당/평지	
24. 화순향교	대성전 서재	내삼문 외삼문	협문 고직사	동재 만화루	전당후묘/경사	
25. 능주향교	대성전 동재	동무 서재	서무 명륜당	내삼문 외삼문	전당후묘/경사	
26. 장성향교	대성전 동재 외삼문	동무 서재	서무 명륜당	내삼문 양사재	전당후묘/경사	
27. 완도향교	대성전 명륜당	내삼문 외삼문	동재	서재	전당후묘/경사	절축선
28. 진도향교	대성전 동재	동무 서재	서무 명륜당	내삼문 외삼문	전당후묘/경사	
29. 지도향교	대성전 명륜당	내삼문 사주문(외삼문)	서재(양사재)		전묘후당/완경	절축선

8) 전북 건물현황

향교명	건물현황				배치/지형	비고
1. 전주향교	명륜당 협문 일월문(내삼문)	동재 대성전	서재 동무 만화루(외삼문)	장판각 서무	전묘후당/평지	
2. 옥구향교	대성전 서재	내삼문 외삼문	명륜당 관리사	동재	전당후묘/완경	
3. 임피향교	대성전 명륜당	내삼문 외삼문	동재 고직사	서재	전당후묘/경사	
4. 정읍향교	명륜당 양재사	협문 외삼문	대성전	내삼문	전묘후당/평지	
5. 고부향교	대성전 양재사	동무 관리사	서무 명륜당	내삼문 외삼문	전당후묘/경사	절축선
6. 태인향교	대성전	내삼문	명륜당	만화루(외삼문)	전당후묘/경사	
7. 남원향교	대성전 서재 사마재	동무 명륜당 관리사	서무 진강루	동재 외삼문	전당후묘/경사	
8. 익산향교	대성전 제기고 관리사	동무 내삼문 외삼문	서무 동재	명륜당 서재	좌당우묘/경사	병렬축
9. 함열향교	대성전 서재	내삼문 외삼문	명륜당	동재	전당후묘/완경	
10. 용안향교	대성전	내삼문	명륜당	전사재	좌당우묘/경사	병렬축
11. 여산향교	대성전 명륜당	동무 외삼문	서무	내삼문	전당후묘/경사	
12. 운봉향교	대성전 명륜당	내삼문 양사재	동재 외삼문	서재	전당후묘/경사	절축선
13. 김제향교	대성전 명륜당 협문	동무 동재	서무 서재	내삼문 만화루(외삼문)	전당후묘/경사	
14. 금구향교	대성전 명륜당	내삼문 만화루(외삼문)	동재	서재	전당후묘/평지	
15. 만경향교	대성전 명륜당	내삼문 외삼문	동재	서재	전당후묘/경사	
16. 고산향교	대성전 서재	내삼문 외삼문	명륜당	동재	전당후묘/경사	
17. 장수향교	대성전 동재	동무 서재	내삼문 명륜당	사마재 외삼문	전당후묘/평지	

향교명	건물현황				배치/지형	비고
18. 임실향교	대성전 서재	내삼문 외삼문	명륜당	동재	전당후묘/경사	
19. 순창향교	대성전 동재	동무 명륜당	서무 외삼문	내삼문	전당후묘/경사	
20. 고창향교	대성전 명륜당	내삼문 양사재	동재 외삼문	서재	전당후묘/경사	
21. 무장향교	대성전 서재	내삼문 외삼문	명륜당	동재	전당후묘/경사	
22. 흥덕향교	대성전 명륜당	내삼문 외삼문	동재	서재	전당후묘/경사	
23. 부안향교	대성전 종의재	내삼문 만화루	명륜당 협문(외삼문)	진덕재	좌당우묘/경사	병렬축
24. 진안향교	대성전 명륜당	내삼문 외삼문	동재 사마재	서재 삼문	전당후묘/완경	
25. 용담향교	대성전 명륜당	내삼문 외삼문	동재	서재	전당후묘/완경	
26. 무주향교	대성전 동재	동무 명륜당	서무 외삼문	내삼문	전당후묘/경사	절축선

9) 기타 건물현황

지역	향교명	건물현황				배치/지형	비고
제주	1. 제주향교	대성전 외삼문	내삼문 전사청	협문 계성사	명륜당 계성사삼문	좌묘우당/경사	병렬축
	2. 정의향교	대성전 동재	내삼문 서재	협문 수호사	명륜당 외삼문	좌묘우당/평지	병렬축
	3. 대정향교	대성전 서재	내삼문 명륜당	협문 사주문(외삼문)	동재	전당후묘/경사	
서울	성균관	대성전 협문 숙수청 존경각	신삼문 제기고 동재 고자직사	동무 제학당 서재 등등	서무 전사청 명륜당	전묘후당/평지	
개성	성균관	대성전 명륜당 제기고	동무 동재 전사청	서무 서재 존경각	내신문 외삼문 등등	전당후묘	

학예사를 위한
우리 전통문화의 이해

발행일 / 2013년 7월 30일 초판 발행

편 저 / 윤병화·조원섭
발행인 / 정용수

발행처 / 예문사

주 소 / 경기도 파주시 문발동 498-1 도서출판 예문사
T E L / 031)955-0550
F A X / 031)955-0660

등록번호 / 11-76호

정가 : 18,000원

ISBN 978-89-274-0562-7   13380

이 도서의 국립중앙도서관 출판시도서목록(CIP)은 서지정보유통지원시스템
홈페이지(http://seoji.nl.go.kr)와 국가자료공동목록시스템(http://www.nl.go.
kr/kolisnet)에서 이용하실 수 있습니다.(CIP제어번호 : CIP2013011755)